대한민국
史
02

대한민국史 2

© 한홍구 2003

초판 1쇄 발행 2003년 6월 26일
초판 39쇄 발행 2020년 3월 13일

지은이 한홍구
펴낸이 이상훈
편집인 김수영
본부장 정진항
편집1팀 권순범 김단희
마케팅 천용호 조재성 박신영 조은별 노유리
경영지원 정혜진 이송이

펴낸곳 한겨레출판(주) www.hanibook.co.kr
등록 2006년 1월 4일 제313-2006-00003호
주소 서울시 마포구 창전로 70(신수동) 화수목빌딩 5층
전화 02-6383-1602~3 **팩스** 02-6383-1610
대표메일 book@hanibook.co.kr

ISBN 978-89-8431-097-1 03900

• 값은 뒤표지에 있습니다.
• 파본은 구입하신 서점에서 바꾸어 드립니다.

대한민국 史

아리랑 김산에서 월남 김 상사까지

02

한겨레출판

| 머리말 |

역사는 아무리 더러운 역사라도 좋다

『대한민국史』 1권과 2권에 수록한 글들은 2001년 1월부터 〈한겨레21〉에 '한홍구의 역사이야기' 란 제목 아래 격주로 연재한 것을 모은 것이다. 처음 연재를 시작할 때만 해도 2년 정도 50회에 걸쳐 연재하게 되면 근현대사의 주요 주제들을 다룰 수 있을 것으로 생각했다. 그러나 막상 2년 간의 연재를 일단 마무리하고 책을 엮어 내게 되니 한국현대사를 체계적으로 정리하는 것은 고사하고, 처음에 준비했던 주제들을 절반 정도밖에 쓰지 못한 것 같다. 대신 그때그때 일어나는 일들을 역사적으로 설명하는 데 더 많은 지면을 할애하게 되었다. 한국근현대사가 다사다난했다고는 하지만, 이 글을 연재하던 21세기의 벽두 역시 너무나 많은 일들이 일어나고 있었던 것이다.

오랜 미국 유학생활을 마치고 귀국한 지 얼마 안 되어 베트남전에서의 한국군에 의한 민간인 학살을 둘러싼 논란이 제기되었다. 〈한겨레21〉 독자들을 중심으로 베트남의 민간인 학살 피해자들을 돕자는 운동이 전개되었고, 국제민주연대 등 몇몇 시민단체가 주축이 되어 베트남전 양민학살 진상규명위원회(뒤에 베트남전 진실위원회로 개칭)가 조직되었다. 진실위원회에 현대사 연구자가 꼭 필요하니 동참해 달라는 차미경 형의 말에 내가 즉석에서 동의한 것은 1987년 6월의 뜨거운 여름을 민주화운동청년연합 기관지 〈민중신문〉의 기자로 같이 보낸 인연 때문만은 아니었다. 베트남에 한국군 전투부대가 파견된 것은 내가 유치원 때였다. 맹호부대, 청룡부대 노래를 부르며 골목을 뛰어다니던 우리 또래의 아이들은 한국군의 무용담을 어디에서나 들으며 자랐다. 그 무용담에 환호하고 박수치던 아이들 중의 하나가 자라서 현대사 연구자가 되어 그 무용담에 가려진 진실의 참혹한 한 단면을 보게 되었을 때, 나는 그것을 외면할 수 없었다. 베트남 역사를 체계적으로 공부해보지는 못했으나, 베트남은 늘 내게 우리 역사를 비추는 마음의 거울이었다.

베트남전에서의 민간인 학살 의혹을 끈질기게 파헤친 〈한겨레21〉의 고경태 기자를 만난 것도 진실위원회 활동을 통해서였다. 고경태 기자는 한국군의 베트남 파병 배경을 설명하는 글을 〈한겨레21〉에 기고해 달라고 요청했고, 이에 몇 차례 응하다 보니 아예 고정란을 맡으라고 강권했다. 처음에는 펄쩍 뛰며 마다했지만 결국 고경태 기자가 몇 달 간 볼 때마다 물고 늘어져 손을 들고 말았다. 막상 연재를 하기로 하니 후회부터 앞섰다. 시사주간지에 연재하는 글이니 세상 돌아가는 일과 무관해서는 안 되고, 일반 독자들이 쉽고 재미있게 읽을 수 있어야 하며, 그러면서도 내용이 있는 글을 격주로 40매씩 써야 한다는 사실이 새삼스럽게 큰 부담으로 다가왔다. 베트남의 인연으로 연재를 시작하게 되어 월남에서 돌아온 새까만 김 상사님께 드리는 편지를 마지막으로 2년 간의 연재를 큰 탈 없이 마치게 된 것은 오로지 독자 여러분의 성원 덕이었다. 부족하고 거친 글을 읽어 주신 독자 여러분께 이 자리를 빌려 깊은 감사를 드린다.

『대한민국사』 1, 2에 실린 글들을 통해 독자 여러분과 함께하고 싶었던 것은 역사를 통해서 남의 눈이 아닌 자기 스스로의 눈으로 세상을 읽는 경험을 쌓아가는 여행이었다. 처음 몇 번은 미리 작성한 여정표대로 여행을 떠난 것 같다. 그러나 언론사 세무조사, 편가르기 논쟁, 끊임없이 되풀이되는 해직 교수 문제와 사학비리, 만경대 방명록 파동, 9·11 테러, 통치사료 공개, 대통령 선거 기간의 연좌제 문제와 병역 기피 의혹을 둘러싼 논란, 월드컵 열풍, 청와대 앞 신문고 소동, 촛불 시위, 벽에 부닥친 의문사 진상규명위 활동, 문부식 논쟁, 드라마 〈야인시대〉 열풍, 행정수도 건설 논란 등으로 인해 처음 생각한 여정은 형편없이 꼬이게 되었다. 그렇지만 처음에 여정에 포함시키지 않았던 이런 일들을 좇아가다 보니, 모든 사회적 문제에는 역사적 뿌리가 있다는 평소의 생각을 다시 확인할 수 있었다. 진실위원회 활동을 통해서, 그리고 연재를 시작할 무렵부터 전개된 양심에 따른 병역거부권 실현을 위한 운동을 통해서 병영국가 대한민국을 지배하고 있는 군사주의에 대해서 새로운 관심을 갖게 되었고, '역사이야기'가 아니라 '군대이야기'가 아니냐는 말을 들을 정도로 병영국가에 대한 이야기가 많이 들어가게 되었다. 그런 탓에 꼭 한번 써야 한다고 생각한 일본군 성노예나 기지촌 문제, 동성애자나 장애인 인권문제, 이민 문제, 영어 공용어화를 둘러싼 논란, 지역감정 문제, 동아시아 가치 문제, 사회진화론, 역사의 정치적 이용 문제, 집단 기억 문제 등을 다루지 못한 아쉬움이 남는다.

   책의 제목을 다는 일은 뜻밖에 어려웠다. 단군 할아버지 이야기부터 김두한에 이르기까지 그때그때 벌어진 일들을 좇아다니다 보니 여기 실린 글 전체를 아우르는 제목을 찾는 것은 난감한 일이었다. 출판부가 제안한 『대한민국史』란 이름을 붙이기에는 글들이 별로 체계적이지 못해서 부담스러웠지만, 이 땅에 살고 있는 사람 절대 다수가 태를 묻었고 또 뼈를 묻게 될 대한민국의 역사와 그 뿌리를 정리한 마땅한 책이 없기에 다소 과욕을 부려 보았다. 이 책에 실린 글들은 대부분 대한민국의 주류를 형성해온 사람들이 지워버리려 애쓴 기억들을 되살리는 날이 선 글들이었기에 몇몇 독자분들은 1권을 읽고 시궁창물을 뒤집어쓴 느낌이라는 항의 편지를 보내 주시기도 했다. 그분들께는 내 소년 시절의 길잡이였던 김수영의 절창 '거대한 뿌리'의 한 구절로 뒤늦은 답을 대신하고자 한다. "(…) 썩어빠진 대한민국이/ 괴롭지 않다. 오히려 황송하다 역사는 아무리/ 더러운 역사라도 좋다/ 진창은 아무리 더러운 진창이라도 좋다/ 나에게 놋주발보다 더 쨍쨍 울리는 추억이/ 있는 한 인간은 영원하고 사랑도 그렇다."

　나는 여기에 모인 글들을 쓰면서 누구보다도 대한민국을 사랑하는 사람들, 처음부터 다시 시작할 수는 없지만 이대로 끝낼 수 없는 문제들을 붙잡고 씨름하는 인권단체, 시민단체 활동가들에게 나의 역사이야기가 조금이라도 도움을 주었으면 하는 마음을 가졌다. 그러나 이런 오만한 기대와는 달리 정작 나와 같이 일하는 베트남전 진실위원회의 차미경, 김숙경, 이수효 님, 양심에 따른 병역거부권 실현과 대체복무제도 개선을 위한 연대회의 최정민, 정용욱 님을 비롯한 많은 활동가들께는 가난한 집 제사 돌아오듯하는 원고 마감을 맞추어야 한다는 핑계로 내 몫의 일을 못해 오히려 부담만 준 것 같아 미안함과 고마운 마음을 금할 길이 없다. 나야 안정된 직장에 글을 쓰면 원고료에 인세 수입도 생기지만, 말도 안 되는 활동비와 근무 여건 속에서 자신의 인권은 반납한 채 남들의 인권을 위해 애쓰는 이런 분들과 함께할 수 있었던 것은 내게는 놋주발보다 더 쨍쨍한 추억을 쌓아가는 축복이었다.

　어려서부터 역사에 관심을 가질 수 있는 환경을 마련해 주신 부모님, 역사를 보는 진득한 눈을 길러 주신 대학 시절의 은사님들, 그리고 늘 뒤집어보고 질문을 던지는 버릇을 키워주신 워싱턴대학의 팔래 선생님께 깊은 감사를 드린다. 지뢰밭 같은 금기투성이의 현대사 속을 좌충우돌 뛰어다니며 글을 써내도 늘 따뜻하게 격려해준 성공회대학교의 식구들, 특히 항상 정신없는 나를 위해 이것저것 챙겨주는 사이버NGO자료관의 이선주 님, 인권평화센터의 문은미 님의 고마움을 잊을 수 없다. 글이 나오면 직접 만나거나 전화로 비판과 격려를 아끼지 않으신 새얼문화재단의 지용택 이사장님 등 열성독자들, 대중적인 글쓰기의 기회를 마련해 주고 또 오지 않는 원고를 기다리며 가뜩이나 마른 몸이 더 말라버린 고경태 기자, 그리고 아담한 책을 엮어 준 한겨레신문사 출판부의 여러분께도 고마움을 전한다. 원고 마감이 월요일이다 보니 일요일 내내 인상만 쓰는 남편과 아버지를 참아내 준 아내 관실과 아들 병하에게도 고마움과 미안함을 금할 수 없다.

 연재를 하는 동안 어디서 자료를 다 찾았냐는 질문을 많이 받았는데, 사실 그 공은 현대사를 연구하는 많은 선배, 동학들에게 돌아가야 한다. 민간인 학살이 휩쓸고 간 무덤 위, 황무지와 같은 그곳에서 빼앗긴 기억을 되살리는 작업을 치열하게 해온 선배, 동학들의 연구업적이 없었더라면 이런 책은 애초부터 가능하지 않았다. 지면의 성격상 일일이 주를 달아 인용하지 못한 빚진 마음과 고마움을 이 자리를 빌려 표한다.

 춘추필법을 강조한 동양의 전통적인 역사서술과는 달리 근대의 역사학은 역사의 교훈이라는 명제를 지우기 위해 애써 왔다. 대학 신입생 시절, 사학개론에서도 그렇게 배웠기에 이런 글을 쓰면서 사실 마음이 편치 않은 부분이 있었다. 그런데 올해 초 사학과 동창회 신년 하례식에서 그 시절 사학개론을 가르치셨던 서양사학계의 원로 선생님께서 역사의 교훈을 무시해서는 안 된다는 말씀을 후배들에게 덕담으로 들려 주셔서 조금이나마 마음의 부담을 덜게 된 것 같다. 역사로부터 배우려는 사람들, 아니 역사를 살아가는 사람들과 함께 역사 속으로의 여행을 계속해 나가겠다는 다짐을 드린다.

2003년 6월
한홍구

| 차례 |

머리말 _ 역사는 아무리 더러운 역사라도 좋다

1부 평화를 사랑한 백의민족?—그 감춰진 역사

호떡집에 불난 사연 반중국인 폭동과 화교들의 수난 · 17
학살은 학살을 낳고… 결코 참전하지 말았어야 할 베트남 전쟁 · 29
누가 우리를 죽음의 구렁텅이로 몰아넣었는가 베트남 파병의 대가 · 36
월남에서 돌아온 새까만 김 상사님께 마음까지 새까맣게 타버린 당신! · 46

2부 박정희, 양지를 향한 끝없는 변신

기회주의 청년 박정희! 남자의 변신은 무죄? · 63
동네보스, 왕보스에 투덜대다 박정희와 한·미관계 · 77
독재정권이 더 악랄했다 서대문형무소, 일제의 만행만 기억할 것인가 · 88
빨갱이에게도 인권이 있다 강제전향의 진흙탕에서 피어난 연꽃 비전향 장기수 · 99

3부 김일성이 가짜라고?

미완의 '아리랑'을 위하여 잊혀진 혁명가 김산의 발자취를 찾아서 · 1 · 113
'아리랑'의 최후를 아는가 김산의 발자취를 찾아서 · 2 · 125
'김일성 가짜설' 누가 퍼뜨렸나 이남사회를 지배해온 터무니없는 이야기들 · 137
"일제 순사가 돼지처럼 꿀꿀" 김일성을 영웅으로 만든 보천보전투 · 148
가랑잎으로 압록강을 건너시고… 식민지조선을 강타한 '김일성 전설' · 160

4부   군대의 역사, 병역기피의 역사

거지 중의 상거지, 해골들의 행진 이승만과 우익청년 테러집단의 '국민방위군 학살 사건' · 175
'녹화사업'을 용서할 수 있는가 프락치짓까지 강요한 가장 비열한 국가범죄 · 187
소집해제 대상 '예비군 제도' 예비군은 우리의 국가안보에 어떤 기여를 하고 있나? · 198
인민군도 무작정 처벌 안 했다 다시 보는 양심에 따른 병역거부의 역사 · 210

5부   쇠사슬에 묶인 학원, 그리고 지식인

학교가 원래 니꺼였니? '개인왕국'으로 전락한 비리사학의 역사적 뿌리 · 223
이젠 개천에서 용 안 난다 대학입시, 갈수록 약화되는 계층 이동의 기능 · 234
자기성찰, 하려면 조용히 하자 반성의 계보학, 그 요란함에 대하여 · 245
일제시대엔 떼먹고 변명 안 했다 만주동포 의연금 부정 사건과 숨겨진 야담들 · 257

6부   역사를 통한 세상읽기

노병은 죽지도 사라지지도 않는다 나이에 관한 역사적 명상 · 275
'자객열전'에서 배운다 조양자의 눈물을 미국에 기대할 수 있을까 · 287
신문고는 원래 '폼'이었다 군대 시절 소원수리 떠올리게 하는 청와대 앞 대고각 · 298
서울, 40년 전부터 만원이었다 서울 변천사에 대한 서울 토박이의 넋두리 · 309

| 1부 |

평화를 사랑한 백의민족?
— 그 감춰진 역사

미국인들이 노근리를 비롯한 한국전에서의 민간인 학살을 인정하는 것이 고통스러운 일인 것처럼, 우리가 베트남에서의 한국군에 의한 민간인 학살의 진실과 마주서는 것은 매우 고통스러운 일이다. 베트남 사람들에게 미안함을 전하는 마음은 일차적으로 우리가 피해를 준 사람들에게 사죄하는 것이지만, 꼭 피해자들만을 위한 것은 아니다. 그것은 한번도 전쟁의 상처를 치유한 적 없이 전쟁을 정당화하고, '기념' 해온 우리 내면의 상처를 극복하는 일이기도 하다.

호떡집에 불난 사연

_반중국인 폭동과 화교들의 수난

우리는 무슨 시끄러운 일이 있으면 "호떡집에 불났냐"는 말을 쓰곤 한다. 이 말이 언제 생겼는지 장담하기는 힘들지만 1931년 7월 초순 이후라고 해도 틀린 말은 아닐 것이다. 이해 7월 3일부터 9일 사이에 조선에 있던 호떡집 대부분이 불에 탔기 때문이다. 이때만큼 우리나라 사람들이 호떡집에 불난 것을 한꺼번에 본 적은 없었다. 불이 난 것은 호서방네 호떡집만이 아니었다. 비단장수 왕서방의 포목점도, 장서방의 이발소도, 주서방네 청과상도 중국인이 경영하는 상점이란 상점은 전국에서 대부분 불에 타고 파괴되었다. 최소 백수십 명의 목숨을 앗아간 대대적인 반중국인 폭동이 1931년 7월 초순의 뜨거운 여름을 더 뜨겁게 달군 것이다.

〈조선일보〉의 빗나간 특종

전 세계에 퍼져 있는 화교들은 자기들이 정착한 나라에서 대개 상권을 장악하거나 최소한 경제적으로 안정된 생활을 하고 있다. 그러나 유독 남과 북을 합친 우리나라에서 화교들은 경제적, 사회적으로 매우 열악한 처지에 놓여 있다. 우리나라에서 화교의 역사는 120년에

만보산 사건이 보도되자 전국이 반중 감정에 휩싸였다. 평양 시민들에 의해 파괴된 중국인 거리.

달하고 해방 전에 인구가 최대 10만 명에 달했지만, 지금 그 수는 2만여 명에 불과하다. 이들 2만 명은 1980년대 후반부터 급격히 증가한 외국인노동자와는 구별되는 우리 사회 안에 오랜 기간 정착해온 소수민족 집단이다. 이들 화교에게 가해진 압박과 차별과 불관용의 역사는 단일민족사회를 표방하는 배타적인 한국민족주의의 부끄러운 자화상이기도 하다. 상권을 장악하고 있는 동남아의 화교들과 달리 이 땅의 화교들이 기껏해야 자장면 정도밖에 팔 수 없게 된 데는 여러 가지 역사적 이유가 있다. 이 땅의 화교들의 고달픈 역사에서 가장 비극적인 사건, 그리고 우리의 인종주의가 낳은 가장 부끄러운 사건은 1931년 7월의 반중국인 폭동이다.

이 폭동의 계기가 된 만보산(萬寶山) 사건은 교과서에도 나오고 비교적 잘 알려져 있으나 이에 뒤이은 반중국인 폭동은 일반인은 물론 한국사 전공자 사이에서도 거의 알려져 있지 않다. 만보산 사건이란 1931년 5월 하순부터 창춘(長春) 근교의 만보산 삼성보(三姓堡)에서 조선인 농민과 중국인 농민 사이에 수로 개설 문제를 둘러싸고 일어난 분규이다. 6월 초순 중국 경찰이 개입하여 조선농민을 몰아내자, 일본의 영사경찰은 조선농민들이 법적으로 일본신민이라며 분규에 개입했고, 조선농민들은 일본 경찰의 보호 아래 수로공사를 강행했다. 몇 차례 충돌 끝에 7월 1일 중국농민 200여 명이 조선인들이 만든 수로를 파괴하자 일본 경찰이 출동하여 중국농민들을 향해 발포하였는데, 다행히 인명피해는 없었다. 이것이 만보산 사건이었다.

만보산에서 조·중 농민 간에 처음 충돌이 발생한 이래 1931년 6월부터 〈동아일보〉는 모두 3번 이 사건을 보도한 반면, 1927년 이래 재만동포옹호운동을 주도해온 〈조선일보〉는 이 사건을 16차례나 보도했다. 1920년대 후반 이래 중국 관헌들이 재만동포를 박해하고, 또 중국인 노동자들 때문에 조선인들이 일자리를 잃는다는 의식이 퍼지면서 조선에는 반중국인 의식이 자라고 있었다. 이런 반중국인 감정에 불을 댕긴 것은 1931년 7월 2일 밤과 3일 새벽에 〈조선일보〉가 이례적으로 두 차례 발간한 호외였다. 호외는 '중국관민 800여 명과 200동포 충돌 부상/ 장춘 일본 주둔군 출동 준비/ 대치한 일, 중관헌 1시간여 교전/ 급박한 동포안위/ 기관총대 급파/ 전투준비 중' 등 당시의 상황을 다급하게 전했다. 더구나 기사의 내용은 동포 다수가 부상이 아니라 살상당한 것으로 되어 있었다.

참혹한 폭동, 사망 100여 명

그러나 불행히도 이 급보는 오보였다. 오보도 단순한 오보가 아니라 일본제국주의자들이 만주침략의 길을 닦으려는 목적으로 조선인과 중국인의 감정을 악화시키기 위해 제공한 허위정보에 속아 넘어간 역사적인 오보였다. 이는 민족주의적 언론—당시의 〈조선일보〉는 지금처럼 망가지기 전으로 비타협 민족주의자들의 집결지였다—이 제국주의에 이용당한 불행한 사례였다. 〈조선일보〉 특파원 김이삼(金利三)은 창춘의 일본영사경찰서가 제공한 만보산 사건에 대한 허위정보를 현장확인을 거치지 않고 타전하였고, 경성(서울)의 〈조선일보〉 본사 역시 특파원이 다급하게 송고한 내용을 그대로 호외로 발행했다. 이 호외의 여파는 의외로 컸다. 호외가 뿌려진 직후인 7월3일 새벽부터 인천에서 중국인 가옥과 상점에 대한 투석이 시작되는 등 전 조선에서 반중국인 감정이 들끓기 시작했다. 7월4일 폭동은 전국으로 확대되었다. 서울 서소문의 중국인 거리에는 5천여 명의 군중이 몰려들어 중국인 상점의 물품을 끄집어내어 파괴하고 중국인들을 닥치는 대로 구타했다. 『정감록』의 참언도 폭동이 악화되는 데 한몫을 했다. 『정감록』에 '魚羊亡於古月'이란 구절이 있는데 '魚羊'을 합치면 조선의 '鮮'이 되고 古月을 합하면 중국을 의미하는 '胡'가 된다. 즉 조선이 중국에 망한다는 뜻이다.

폭동은 평양, 진남포, 부산, 전주, 대구, 개성, 사리원, 원산, 함흥, 흥남, 청주, 공주, 이리, 군산, 안주, 재령, 신의주, 의주, 선천, 수원, 청주, 춘천, 마산, 선천, 운산, 해주, 안변 등 전국으로 번져 모두 400여 회 이상의 습격 사건이 전국 방방곡곡에서 일어났다. 심지어는 재일조선인들이 일본 내의 중국인들을 습격하는 사건도 일어났다. 당시 중국인들은 도시뿐 아니라 농촌의 중심지에도 깊숙이 들어가 음식점이나 잡화상을 경영하고 있었는데, 중국인이 있던 곳에서는 모두 폭동이 일어났다고 해도 과언이 아니었다. 전국의 중국인 거리는

만보산의 조·중 농민 간의 충돌을 대서특필한 《조선일보》.

문자 그대로 피비린내나는 아수라장으로 변했다.

참혹한 폭동으로 인한 피해는 엄청났다. 총독부 경무국의 발표로는 사망 100여 명에 부상자 190명, 조선총독부 고등법원 검사국 자료에 의하면 사망 122명, 부상 227명, 국제연맹에 제출된 '리튼 보고서'에 의하면 사망 127명, 부상 393명, 재산피해 250만 원이었고, 중국 쪽 자료에 의하면 사망이 142명, 실종 91명, 중상 546명, 재산손실 416만 원, 영사관에 수용된 난민이 화교 전체 인구의 1/4에 육박하는

1만6,800명이었다. 이 사건으로 검거된 자는 1,800여 명이었고, 사형 1명을 포함하여 벌금 이상의 처벌을 받은 자만 해도 1,011명에 달했다. 총독부는 이들을 수용하기 위해 교도소 가건물을 지어야 했다.

폭동 직전인 1930년 말 화교의 총인구는 6만9천여 명이었으나, 폭동과 그에 뒤이은 1931년 9월18일 일제의 만주침략의 여파로 중국으로의 귀환자가 속출하여 1931년 말에는 5만6천여 명, 1933년 말에는 3만7천여 명으로 급감했다. 1992년 4월29일 코리아타운을 휩쓸고 지나간 LA폭동 당시 한국인 희생자가 1명, 그것도 폭도들에 의해 살해당한 것이 아니라 경비를 서던 사람들끼리의 오인사격으로 인해 사망자가 발생한 것에 비한다면 1931년의 반중국인 폭동이 얼마나 과격한 것이었는가를 짐작할 수 있다.

평양의 폭동은 '검은 손'이 움직였다

사태가 악화되자 사회지도층에서는 즉각 진화에 나섰다. 만보산 사건에 관한 결정적인 오보로 폭동을 촉발하게 된 〈조선일보〉는 재만동포의 옹호를 위해서는 재조선 중국인의 안전을 보장해야 한다고 역설했다. 만보산 사건에 대해 처음부터 신중하게 보도한 〈동아일보〉역시 이 사건에는 조·중 두 민족을 이간시키려는 음모가 숨어 있다면서 흥분한 대중에게 자제를 촉구했다. 특히 재만동포들은 재조선 중국인들에 대한 습격에 분노한 중국인들의 보복공격의 표적이 될 수 있었기 때문에 정말 우리를 생각한다면 중국인들에 대한 박해를 즉각 중단해 달라고 호소했다. 한용운(韓龍雲), 안재홍(安在鴻), 송진우(宋鎭禹) 등 민족주의자들은 조선각계연합협의회를 결성하여 이 불상사가 조선민족 전체의 의사가 아님을 천명하며 두 민족의 우의를 증진해야 한다고 강조했다. 만보산 사건으로 재만동포들이 엄청난 피해를 입었다는 것이 오보임이 밝혀지고, 민족지도자들의 폭동 자제 호소가 먹혀들어가 7월7일부터 폭동의 기세는 꺾여 7월10일에는 안정을 되찾았다.

그런데 이 폭동에서 우리가 주의깊게 보아야 할 대목은 엄청난 인명피해가 평양에서 집중적으로 일어났다는 점이다. 1923년 평양의 화교인구는 779명으로 서울의 4,107명, 신의주의 3,641명, 인천의 1,774명에 비해 훨씬 적었다. 그런데 폭동이 가장 먼저 발생한 인천에서 화교가 피살된 것은 2명이고, 규모 면에서 가장 큰 반중국인 시위가 있었던 서울에서는 중국인 사망자 없이 조선인 1명이 사망한 것에 비해 평양에서만 경무국 발표의 전국 사망자 100여 명 중 절대다수인 94명(중국국민당 중앙선전부의 자료로는 평양에서만 216명)이 살해당한 것이다.

왜 전국적으로 발생한 반중국인 폭동이 유독 평양에서만 집중적인 살상극으로 발전했을까? 전국에서 희생자가 고루 발생하였다면 모르지만, 평양에서만 집중적으로 사망자가 발생하였다는 사실은 평양의 폭동에 '검은 손'이 작용하였을 가능성이 매우 컸음을 강력히 시사한다. 즉 일본, 특히 만주의 관동군과 연결된 조선 주둔 일본군이 만주침략을 앞두고 조선인과 중국인을 이간시키기 위해 음모를 꾸몄다는 것이다. 당시의 언론 역시 평양 시내의 모든 자동차가 관에 의해 징발된 상황에서 3천여 명의 군중 속을 한 대의 트럭이 백기를 달고 수십 명의 사람을 태우고 폭동을 선동하며 다닌 사실에 의문을 제기했다. 평양의 화교지도자들은 평양에서의 참사를 '어떤 흑수(검은 손)가 군중심리를 이용한 것'으로 단정지었다.

재만조선인 보복은 없었으나

중국의 언론들도 반일감정이 조선에서 제일이라는 평양에서 엄청난 유혈사태가 발생했는데 일본인 중에 다친 사람이 하나도 없다는 점을 들어 폭동의 성격에 의문을 제기했다. 중국의 신문들은 광주학생운동과 같은 조선인들의 반일시위를 신속하고도 철저하게 진압한 일본 경찰, 조선 사람이 셋만 모여도 감시하고 해산하는 일본 경찰이 인천, 서울, 평양에서 수천 명의 군중이 모여 파괴와 방화와 살인을 일삼는 것을 방치한 것은 분명 계획적인 음모에 따른 것이었다고 보았다. 더구나 일본 경찰은 조선의 민족단체나 지식인들이 폭동 자제를 호소하는 전단을 배포하거나 강연회를 개최하려는 것을 철저히 막았다. 또 중국으로 급히 귀환한 화교들은 일본인이 조선옷을 입고 폭동을 선동했다고까지 증언하기도 했다. 평양에서 귀환한 화교들은 일본인들이 돈을 주고 조선인 불량배들을 고용하여 파괴, 살육에 앞장서게 했다고 주장했다. 이런 이유로 중국 쪽은 일제 당국이 이 폭동을 방임한 데 그치지 않고 사실상 발동하고 지휘한 것이 아닌가 혐의를 두었다.

다행히도 임시정부나 만주의 독립운동단체 지도자 등 재중 조선 민족주의자들의 호소와, 사태의 본질을 파악한 중국지도자들의 노력으로 조선의 반중국인 폭동이 재만조선인에 대한 대대적인 보복으로 확산되지는 않았다. 1931년 7월20일 국민당 간부 채원배(蔡元培)는 '만보산 사건과 조선의 배화참안(排華慘案)'에 대한 보고에서 조선에서 중국인들이 박해를 받았다고 만주의 조선인들에게 보복을 가하면 일본인들이 군대를 끌어들일 것이라고 경고했다. 그는 의화단(義和團) 사건 때의 외국인 배척운동이 제국주의의 개입을 가져온 것 같은 비극적인 사태를 피하기 위해 재만조선인들을 원수로 대하지 말아야 한다고 강조했다.

조선을 반중국인 폭동이 휩쓸고 지나간 두 달 뒤인 1931년 9월 18

만보산 폭동 이후 민심을 안정시키기 위해 파견된 '재만동포위문단'.

일, 일제는 만주에 대한 무력침공을 강행하여 만주를 점령했다. 만주 침략의 음모를 꾸미던 일제는 조선인과 중국인이 공동으로 항일전선을 펴는 것을 두려워했다. 나아가 일제는 조선에서의 반중국인 폭동이 재만조선인들에 대한 보복을 불러오면 이를 기화로 군대를 출동시킬 명분을 쌓을 수 있을 것으로 보았다. 일제의 기도를 간파한 중국과 조선 두 민족 지도자들의 노력으로 다행히 재만조선인들에 대한 큰 보복은 없었지만, 이 폭동으로 조선인과 중국인 간에 깊은 감정의

폭동 당시 일본군의 호위 아래 이동하고 있는 중국인들. 일본은 철저한 이간책을 구사했다.

골이 팼던 것은 부인할 수 없다. 만주를 강점하고 괴뢰 만주국을 세운 뒤 관동군 사령관은 일본인 관리에게 "조선인과 중국인의 사이는 소원해야지 친밀해서는 안 된다. 두 민족이 충돌할 때, 시비가 동등한 경우에는 조선민족의 편을 들어 한민족을 억누른다"라는 비밀지령을 내려 이간책을 계속했다. 이 감정의 골은 1930년대 전반 만주에서 조선인과 중국인들이 공동의 적 일본제국주의를 상대로 손잡고 싸우는 데 큰 장애가 되었다.

1931년 7월의 불행하고도 부끄러운 반중국인 유혈참극은 우리 민족의 순진한 동포애와 출로를 잘못 찾은 민족주의가 일본제국주의에 이용당한 비극적인 사건이다. 그리고 지금 이 사건을 기억하는 사람은 거의 없다. 우리는 일본에 대해 많은 것을 기억하고, 또 자주 분노한다. 일본의 교과서 왜곡에 분노하고, '일본군 성노예'(정신대) 만행에 분노하고, 또 재일동포들에 대해 가해지는 차별에 분노한다. 그러나 우리는 우리가 가해자가 되었던 사건들은 기억하려 하지 않는다. 이 땅에서 나고 자라고 뼈를 묻어도 영원한 이방인일 수밖에 없는 화교들의 처지를 보면 재일동포들에 대한 일본의 차별에 분노하는 것은 낯간지러운 일이다.

화교, 등이 굽은 물고기…

어느 시인은 고향을 등이 굽은 물고기들이 사는 한강에 비유했다. 등이 굽은 새끼들을 낳고 숨막혀 헐떡이며 그래도 떠나지 못하는 서울의 시궁창. 그 떠나갈 수 없는 곳에 살아남은 사람들의 후예가 이 땅의 화교들이다. 그러나 1931년 폭동에도 살아남은 화교들은 1970년대 중반 이래 이 땅을 떠나고 있다. 1970년대 초반 3만5천여 명이던 화교는 이제 2만 명 남짓하다. "차이나타운이 없는 나라, 화교자본이 성공하지 못한 나라, 화교 수가 계속 줄고 있는 나라." 이 세 조건을 만족시키는 나라는 한국뿐이다. 1961년의 외국인토지소유금지법과 1963년의 화폐개혁 등 굵직한 시책에서부터 참 치사했던 1973년의 중국음식점의 쌀밥판매금지령에 이르기까지 화교에게 가해진 무궁무진한 차별이 그 질긴 화교들을 손들게 만들었나 보다.

일본의 역사 교과서에 우리가 당한 비극이 기록되기를 요구하는 것은 비극의 역사가 피해자들만의 역사가 아니기 때문이다. 호떡집이란 호떡집에 모두 불이 난 사연, 이것이 어찌 화교들만의 불행한 역사일 수 있을까?

학살은 학살을 낳고…

_결코 참전하지 말았어야 할 베트남 전쟁

그랬을 것이다. 어린 꼬마조차 사탕을 받아들고는 뒤돌아서 수류탄을 던지고 달아나는 일도 있었다하니 모든 민간인이 베트콩으로 보였을 것이다. 전선이 없는 전쟁, 민간인과 베트콩이 구분이 안 되는 유격전쟁. 낯선 베트남의 정글에 내던져진 한국군 병사들의 혼란과 공포는 극에 달했을 것이다. 그러나 이런 상황논리가 면죄부가 될 수는 없다. 전선이 없는 전쟁, 유격대와 민간인이 구분이 되지 않는 전쟁은 우리의 근현대사 속에도 얼마든지 있었다. 1894년의 농민전쟁, 의병운동, 민족주의 계열의 독립군운동, 공산주의 계열의 항일빨치산운동 등도 모두 전선이 따로 없었고, 유격대와 민간인의 복장이 구분되지 않는 전쟁이었다.

"빨갱이는 죽여야만 하는 존재"

물론 베트남전에서 한국군에 의해 민간인 학살이 있었다 하더라도 그것이 "100명의 조선인을 죽이면 그중에 적어도 1명은 공산주의자일 것"이라며 간도를 피바다에 잠기게 했던 일본군의 만행과는 분명 달랐을 것이라고 믿고 싶다. 그러나 "의도적인 학살"이 아니었다는 것이, 민간인과 베트콩의 구분이 힘들었다는 상황논리가 결코 수천 명의 민간인이 죽었다는 사실 자체를 덮을 수는 없다.

베트남전에서의 한국군에 의한 민간인 학살에는 불행했던 우리 근현대사의 상처가 그대로 반영되어 있다. 베트남에 파병된 장병들은 중대장급이 1935년을 전후한 시기에 태어난 사람들이고, 일반 병사들은 대개 해방을 전후한 시기에 출생했다. 그들은 아주 어린 나이에 한국전쟁의 살육을 겪었고, 그들이 겪은 모든 불행은 빨갱이 때문에 생긴 일이라고 교육받았다. 빨갱이는 인간도 아니고, 동족도 아니며, 빨갱이일 뿐이었다. 빨갱이는 죽여도 좋은, 아니, 죽여야만 하는 존재였다. 강력한 극우반공이데올로기의 세례 속에 자라난 세대들은 빨갱이 사냥에 나설 심리적 준비를 잠재적으로 갖추고 있었다고 할 수 있다. 이들 병사들은 식민지 시기 일제에 의한 학살의 피해자였다가, 냉전체제의 확립과정과 한국전쟁을 경험하면서 좌우익 상호간의 동족 내부의 학살에서 피해자이자 가해자로 급속히 변모한 불운한 민족의 가난한 아들들이었다.

문제는 이런 병사들이 별다른 사전교육 없이 민족해방전쟁의 성격을 띠는 유격전의 현장에 배치되었다는 점이다. 전장의 흥분과 공포, 그리고 동료들이 죽고 다치는 데 대한 복수심은 "빨갱이는 죽여도 좋다"를 "빨갱이를 죽이지 않으면 내가 죽는다"는 좀더 강력한 심리로 바꾸어 놓았다. 물론 당시의 고위지휘관들이나 참전용사들은 "100명의 베트콩을 놓치더라도 1명의 양민을 구하기 위해 최선을 다하라"는 전시복무규정을 들어가며 양민을 보호하기 위해 노력을 기울였다고 말한다. 그러나 참전용사였던 김기태씨의 증언에서 보면 같이 체포된 민간인을 그냥 보내라는 중대장의 명령에도 총살이 자행되는 것이 현실이었던 터에 저 고상한 전시복무규정이 얼마만큼 지켜질 수 있었을까?

　당시에 벌어진 한국군에 의한 베트남 민간인 학살의 원인을 병사들의 심리상태 등에서만 찾으려 한다면 이는 구조적인 문제를 등한시하는 잘못을 범하는 것이다. 당시 한국군의 작전은 미국 의회의 사이밍턴(Symington)청문회에서도 누차 지적된 것처럼 순수한 전투와 토벌작전을 결합하는 것을 특징으로 하고 있었다. 베트남전에서의 토벌전략은 유격대 활동의 근거지가 될 수 있는 자연촌락이나 산재호(散在戶)를 분쇄하고, 주민들을 신생활촌이라 불리는 전략촌으로 옮겨 유격대와 주민의 접촉을 차단한다는 것이었다. 이 전략은 1930년대 만주에서 일본군이 조선과 중국의 항일유격대를 대상으로 엄청난 폭력을 수반한 채 진행한 집단부락 건설 중심의 비민(匪民)분리전략을 그대로 빼어 닮았다. 한국군의 수뇌부는 일본군, 만주군 출신으로 구성되었으며, 특히 조선인으로 구성된 일제의 유격대 토벌부대인 간도특설대 출신들은 한국군의 수뇌부에 대거 포진했으며, 한국전쟁 중의 '공비토벌 작전'에서도 그대로 재현되었다. 그러니 한국군의 토벌작전에 닥치는 대로 죽이고, 불사르던 일본군의 잔재가 남아있다가 발현된 것도 무리는 아니다.

베트남 파병 "경제적 이익"에 의문

　1966년 5월25일 주월한국군사령부가 발간한 전훈집은 "부락은 모든 적활동의 근거지"이며, "게릴라의 보급, 인적자원 및 정보수집의 근원은 부락에 놓여 있으며 베트콩 하부구조의 기반은 부락과 주민이다"라고 강조했다. 불행하게도 이 전훈집은 앞서 소개한 전시복

1968년 2월 12일 한국 해병대 작전지역이였던 베트남 쿠앙남성 퐁니·퐁넛촌에서 발견된 민간인 시신들. 대부분 노약자와 어린이들이었다.

무규정의 당위적 훈계에 비해 훨씬 더 현실을 반영하고 있다. 이런 입장에서 토벌에 나서 마을에 발을 들여놓을 때, 적들의 잠재적 기반인 마을 주민들에 대한 학살이 일어나지 않았다면 오히려 이상한 일일 것이다.

또한 한국군은 미군에 비해 마을을 대상으로 한 소규모 토벌작전에 많이 동원되었다. 박정희는 케네디에게 "미국의 과중한 부담을 덜어주기 위해" 한국군을 베트남전에 파병시키겠다고 제안했다. 해외의 많은 전문가들이 지적하는 것처럼 미국의 '용병'으로 미국의 과중한 부담을 덜어주기 위해 참전한 한국군에 맡겨진 것은 귀찮고 인명 손실의 가능성이 클 뿐 아니라 민간인 학살의 위험성이 높았던 토벌작전이었다. 수백만 명의 목숨을 앗아간 베트남전에서 한국군에 학살되었다는 민간인 5천 명이라는 숫자가 전체 사망자에서 차지하는 비율은 사실 극히 낮은 것이다. 민간인 사상자의 대부분은 미군의 융단폭격으로 발생했다. 따지고보면 융단폭격에 의한 대규모 살상이 더 참혹한 것이겠지만, 얼굴을 마주하지 않고 이루어진 대량학살보다 근거리에서의 민간인 처형이 더 큰 충격을 줄 수밖에 없다. '용병'이라는 부끄러운 위치가 민간인 학살이라는 부끄러운 역사를 낳은 것이다.

흔히 베트남전 참전이 한국의 근대화와 경제발전의 초석이 되었다고들 말한다. 전쟁이라는 불행한 기회를 틈타서 경제적 이익을 따지는 발상도 몸서리쳐지지만, 백 보를 양보하여 같이 계산기를 두들겨보더라도 한국의 베트남 파병이 한국에 경제적 이익을 가져다 주었는가에 대해서는 근본적인 의문을 떨쳐버릴 수 없다. 베트남전을 통해 한국은 10억달러에 조금 못 미치는 '경제적 이익'을 얻은 반면,

연 인원 30만 명을 파견하여 5천 명의 사상자와 1만여 명의 부상자, 그리고 2만여 명의 고엽제 피해자라는 돈으로 환산할 수 없는 인명피해에 민간인 학살이라는 멍에까지 짊어지게 되었다. 베트남의 정글에서 우리의 젊은이들이 흘린 피의 대가로 벌어들인 10억달러가 한국의 경제발전에 요긴하게 쓰인 것은 사실이다. 그러나 전투병력 대신 지원병력 위주로 우리보다 훨씬 적은 인원을 파견한 오스트레일리아, 뉴질랜드, 타이, 필리핀, 대만 같은 나라들이 우리보다 적은 '경제적 이익'을 얻었던가? 피 한 방울 흘리지 않은 일본은 오히려 우리보다 더 큰 '경제적 이익'을 보지 않았던가?

주월한국군사령부의 전훈집은 대다수 주민들을 적으로 돌릴 수밖에 없었던 한국군의 베트남 참전 자체가 얼마나 잘못된 것이었는가를 역설적으로 가르쳐준다. 전두환 등 광주학살의 원흉으로 지목되는 신군부의 핵심들은 모두 연대장 또는 대대장급 지휘관으로 베트남전에 참가했다. 주민들을 잠재적인 적으로 볼 수밖에 없었던 베트남전의 경험이 12~13년 뒤에 광주에서 시민들을 상대로 총과 대검을 겨누게 하는 데 영향을 끼쳤다고 생각한다면 지나친 비약일까?

베트남전에서의 민간인 학살의 상당 부분이 하필이면 한국군에 의해 이루어졌다는 사실은 참으로 불행한 일이다. 한국과 베트남은 역사적으로 많은 공통점을 지닌 나라였다. 두 민족은 중국이라는 거대한 국가의 곁에서 독립과 자주를 지키기 위해 노력해온 자존심 센 민족이었으며, 똑같이 유교문화권에 속해 있었다. 19세기 말에 두 나라는 외세의 침략을 받게 되었다. 베트남이 우리보다 먼저 식민지가 되었는데, 그 불행한 역사를 기록한 『월남망국사』는 한말 민족적 지식인들의 필독서가 되었다. 일부에서는 박정희가 민족주의자였다고 주장한다. 만일 박정희가 진정한 민족주의자였다면, 그리고 『월남망국사』를 읽으며 베트남의 불행을 남의 일로 보지 않았던 민족적 지식인들의 기억을 조금이라도 물려받았다면, 그는 제국주의 세력으로부터의 해방을 추구하는 베트남의 전장에 "미국의 부담을 덜어주기 위해" 제 나라 젊은이들을 보내지는 않았을 것이다.

박정희가 『월남망국사』를 읽었다면

베트남에서의 한국군에 의한 민간인 학살의 문제는 이제 덮으려면 덮을 수 있는 단계를 지나갔다. 이 문제는 군사독재의 사슬에서 벗어난 지 얼마 안 된 우리 시민사회가 함께 풀어야 할 중대한 과제이다. 다행히 베트남의 학살현장을 다녀온 기자들이나 시민운동가들에 의하면 베트남 현지에 특별한 반한기운은 없으며, 오히려 한국의 언론과 시민단체들이 먼저 민간인 학살 문제를 제기한 것을 놀라워하는 분위기라고 한다. 이 초기단계를 놓치고 한국 정부가 당시 한국군은 "100명의 베트콩을 놓치더라도 1명의 양민을 구하기 위해 최선을 다했다"는 공염불만을 되풀이한다면, 이는 학살의 책임을 참전병사들에게 떠미는 것일 뿐 아니라, 우리가 일본의 망언에 분노하듯 베트남의 여론도 급속히 악화될 가능성이 크다.

학살의 경험은 또 다른 학살을 낳는다. 지금이 이 악순환의 고리를 끊어야 할 때다.

누가 우리를
죽음의 구렁텅이로 몰아넣었는가

_베트남 파병의 대가

한국군에 의한 베트남전에서의 민간인 학살의 보도의 충격 뒤에 남는 것은 당시 한국의 젊은이들이 꼭 베트남의 그 자리에 있어야 했는가에 대한 의문, 아니 회한이다. 한국군은 베트남전에 꼭 가야만 했는가? 많은 사람들은 미국의 압력을 이야기한다. 군사적, 정치적, 경제적으로 미국에 절대적으로 의존하던 당시의 한국 상황을 생각하면 있을 수 있는 설명이다. 그러나 역시 미국에 절대적으로 의존하던 많은 동남아시아 국가들이 미국의 파병 제안에 시큰둥한 반응을 보이거나 마지못해 응했던 사실을 기억하자. 더구나 한국은 당시—지금도 마찬가지지만—남북의 대치 속에서 독자적으로 국방 문제를 해결하지 못하고 외국군대에 의존하고 있는 처지였다.

박정희와 김일성의 밀사 황태성

이 의문을 풀기 위해서는 먼저 한국군의 베트남 파병이 이루어진 경위부터 짚어보아야 할 것이다. 최근 밝혀진 자료에 따르면 한국군의 베트남 파병을 먼저 제안한 것은 미국이 아니라 한국이었다.

5·16 군사반란으로 집권한 박정희의 당면 과제는 미국의 신임을

1961년 11월14일 백악관에서 케네디와 정상회담을 가진 박정희 최고의회 의장. 박정희는 케네디에게 먼저 베트남 파병을 제안했다.

얻는 일이었다. 미국의 신식민지적 지배를 받고 있는 나라에서 쿠데타로 집권한 군부인사들로서는 미국의 지원을 얻는 것이 사활적인 이해가 걸린 일이었지만, 박정희의 경우는 그 이해의 정도가 남달랐다. 왜냐하면 박정희의 좌익 전력 때문이었다. 쿠데타 성공 뒤 박정희는 자신의 좌익경력에 의구심을 버리지 않는 미국의 신임을 얻는 데 전력을 경주했고, 마침내 미국의 초청을 받아내어 1961년 11월 중순 케네디와의 정상회담 일정을 잡는 데 성공했다.

당시 최고회의 의장이던 박정희와 케네디 사이의 정상회담은 일부 외국 언론에 의해 종주국 황제의 식민지 총독에 대한 면접시험 같앉다는 비아냥을 받았는데, 이 회담을 코앞에 둔 1961년 10월 박정희에게 뜻하지 않은 사건이 발생했다. 김일성이 이북정권의 무역성 부상을 지낸 황태성을 박정희에게 밀사로 파견한 것이다. 황태성은 박정희의 형으로 1946년 10월민중항쟁에 연루되어 살해된 박상희(김종필의 장인)의 절친한 친구로, 박정희가 어린 시절부터 몹시 따랐던 인물이었다. 어렵게 마련한 한-미정상회담을 앞둔 박정희는 황태성이 서울에 왔다는 소식에 그를 만나는 대신, 그의 체포를 지시했다. 박정희는 황태성을 만나지 않았지만, 어찌된 영문인지 미국의 정보당국은 박정희가 극비리에 황태성을 3차례 만난 것으로 파악하고 있었다. 그러지 않아도 한-미정상회담에서 미국에 내밀 카드가 없어 고심하던 박정희에게 밀사 황태성의 등장은 악재 중의 악재가 아닐 수 없었다.

이런 상황에서 박정희가 케네디에게 제안한 것이 한국군의 베트남 파병이었다. 이때는 아직 미국이 베트남전에 개입해 대규모 전투병력을 파견한다는 방침을 결정하기 이전이었다. 그러니 파병에 대한 미국의 압력이란 것은 있을 수 없는 때였다. 그런 때에 박정희는 "미국이 너무 혼자서 많은 부담을 지고 있다"면서 "자유세계의 일원으로서 미국의 과중한 부담을 덜어준다"는 명목으로 한국군의 베트남 파병을 제안한 것이다. 이 뜻밖의 제안에 케네디는 박정희와 예정에 없던 정상회담을 또 한번 가졌고, 베트남 파병 제안으로 박정희가 자기를 아주 기분좋게 해주었다고 치하했다.

한국군의 베트남 파병은 군부독재자 박정희에 대한 미국의 전폭적인 지원을 가져온 결정적인 계기였다. 5만 명의 한국 젊은이들이 베트남의 정글에서 미국의 젊은이들을 대신해서 피를 흘리고 있는 상황에서 3선개헌이나 1972년의 유신친위쿠데타와 같은 박정희의 권력강화 기도는 미국의 아무런 견제를 받지 않고 그대로 지나갔다. 박정희 정권 말기 한-미관계가 악화된 뒤 열린 미 의회의 프레이저 청문회에서 전 주한미국대사 포터는 중앙정보부와 박동선의 로비 등 "의심스러운 한국인들의 활동"에 대해 미국이 효과적인 행동을 취하지 못했던 것도 한국의 베트남전 참전을 참작한 행정부 고위관리들의 관대함 때문이었다고 증언했다.

최근 들어 박정희에 대한 신화가 부활하는 우려할 만한 경향이 나타나고 있다. 이 복고적 향수의 핵심은 박정희만큼 유능한 지도자가 없었다는 것이다. 한국의 다른 전직 대통령들, 특히 국제통화기금(IMF) 위기를 불러 잠자던 박정희 신화를 불러일으킨 김영삼과 비교하면 박정희는 충분히 유능해 보일 수 있다. 그러나 비교의 대상이 왜 꼭 정상적인 헌정사를 거치지 못했던 우리나라의 전직 대통령이어야 하는가? 더구나 박정희 시대는 아직 연구가 잘 안 된 분야이며, 베트남 파병이라는 박정희 정권 기간의 일대 사건, 한국전쟁 이래 최대의 사상자를 낸 이 사건은 놀라울 만큼 연구가 되지 않았다. 과연 베트남 파병 문제를 제쳐놓고 박정희와 그의 시대에 정당한 평가를 내릴 수 있을 것인가? 베트남전 파병 결정의 도덕적 문제는 잠시 미루어놓더라도 박정희가 과연 이 문제와 관련하여 유능한 대통령이었는가를 묻지 않을 수 없다.

박정희를 예찬하는 많은 사람들은 베트남 특수, 주한미군의 베트남 이동배치 저지, 한국군 현대화 등을 들어 베트남 파병을 통해 한국이 많은 이익을 거두었다고 주장한다. 자료에 따라 조금씩 차이는 있지만, 한국은 이른바 베트남 특수를 통해 약 10억달러 내외의 외환수

입을 올렸다고 한다. "재정적 수입에 대한 기대로 군대를 파견한 것은 우둔한 상업주의"라는 당시 언론의 비판은 잠시 접어두더라도, 우리가 벌어들인 10억달러 주장은 이상한 계산법을 택하고 있다. 즉, 우리가 벌어들인 것만 계산할 뿐, 우리가 치러야 했던 대가나 파병을 하지 않았더라도 우리가 거둘 수 있었던 경제적 성과를 의미하는 기회비용은 전혀 고려하지 않고 있기 때문이다.

참전군인들의 핏값조차 덤핑처리

베트남전에 대규모 병력을 파견함으로써 한국이 배타적으로 누린 수입은 아마 참전장병들이 피의 대가로 미국으로부터 받은 급여일 것이다. 한국군이 주둔비, 인건비, 장비 등을 전적으로 미국으로부터 지급받은 사실은 국제사회에서 한국군이 미국의 '용병'이라는 손가락질을 받는 요인이 되었다. 당시 외무장관 이동원은 이미 한국은 비동맹국가로부터 미국에 예속된 국가라는 비난을 받아왔기 때문에 더 이상 잃을 것이 없다는 입장이었다. 그런 강심장의 외무장관이었지만, 그는 박정희에게 어차피 파병하기로 한 이상 미국으로부터 최대한 받아낼 것을 받아내자고 건의했다. 그러나 박정희는 "미국이 어려운 틈을 타서 우리가 타산적으로 나간다면 너무 야박하지 않은가"라는 입장을 보였다.

누구의 이익을 지켜야 하는 대통령인지 모를 박정희의 태도가 낳은 결과는 참담했다. 한국군 사단장인 소장이 미국으로부터 받는 월 급여가 354달러인 반면, 필리핀군과 타이군의 소대장인 소위는 각각 매월 442달러, 389달러를 받았다. 일반 사병들의 경우는 남베트남군의 월급여에도 미치지 못하는 형편없는 대우를 받았다. 또한 미국은 한국군의 파병으로 자기네의 인명손실을 줄인 것은 물론, 좀더 많은 깃발을 추구한 정책에서도 큰 성과를 얻었다. 미국은 여기에 그치지 않고 막대한 비용절감 효과를 보았다. 주월한국군 1인당 유지비가 연간 5천달러인 반면, 미군 1인당 유지비는 1만3천달러였으니, 그 차액 8천달러를 한국군 파병 연 인원 30만으로 곱하면 미국은 무려 24억달러의 경비절감 효과를 본 것이다. 파병 자체의 정당성은 논외로 하더라도, 일단 자기나라 군대를 파병했다면 그들의 생명보호와 정당한 처우 보장에 힘써야 하는 것이 대통령의 책무가 아닐 수 없다. 젊은이들을 사지로 보내면서 그들의 핏값조차 덤핑해버린 박정희가 유능한 대통령일 수 있을까?

그러면 박정희는 왜 동일계급을 비교할 때 필리핀군이나 타이군의 30~40%에 불과한 싼값에 우리 젊은이들을 베트남으로 보냈을까? 미국의 지지를 얻어야 하는 정치적 이유 이외에도 경제적인 면에서 본다면 당시 경제개발계획을 추진하면서 한국이 외환부족에 시달리고 있었음을 지적할 수 있다. 그런데 박정희는 한국군의 베트남 파병을 결정할 무렵 한-일국교정상화를 졸속으로 마무리했다. 박정희는 36년 간의 식민통치에 대한 배상인 청구권 문제를 일본군 성노예(정신대) 문제는 거론조차 하지 않은 채 무상 3억달러, 유상 2억달러의 형편없는 헐값에 끝내고 말았기 때문이다. 당연히 일본으로부터 배상받았어야 할 금액을 받아내지 못하고, 그걸 보충하려고 젊은이들을 사지로 보낸 박정희가 유능한 대통령일 수 있을까?

주한미군을 붙들어매지도 못했다

베트남 파병 결정으로 주한미군의 베트남 이동배치 저지와 한국군 현대화를 이루었다는 주장도 근본적으로 재검토되어야 한다. 박정희는 1967년 대통령선거 당시 우리가 베트남에 군대를 안 보내려면 안 보낼 수 있었지만, 그랬다면 주한미군의 상당 부분이 베트남으로 갔을 것이라고 주장했다. 한국군의 베트남전 참전으로 이 주장의 타당성을 검증할 기회는 없어졌다. 그러나 문제는 한국군의 대규모 파병이 주한미군을 붙들어매는 효과를 거두지 못했다는 점이다. 미국은 1970년 박정희와의 약속을 파기하고 한국 정부와 아무런 협의도 없이 일방적으로 주한미군 1개사단의 철수를 통보하고, 이듬해 철수를 단행했다.

이 무렵은 한국군의 베트남 파병이 북한을 극도로 자극하여 1968년 북한 특수부대의 청와대 기습 사건, 푸에블로호 납치 사건 등이 일어나고, 군사분계선에서의 남북 간의 무장충돌이 급증한 직후였다. 그런 상황에서 미국이 일방적으로 주한미군의 철수를 단행한 것은 박정희가 가장 주력했던 주한미군의 현상유지정책이 실패로 돌아갔음을 증명한 것이다. 또 한국군 현대화도 베트남 파병으로 일부 이루어지긴 했지만, 실제 현대화 작업이 단행된 시기를 보면 베트남 파병의 대가라기보다는 주한미군의 일방적 감축에 대한 보상이라는 성격이 더 컸음을 알 수 있다.

베트남 파병으로 우리가 치른 대가 중 가장 중요한 것은 파병이 없었다면 죽지 않아도 되었을 5천 명의 죽음, 1만 명의 부상자, 2만 명의 고엽제 후유증 환자 등 인명피해이다. 〈한겨레21〉의 보도로 세상에 알려진 민간인 학살의 멍에 또한 우리가 치르고 있는 엄청난 대가가 아닐 수 없다. 사상자 문제는 박정희가 인명피해를 "무릅쓰고" 파병을 단행했다고 치자. 고엽제 문제는 당시로서는 예상할 수 없었다고 치자. 그러나 민간인 학살은?

수만 명의 전투병력을 보내면서 민간인 학살의 발생가능성을 전혀 예상하지 못했다면 그런 통치자는 바보라고 할 수밖에 없다. 특히 한국군은 일본군의 유격대 토벌전술을 이어받아, 한국전쟁을 전후한 시기에 이른바 공비토벌 과정에서 광범위한 대비정규전(對非正規戰) 경험을 가진 군대였다. 박정희가 미국에 대해 베트남 전장에서의 한국군의 유용성을 강조한 것도 바로 이 점이었다. 그러나 불행히도 한국군의 대비정규전 경험은 거창, 산청, 함양 등 숱한 지역에서 민간인 학살의 쓰라린 역사를 겪으며 축적된 것이었다.

베트남 파병과 관련해 박정희가 취한 태도는 국가의 위신을 책임지는 통치자로서의 자질과 책임감이 의심스러울 지경이다.

자기 나라에서조차 민간인에 대한 오인 학살이 빈발했던 한국군의 전술적 특성상, 낯선 남의 땅에서 민간인 학살 가능성은 높을 수밖에 없었다. 더구나 부락에 대한 수색과 섬멸작전은 베트남의 미군들이 극력 기피했던 작전이었다. 그러나 '용병'이라는 위치상, 나아가 미국에 대한 파병의 정치적, 군사적 효과를 극대화하려는 박정희의 의지 때문에 한국군은 "부락은 모든 적활동의 근거지"이며, "게릴라의 보급, 인적자원 및 정보수집의 근원은 부락에 놓여 있으며 베트공 하부구조의 기반은 부락과 주민"이라는 전제 아래 이 작전에 적극 투입되었다.

참전군인 전체가 학살자 취급 받아선 안 돼

그러나 박정희나 한국군 수뇌부가 민간인 학살의 가능성을 전혀 예상치 못하지는 않은 것으로 보인다. "100명의 베트콩을 놓치더라도 1명의 양민을 구하기 위해 최선을 다하라"는 훈령의 존재는 이를 시사한다. 그러나 설혹 우발적으로라도 민간인 학살이 발생했을 때, 박정희가 적극적으로 이의 재발방지 대책을 강구하지 않고 달랑 이 훈령으로 학살을 막을 수 있다고 생각했다면 이는 좋게 말하면 순진한 것이고, 좀더 정확히 말하면 군통수권자로서의 그리고 국가의 위신을 책임지는 통치자로서의 자질과 책임감이 의심스러운 대목이 아닐 수 없다. 만일 박정희가 민간인 학살을 전혀 몰랐다면 이는 박정희의 군에 대한 장악능력에 큰 문제가 있었던 것이 아닐 수 없다. 그리고 만에 하나 박정희가 민간인 학살을 충분히 예상하고서도 별다른 조처를 취하지 않고 파병했다면, 또는 주로 한국군의 파병 초기에 발생하여 수천 명의 희생자를 낳았다는 수십 건의 민간인 학살을 수년간 방치했다면, 이는 박정희 자신의 말처럼 그의 무덤에 침을 뱉는 것으로 끝날 일은 결코 아니다.

지금까지 약 80여 건의 학살 사례가 발굴되었지만, 참전용사 전체가 학살자 취급을 받아서는 안 된다. 그 공포와 혼란과 광기의 현장에서도 대다수의 참전용사들은 민간인 보호에 최선을 다했을 것이다. 그러나 주월한국군사령부의 '3훈5계'에서 지적한 것처럼, 김 소령이나 최 일병이 잘한 일도, 박 대위나 이 병장이 잘못한 일도 다 따이한이 잘했다 못했다라고 불리게 되어 있다. 민간인 학살이 보도되면서 본의 아니게 학살자의 의심을 받게 된 30만 참전용사들의 이 한맺힌 절규에 지하의 박정희는 어떻게 답할 것인가?

"누가 우리를 그 죽음의 구렁텅이로 몰아넣었는가?"

월남에서 돌아온 새까만 김 상사님께
_마음까지 새까맣게 타버린 당신!

김 상사님.

미루고 미루던 편지를 이제야 올리게 되었습니다. 2001년 〈한겨레21〉에 역사이야기를 연재할 때부터 마음먹은 편지를 베트남에서 돌아오자마자 쓰고 있습니다. 〈한겨레21〉 독자들이 모은 성금으로 지은 한-베 평화공원 준공식에 참석하고, 또 앞으로 짓게 될 (가칭)평화역사기념관의 준비를 위해 일주일 간 베트남을 다녀온 것이지요. 지난 3년 간 베트남전 진실위원회 활동을 하면서 이 핑계 저 핑계 대며 미뤄오던 베트남행을 드디어 실행에 옮겼습니다. 사람보다 자연은 더 회복이 빠른 모양입니다. 베트남, 그 넉넉하고 파란 자연에서는 어디에서도 30년의 전쟁이 할퀴고 간 상처를 찾아볼 수 없었습니다. 그러나 사람들 몸과 마음 속에 전쟁의 상처는 여전한 듯싶었습니다. 베트남에서도, 그리고 우리 한국에서도요.

만주와 베트남, 모질게 재현된 역사

〈한겨레21〉이 민간인 학살이라는 참으로 아픈 문제를 제기하기 전까지 베트남 전쟁은 우리에게는 잊혀진 전쟁이었지요. 참 얄궂은 것은 베트남전에서의 한국군에 의한 민간인 학살 문제가 제기된 것

"380명의 원혼이 묻힌 빈딘성의 고자이 위령탑은 한국으로 돌아간 수많은 김 상사들을 원망하는 듯했습니다."

과 거의 같은 시기에 노근리 문제가 터져나온 것이지요. 베트남과 노근리, 한 곳에서 우리는 가해자였고, 다른 한 곳에서 우리는 피해자였습니다. 너무나 대조적인 것 같지만 사실 두 사건은 본질적으로 똑같은 사건입니다. 동맹군이라는 이름의 군대가 주둔국의 민간인들에게 총을 겨눈 것이야 다 마찬가지 아니었던가요. 반드시 해결돼야 할 우리의 노근리는 베트남 중부 지방 곳곳에 널려 있었습니다.

민간인 학살이라고 하면 너무 거창하고 끔찍한 이야기가 됩니다만 제 또래쯤 된 사람들, 막 보급되기 시작한 텔레비전을 통해 "조국의 이름으로 님들은 뽑혔으니 그 이름 맹호부대 맹호부대 용사들아"를 목청껏 부르며 골목길을 누비던 그때의 아이들에게 그 이야기는 처음 듣는 이야기가 아니었습니다. 그럴싸한 무용담으로 포장된 한국군의 보복전술, 아군을 터럭만큼이라도 다치게 하면 근처 마을들을 아작냈다는 이야기야 동네 이발소에서, 중국집에서, 교련시간에, 그리고 나이가 좀더 들어선 군대와 예비군교육장에서 너무나 흔하게 들을 수 있는 얘기였으니까요.

어린 시절 즐겨보던 서부극의 기병대 아저씨들이 "아 — 와와와와" 하는 이상한 소리를 내는 야만적이고 잔인한 인디언들을 몽땅 처치하는 걸 보며 환호하던 저나 제 친구들은, 맹호가 세냐 청룡이 세냐, 아니다, 백마가 최고다 해가며 베트콩이란 이름을 가진 조그맣고 까무잡잡한 빨갱이들을 우리 국군 아저씨들이 깡그리 쓸어버리기를 기원했습니다. 종종 우리는 저마다 여기저기서 주워들은 파월장병 아저씨들의 무용담을 마치 자기가 세운 전과인 양 자랑하기도 했지요. 그러나 우리 국군 아저씨들이 지켜주었음에도 무능한 '자유월남' 정권은 '패망' 했고, 베트남 전쟁은 우리의 기억 속에서 완벽하게 잊혔습니다.

1999년 한국군에 의한 베트남에서의 민간인 학살 이야기가 알려졌을 때, 저는 올 것이 왔다는 생각이 들었습니다. 〈한겨레21〉을 통해 생존자들의 증언을 접하면서 저는 전율하지 않을 수 없었습니다. 참혹함 때문만은 아닙니다. 제가 전공한 만주에서의 항일독립운동 과정에서도 일본군은 간도가 피바다에 잠길 정도로 엄청난 민간인 학살을 자행했지요. 아이들에게 사탕을 주며 친해졌는데 그놈들이 뒤돌아서더니 수류탄을 까던지고 도망가더라는 이야기는 독립군 마을의 소년 열사 이야기와 다를 게 없었습니다. 역사란 게 이렇게 모질게 재현되는 것인가요.

푸옌성 뚜이호아에서 평화공원 준공식이 있던 다음날, 우리는 푸옌성 인민위원회를 방문했습니다. 푸옌성에서 최고의 실력자인 베트남공산당 푸옌성위원회 서기장이 우리를 반갑게 맞아주었습니다. 그분은 준공식 날 우연히 제 왼쪽에 앉았는데, 와이셔츠 위로 그의 뒷목 오른쪽에 선명한 총탄 자국이 보였지요. 그는 베트콩 출신이었습니다. 얼마 전 한국을 방문했을 때는 참전군인들도 만났다고 합니다. 서로의 얼굴이 또렷하게 보일 정도로 가까운 거리에서 총을 들고 마주 싸운 따이한들을 베트남의 정글이 아닌 서울 한복판에서 다시 만난 거지요. 그는 참전군인들도 저희 베트남전 진실위원회와는 다른 방식으로 자신과 베트남 인민들에게 미안한 마음을 표하고 싶어한다는 것을 느꼈다고 말했습니다.

'과거를 접는다'의 의미

그는 이어서 베트남 정부가 왜 "과거를 접고 미래로 나아가자"라고 말하고 있는지를 설명해주었습니다. 이 문제는 제가 진실위원회 활동을 해온 지난 3년 동안 가장 궁금하기도 하고, 잘 이해되지 않는 문제였습니다. 미국과 한국으로부터 더 많은 경제원조와 투자를 끌어내기 위해 과거의 민감한 문제들, 피해자들의 사무친 원한을 혹시 구석으로 밀어놓고 덮어버리려는 것이 아닌가 하는 의구심을 솔직히 떨쳐버리지 못한 것이었지요. 그는 우리 일행이나 자기네 베트남이나 민간인 학살 문제를 풀어야 한다는 의지는 똑같지만, 다만 문제를 접근하는 방식이 다를 뿐이라고 말했습니다. 진실위원회나 〈한겨레21〉이 문제를 파헤쳐 상처를 물에 깨끗이 씻으려는 방식이라면, 전쟁의 참화로 너무 많은 것을 잃고 너무 큰 고통을 당한 자기네는 일단

이 아픔을 잊고 벗어나는 것이 더 시급하다는 것이었습니다.

저희 일행은 맹호부대가 주둔한 빈딘성 따이빈사로 향했습니다. '사'는 우리나라로 치면 읍·면 단위에 해당하는 곳인데, 이곳의 공산당 서기장이 우리를 맞이했습니다. 그 역시 민간인 학살 과정에서 어머니와 누이동생을 잃은 사람입니다. 우리 일행은 380여 명이 숨진 자리에 세워진 고자이 언덕의 위령비에 참배한 뒤, 얼마 떨어지지 않은 그의 집으로 갔습니다. 그 운명의 날 따이한들이 건너왔다는 작은 다리를 옆으로 끼고, 우리는 마을로 들어갔습니다. 그의 집으로 가는 길에는 사철나무 비슷한 나무가 양쪽으로 키보다 높이 빽빽이 들어서 있었습니다. 호젓한 산책길로야 더없이 좋을 그 길에서 저는 갑자기 꼭 37년 전 총을 들고 이 길을 걸어갔을 따이한 병사가 된 듯한 느낌이 들었습니다. 마을에서는 빼곡한 나뭇잎 사이로 내 움직임을 볼 수 있을 텐데, 나는 나뭇잎에 가려 마을을 볼 수 없었습니다. 이런 때 마을에 베트콩이 있어 방아쇠를 당긴다면… 무서워졌습니다. 너무 떨렸습니다. 이런 두려움이 끔찍한 일로 이어졌을 것입니다.

김 상사님, 참 이상합니다. 일본군이 간도에서 저지른 민간인 학살, 한국전쟁 전후 국군이나 경찰, 우익치안단체, 청년단체들이 행한 민간인 학살을 연구할 때는 전혀 느끼지 못한 두려움과 그 현장에 내동댕이쳐진 우리 사병들에 대한 연민이 엄습해왔습니다. 대학 강단에서 베트남전과 관련한 강의를 하다가 소스라치게 놀란 적이 있습니다. 스무 살 남짓한 그때 그 병사들이 지금 내 앞에 앉아 있는 너무나 귀여운, 솜털이 보송보송하고 여드름 자국이 채 가시지 않은 저 학생들보다 더 어린 나이였구나. 아직 삶의 방향이 잡히지 않은 어린 청년들을 어딘지도 모르는 곳으로 보내면서, 베트남이 어떤 곳인지, 무얼 하는 곳인지 아무도 말해주지 않았습니다. 다만 '보이는 것은 모두 적이다, 죽지 않으려면 죽여라' 라고 가르쳤을 뿐이지요. 젊은이들을 베트남의 정글로 보낸 자가 18년, 그리고 베트남전에 참전해 군내에서 승승장구한 자들이 정권을 이어받아 12년을 보낸 나라에서 정작 참전군인들의 삶이 어떻게 망가지든 아무도 괘념치 않았습니다. 피부에 반점이 돋고, 이유 없이 아프고, 그리고 자식들마저 픽픽 쓰러져도 그게 고엽제 때문이란 것을 안 것도 미국에서 고엽제가 문제가 되고 한참이 지나서였습니다.

생존자 할머니들과의 만남

서기장이라는 거창한 이름이 어울리지 않는 조그만 아저씨는 좁은 방 안을 가득 메운 우리에게 잔잔한 어조로 그때 그 일을 이야기해주었습니다. 마을 사람들을 모아놓은 데에 한국군 가운데 누군가가 무엇인가를 던졌고, 그것은 자기 발에 맞은 뒤 굴러가더니 꽝 하는 소리가 났다는 것입니다. 정신을 차려보니 방 안에 자기와 어머니, 누이동생이 누워 있었답니다. 누이동생과 어머니는 모두 두 다리가 잘려 나갔습니다. 먼저 누이동생이 숨을 거두었습니다. 네 동생이 죽었나 보다, 어머니의 말씀이 끝나자마자 마을 사람들은 동생을 거적으로 말아내갔습니다. 방 안에 단둘이 남았고, 처음에는 큰소리로 울부짖던 어머니의 비명은 점점 낮은 신음으로 변하더니 동생을 묻으러 간 마을 사람들이 돌아오기 전에 낮은 신음마저 완전히 끊어졌습니다. 마을 사람들은 다시 어머니를 내갔습니다. 온몸에 파편이 박힌 그는 천애의 고아가 되었습니다. 아버지와 형은 이미 해방전쟁에 참가해서 전사한 뒤였답니다. 몸이 회복되고 그는 산으로 들어가 총을 잡았

'고통받는 자들의 연대'가 필요하다. 전쟁유물박물관에서 만난 고엽제 피해자.

습니다. 이 단단한 과거의 소년 베트콩은 애써 담담하게 우리에게 이야기를 해주었지만, 틀림없습니다. 그는 오늘밤 잠을 이루지 못할 것입니다. 한 민간단체의 도움으로 30여 년 만에 몸에 박힌 파편을 제거했다지만, 마음에 박힌 파편이야 어떤 명의가 제거해줄 수 있겠습니까.

옆 방에는 곱게 단장한 할머니 네 분이 우리를 기다리고 계셨습니다. 모두 민간인 학살의 생존자들이셨지요. 마음의 상처를 안고 미친 세월을 살아내야 했던 민간인 학살의 생존자들은 다 내가 그때 죽어야 했다고 하십니다. 한국과 베트남, 차이가 없습니다. 비행기 시간이 촉박한 관계로 우리는 곧 떠나야 했습니다. 누군가가 인사를 드리라고 해서 몇 사람이 등을 떠밀려 앞으로 나갔습니다. 막막했습니다. 말이 통하지 않아서가 아닙니다. 도대체 이런 때 무슨 말을 할 수 있겠습니까. 휘청 무릎이 꺾이면서 저는 분홍색 아오자이를 입은 할머니의 뼈만 남은 무릎 위로 고꾸라졌습니다. 분홍색 옷이 까맣게 보이면서 눈물이 쏟아졌습니다. 어떻게 밖으로 나왔는지 모르겠습니다. 우리를 따라온 외신 기자가 마이크를 들이대며 인터뷰를 하자고 했습니다. 민간인 학살의 진상을 규명한답시고 아픈 상처를 헤집고 다니는 우리나, 생생한 현장의 육성을 전한답시고 이런 때 마이크를 들이대는 기자들이나 참 사람되기 글러먹은 존재인 것 같습니다.

저는 베트남전이나 한국전쟁 전후의 민간인 학살 문제를 다루면서 증언도 많이 듣고 끔찍한 사진도 많이 보았습니다. 그러면서 가능한 한 끔찍한 사건들과 감정적으로 거리를 두려고 노력해왔습니다. 그러잖으면 도저히 이런 문제를 다룰 수 없기 때문이지요. 한 3년 이렇게 도닦듯 버텼다고 생각했는데, 이곳 베트남에서 여지없이 무너져버렸습니다. 괜히 별로 덥지도 않은 날씨만 탓해봅니다.

호치민시로 돌아와서는 전쟁유물박물관을 찾았습니다. 박물관에서는 베트남의 고엽제 피해자와 장기수 선생님 한 분을 모셔와 우리와의 만남을 주선해주었습니다. 고엽제 피해자인 둑은 미국에 있을 때 방송 프로에서 본 적이 있는 해맑은 청년이었습니다. 몸이 붙은 샴쌍둥이로 태어났는데, 샴쌍둥이 분리수술이라는 것이 둘 다 살아날 확률이 매우 낮답니다. 둑의 형은 다행히 목숨은 건졌지만 거의 식물인간 상태라고 합니다. 한국에도 고엽제 피해자가 많다며 전쟁의 상처로 고통받는 사람들이 힘을 모으자는 말을 하다가 갑자기 또 목이 메었습니다. 한번 헝클어진 감정은 날이 바뀌어도 추스려지지 않습니다. "우리는 서로 만나도 자식 안부는 겁이 나서 잘 물어보지 않아"라던 김 상사님 전우 분의 힘없는 목소리가 생각났기 때문입니다.

돈, 그놈의 돈 때문에…

항불전쟁 기간 5년, 항미전쟁 기간 14년, 도합 19년을 악명 높은 콘타오 감옥에서 보낸 판 구앙 홍 할아버지는 우리 사회에서 볼 수 있는 장기수 선생님들처럼 깐깐하면서도 푸근한 인상이셨습니다. 선생님의 부인 역시 14년 간 콘타오 감옥에 수감된 장기수 출신입니다. 무남독녀 외딸은 전쟁기간에 전사했답니다. 그 딸은 작전에 나갔다가 적과 마주쳤는데, 쏟아지는 총알 속에서 나이 어린 전사를 온몸으로 감싸안아 그를 구하고 하늘나라로 갔다더군요. 잔혹한 고문에 굴하지 않고 옥중에서 싸우던 어머니는 출옥 뒤 딸 소식을 듣고는 정신을 놓아버렸답니다. 세월이 흘러 지금 많이 회복되셨지만, 딸 이야기만 나오면 너무 힘들어 하신다면서 판 구앙 홍 할아버지는 부부가 같이 나오지 못해 미안하다고 말씀하셨습니다. 도대체 뭐가 우리에게 미안한지, 가해자의 나라에서 온 우리에게 피해자들이 왜 미안해해야 하는지 알 수 없는 일입니다.

저희는 할아버지께 진실위원회가 만든 티셔츠를 선물로 드렸습니다. 그 옷에는 '미안해요 베트남'이란 말이 쓰여 있었지요. 할아버지는 조용히 웃으며 말씀하셨습니다. "미안하다는 말로만은 안 돼." 잠시 숨을 고르시더니 할아버지는 "지금도 여러 곳에서 학살이 벌어지고 있어. 반전과 평화를 위해 힘써야 돼"라고 하셨습니다. 그렇습니다. 따이빈사 마을의 당서기장 아저씨처럼 아체 등지에서 민간인 학살로 부모를 잃은 소년들은 지금도 자기 키만한 총을 들고 복수심에 불타는 소년 전사가 되고 있습니다. 한국이 베트남에 사죄하는 것만으로 우리의 책임이 지워지는 것은 아닙니다.

　김 상사님, 2000년 12월15일 제가 속한 베트남전진실위원회와 김 상사님의 전우들이 민간인 학살 문제를 포함해 한국군의 베트남 파병을 다시 짚어보는 공동토론회를 했지요. 참전군인들 수천 명이 그해 6월에 한겨레신문사를 습격해 격렬한 항의를 벌인 일도 있는 터라 발표장 분위기는 자못 긴장되었습니다. 300석이 넘는 방청석의 대부분은 군복을 입은 참전군인들로 채워졌지요. 제가 발표를 시작한 지 채 5분도 안 돼—민간인 학살 문제는 아직 꺼내지도 않았는데—방청석에서는 "저 새끼 죽여!" "끌어내" "야 이 새끼야, 니 배때기에는 총알 안 들어갈 줄 알어!" 하는 고함이 터져나왔습니다. 그런 분위기 속에서도 저는 성능 좋은 마이크의 힘을 빌려 30여 분에 걸쳐 무사히 발표를 마쳤습니다. 그런 상황에서 겁이 전혀 안 났다면 거짓말이겠지만, 제 마음을 지배한 것은 두려움보다는 슬픔이었습니다. 귀밑머리가 희끗희끗한 초로의 나이에 군복을 입고 이 자리에서 이런 식의 행동을 해야 하다니…. 바쁘게 바쁘게 달려온 우리의 현대사는 한번도 전쟁이 남긴 상처를 치유해본 적이 없었습니다.

　김 상사님, 김 상사님께서 베트남의 정글에 가신 것은 자유수호나 반공십자군이라는 거창한 명분 때문이 아니었지요. 김 상사님 같은 가난한 농촌의 젊은이들이 머나먼 베트남으로 가신 것은 돈, 그놈의 돈 때문이었습니다. 별을 셋이나 단 한국군 사령관이 받는 돈이 타이군이나 필리핀군 소대장인 중위급이 받는 돈에도 못 미치고, 목숨을 걸고 남의 나라 전쟁에 끼어든 한국군 사병들이 제 나라 전쟁을 치르는 베트남군 사병들과 비슷한 돈을 받을 정도로 턱없이 적은 돈을 받았지만, 그래도 한 달 50달러 남짓한 돈은 당시의 사정에서는 아주 큰돈이었습니다.

가슴 찢어지던 전화를 기억합니다

베트남 전쟁에서의 민간인 학살 의혹이 한창 제기될 무렵, 저는 한 방송사 TV토론에 나간 적이 있었는데 그 때문에 김 상사님의 옛 전우들에게서 많은 전화를 받았습니다. 그런 전화의 대부분은 거친 전화였지만, 한 분의 전화만큼은 달랐습니다. 찢어지게 가난한 집에서 태어나 부모님께 송아지라도 한 마리 사드리려고 머나먼 남쪽나라로 가는 배에 올랐는데, 돈 있고 백 있는 놈들은 다 빠지고 자기 같은 사람들만 어쩔 수 없이 가게 되었다. 그리고 지금은 고엽제 후유증에 시달리는데, 그런 자신이 용병이고 학살자냐고. 울음 섞인 전화에 저의 가슴도 찢어졌습니다.

김 상사님.

지난 3년 간 진실위원회 활동을 하면서, 진실은 귀중한 것이지만 진실과 마주선다는 것은 아주 고통스러운 일이라는 점을 배웠습니다. 일본인들이 일본군의 성노예로 끌려간 위안부 할머니들의 존재를 인정하는 것이 고통스러운 일인 것처럼, 미국인들이 노근리를 비롯한 한국전에서의 민간인 학살을 인정하는 것이 고통스러운 일인 것처럼, 우리가 베트남에서의 한국군에 의한 민간인 학살의 진실과 마주서는 것은 매우 고통스러운 일입니다. 그러나 고통스러운 일을 우리는 지금 하지 않으면 안 됩니다. 너무나 당혹스러운 진실을 마주하는 우리의 고통이 아무리 크다 할지라도 죽임을 당한 사람들, 또는 사랑하는 가족들을 잃고 힘겨운 생을 살아내야 했던 생존자들의 고통에 비할 수는 없을 것입니다.

　김 상사님도 민간인 학살이라는 말에는 부르르 떨며 분노하셨지만, 김 상사님을 비롯한 파월장병들이 베트남전에 개입한 것이 이제 와 생각해보면 베트남 사람들에게 본의 아니게 큰 아픔을 주었다는 점은 동의하셨잖아요. 그런데 저는 베트남전으로 고통받은 사람들이 베트남에만 있다고 생각하지는 않아요. 박정희의 정략적인 파병으로 한국사회에 군사독재가 강화되고, 우리 사회 전체가 하나의 병영이 되었다는 거창한 이야기는 접어두겠습니다. 그러나 착하디 착한 우리 남편이 월남 1년 갔다 오더니 영 딴사람이 되었다는 친구분 사모님의 말씀이나, 월남 갔다 온 뒤에는 내 눈에 너무 살기가 등등하다고 한동안 가족도 나와 눈을 마주치려 하지 않았다는 김 상사님의 말씀은 잊혀지지 않습니다.

　베트남 사람들에게 미안함을 전하는 마음은 일차적으로는 우리가 피해를 준 사람들에게 사죄하는 것이지만, 꼭 피해자들만을 위한 것은 아니라고 생각합니다. 그것은 한번도 전쟁의 상처를 치유한 적이 없이 전쟁을 정당화하고, '기념' 해온 우리 내면의 상처를 치유하는 일이기도 합니다.

　이제 저희 진실위원회에서는 베트남에 (가칭)평화역사기념관을 세우는 작업을 하려고 합니다. 평화역사관을 짓는 일은 저희가 심부름이야 하겠지만, 저희 진실위원회만으로 할 수 있는 일도 아니고, 또 그렇게 되어서도 안 됩니다. 김 상사님, 김 상사님이 청춘의 가장 중요한 시기를 보낸 그 땅을 김 상사님을 모시고 한번 다녀왔으면 합니다. 김 상사님의 소중한 추억이 어린 곳이기도 하고, 또 김 상사님과 가족들의 고통의 뿌리가 내려 있기도 한 그곳, 그리고 김 상사님과 김

상사님의 옛 전우들, 아니 당신들을 그곳에 보낸 자들로 인해 엄청난 고통을 당해야 했던 사람들이 살고 있는 땅을 김 상사님과 함께 다녀오고 싶습니다. 이것은 저만의 바람이 아니라 지난 일주일 제가 만난 모든 베트남 사람의 간절한 바람이기도 합니다.

'생명의 솟대' 〈한겨레21〉 독자들의 성금으로 베트남 푸옌성에 지어진 '한-베 평화공원'(Han-Viet Peace Park)의 조형물

옆집 아주머니처럼 생긴 베트콩 출신 교수들

고통이란 함께 나눌수록 가벼워지는 법입니다. 그것을 완전히 치유할 수는 없겠지만 당신과 서로 총을 겨누던 사람들이 30여 년의 세월이 흐른 뒤에 서로 고통을 나누며 당신과 친구가 되기를 바라고 있

습니다. 저희가 베트남에 가니까 역사의 진실을 찾는 사람들이 왔다고 호치민시의 역사학 교수 여러 분이 나와주셨습니다. 놀랍게도 그분들의 대부분은, 정말 옆집 아주머니처럼 생긴 역사박물관장님을 비롯해서 젊은 사람들만 빼놓고는 항미전쟁 기간에 총을 든 베트콩 출신이었습니다. 그분들은 아픈 역사로 만난 것도 인연이라며 어떤 이유로 만났든 인연을 더욱 소중히 발전시켜가고 싶어하십니다.

저희가 평화역사기념관을 지어야겠다고 생각하게 된 것은 일본군 성노예로 끌려가셨던 문명금, 김옥주 두 분 할머니께서 생전에 저희에게 수천만 원의 큰 돈을 남기고 돌아가셨기 때문입니다. 두 분 할머니께서는 베트남에서 한국군에 의해 불행한 일을 당한 사람들의 이야기를 들으시고는, 정부의 생활보조금과 민간단체에서 모아 드린 귀한 돈을 전쟁으로 고통을 당한 다른 사람들을 위해 썼으면 한다고 저희게 보내신 것입니다. 누구보다도 쓰라리게 전쟁의 고통을 당하셨던 두 분 할머니께서 똑같이 전쟁의 고통을 당한 베트남의 이름 모를 사람들을 위해 당신들의 전 재산을 남기셨습니다. 고통의 연대, 고통받은 자들이 서로 아픔을 나누며 힘을 모을 때 고통은 가벼워지고, 또 다른 사람들이 고통을 당하는 일도 막을 수 있습니다. 김 상사님, 평화역사관 계획이 구체화되는 데로 곧 찾아뵙겠습니다.

2003년 1월 25일

| 2부 |

박정희,
양지를 향한 끝없는 변신

박정희가 한국 현대사의 대표적 친일파로 꼽히는 까닭은 그가 가장 철저한 일본식 황국신민화 교육과 군국주의 교육을 받았고 대통령이 된 뒤에 일본 군국주의의 발전 모델, 특히 만주국에서의 경험에 따라 한국을 병영국가로 만들었기 때문이다. 젊은 시절 박정희의 삶에는 네 번의 결정적 변신이 있었다. 첫 번째는 국민학교 교사를 하다가 만주군관학교에 입학한 것이고, 두 번째는 해방 직후에 광복군에 들어간 것, 세 번째는 남로당에 가담한 것, 마지막으로는 여순사건 이후 단행된 숙군과정에서 다시 한번 극적인 변신을 해 살아남은 것이다.

기회주의 청년 박정희!

_남자의 변신은 무죄?

군대에 갔다 와서 복학한 1980년대 초반이었을 것이다. 그때 유행한 노래에 가수 이용씨가 부른 것으로 "지금도 기억하고 있어요, 10월의 마지막 밤을…" 하는 〈잊혀진 계절〉이 있었다. 어떤 악동이 먼저 시작했는지 확실하지는 않지만 우리는 그 노래를 "양주잔 기울이고 있다가 머리에 총 맞았지요. 그날의 쓸쓸했던 기억이 독재의 종말인가요 한마디 변명도 못하고 잊혀져야 하는 건가요" 하고 가사를 바꿔 불러댔다. 박정희의 정치적 양자인 전두환 시절에는 오히려 아버지의 그림자를 지우는 작업이 진행됐지만, 1997년 말 외환위기 이후 박정희의 망령은 '잊혀진 계절'을 뒤로 하고 화려하게 되살아났다. 박정희의 관 뚜껑에 제대로 못질을 하지 못한 탓일까. 박정희의 망령은 '근대화의 기수', '고독한 혁명가', '눈물 많은 초인', '보릿고개를 없앤 강력한 지도자', '속옷을 꿰매 입은 청렴한 대통령' 등 온갖 화려한 수식어를 휘감고 되살아나 강시 선생처럼 우리 사회를 콩콩 뛰어다닌다. 그리고 박정희가 죽은 뒤 계속돼온 '박정희 없는 박정희 체제' 속에서 그가 키워낸 '새끼 박정희들'의 난장판은 지금도 계속되고 있다.

사범학교에선 꼴찌, 군관학교에선 1등

박정희에 대한 미화가 시작되고 급기야 기념관 건립 움직임까지

대구사범 시절의 성적표(왼쪽). 그는 늘 꼴찌를 다퉜다. 그러나 만주군관학교 졸업식에서는 우등상을 받았다. 1942년 〈만주일보〉에 실린 졸업식 사진이다.(오른쪽)

일자, 민족민주운동 진영에서는 박정희의 친일경력을 비판했다. 독립군 장준하와 친일파 '황군' 장교 박정희, 그들 각각의 비극적 죽음처럼 우리 현대사의 역설을 보여주는 대목은 없을 것이다. 박정희의 친일이 문제되는 것은 해방 전의 그의 경력 때문만은 아니다. 해방 전 박정희의 친일경력이란 만주군관학교와 일본육사를 나와 1944년 7월, 만주군 소위로 임관되어 만주군 제5군관구 예하의 만군 보병 8단에 근무했다는 것이다. 사실 이 정도의 경력은 해방 직후 반민특위를 결성할 때나 각 정치단체에서 내건 악질 친일파의 처단 기준에 포함되지 않는 '경미'한 것이다. 박정희가 관동군 정보장교로 독립군 토벌에 앞장섰다는 주장도, 당시 만주에서 활동한 조선인 독립군부대나

공산유격대가 없었다는 점에서 신빙성이 없다. 그럼에도 박정희가 한국 현대사의 대표적 친일파로 꼽히는 까닭은 그가 가장 철저한 일본식 황국신민화 교육과 군국주의 교육을 받았고, 대통령이 된 뒤에 일본 군국주의의 발전 모델, 특히 만주국에서의 경험에 따라 한국을 병영국가로 만들었기 때문일 것이다.

젊은 시절 박정희의 삶에는 네 번의 결정적 변신이 있었다. 첫 번째는 초등학교 선생님을 하다가 만주군관학교에 입학한 것이고, 두 번째는 해방 직후 광복군에 가담한 것, 세 번째는 남로당에 가담한 것, 마지막으로는 여순 사건 이후 단행된 숙군과정에서 다시 한번 극적인 변신을 해 살아남은 것이다. 우리 현대사에 곡절이 많다지만 박정희만큼 변신을 자주 한 이도 찾아보기 힘들다. 세상이 급히 변하다 보니 그 속에 살고 있는 사람들도 시류에 휩싸여 변할 수 있다. 세상이 변하는데 옛 방식만을 고집하는 것은 미덕이 아니다. 그러나 박정희의 변신은 횟수도 그렇지만 남다른 데가 있었다. 앞의 세 번의 변신은 불행한 기회주의자의 막차를 탄 변신이었다는 점이다.

일제강점기에 지식청년들의 사회적 진출의 길은 매우 좁았다. 그 가운데 하나가 교사가 되는 길이었는데, 일제강점기에 교사의 사회적 지위는 지금과는 비교가 되지 않을 정도로 좋았다. 또 당시의 사범학교는 학비가 무료였을 뿐 아니라 면서기가 20원의 월급을 받을 때 25원의 관비장학금을 지급했기 때문에 가난한 집 수재들이 몰려들었다. 일제로서는 황국신민화 교육의 첨병이 될 초등학교 교사들을 육성하기 위해 이런 특별대우를 한 것이지만, 사회적 진출의 기회를 충분히 갖지 못한 식민지 청년들에게 사범학교는 매력적인 존재일 수밖에 없었다. 그런데 당시의 사범학교는 오늘날 대학에 해당하는 전문학교로 취급되는 경성사범학교를 제외하고는 대개 현재의 중고등학교 과정에 해당하는 것이었다. 따라서 사범학교에 진학한다는 것은 매우 어린 나이에 진로를 결정한다는 것을 뜻한다. 대구사범 4학년 때의 박정희가 전체 73명 가운데 73등, 5학년 때는 70명 가운데 69등으로 꼴찌를 다퉜다는 것은 잘 알려진 사실이다. 일부에서는 박정희가 대구사범 시절 꼴찌한 것을 "황민화가 목적인 학과교육을 충실히 해 모범생이 되는 길은 포기했다"고 미화하지만, 그런 그가 대구사범보다 황민화 교육을 철저히 시킨 만주군관학교와 일본육사에서 각각 1등과 3등을 한 사실을 놓고 보면 말이 안 되는 주장이다.

그는 왜 만주로 갔는가

박정희를 미화하는 자들은 박정희가 일본인 교장과 싸운 뒤 교사직을 던지고 만주로 갔다고 하지만, 박정희 자신은 만주행의 동기를 "긴 칼 차고 싶어서"라는 한마디로 설명했다. 한마디로 군인으로 출세하고 싶었다는 얘기다. 박정희는 보통학교에 한 살 늦게—당시로는 늦은 것은 아니었다—입학한데다 대구사범을 마치고 2년 간 교사생활을 했기 때문에 나이 제한에 걸려 일본육사에 진학할 수 있는 처지가 아니었다. 그래서 그는 나이 제한이 일본육사보다는 덜 엄격한

1. 대구사범학교 4학년 여름, 고향 구미에서 어머니 백남의와 함께. 2. 문경보통학교 시절의 박정희 교사. 3. 교사생활을 그만둔 뒤 만주군관학교 시절에 문경을 방문하여 제자들과 함께 선 박정희. 4. 조선경비사관학교 2기생도 시절. 5. 박정희는 여순 사건에 가담했으나 숙군에 협조해 복직됐다. 당시 재판기록. 6. 일본육사 시절 후배들과 함께한 박정희.

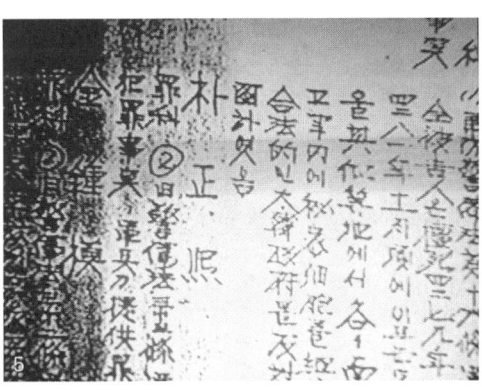

만주의 중앙육군군관학교 진학을 모색했다. 이때 박정희는 '진충보국 멸사봉공'(盡忠報國滅私奉公)이라는 혈서를 써서 만주군관학교에 보냈고, 이 혈서는 만주의 신문에 보도되기까지 했다.

이렇게 해서 박정희는 1940년 4월, 만주제국 육군군관학교에 제2기―흔히 신경(新京) 2기라고도 함―에 입학했다. 다카키 마사오(高木正雄)로 창씨개명한 박정희는 1942년 만주군관학교를 수석으로 졸업한 뒤, 일본인 졸업자와 성적이 우수한 조선인·만주인 동기생들과 함께 일본육사 3학년에 편입해 1944년 4월 일본육사 57기를 3등으로 졸업했다.

대구사범의 열등생 박정희는 만주군관학교와 일본육사의 우등생이 되어 1944년 7월 러허성(熱河省)에 주둔하고 있던 만주군 보병 8단에 소위로 부임했다. "긴 칼 차고 싶어" 교사라는 안정된 직업을 포기한 박정희의 소망이 이뤄진 것이다. 사범학교 5년과 만주군관학교 2년, 일본육사 2년을 거쳐 누구보다 오랜 기간에 황국신민화 교육을 철저히 받은 황국청년 박정희 앞에는 출세의 사다리가 보장된 듯싶었다. 그러나 박정희가 만주군관학교를 지원한 시절의 일본과 이제 박정희가 '진충보국' 해야 할 일본의 처지는 너무나 달라져 있었다. 일본제국의 생명이 1년밖에 남지 않았다는 것은 우리 민족에게는 기쁜 일이었으나, 9년이라는 긴 세월 동안 일본 군국주의 교육을 받고 출세의 사다리에 오르기 시작한 박정희에게는 비극적인 일이었을 것이다. 박정희를 미화하는 조갑제의 『내 무덤에 침을 뱉어라』는 박정희가 모든 것을 잃어버리고 민족해방의 기쁨보다는 걱정을 안게 된 이 순간을 이렇게 묘사했다. "나라가 힘이 없으면 국민이 구차해진다는 이 실감, 해방이 몰고온 모순과 곤혹과 갈등의 이 체험은 박정희를 자주인(自主人)으로 빚어내는 원동력이 된다."

해방이라는 뜻밖의 소식이 만주의 서쪽 변방 러허성에 있는 박정희에게 전해진 것은 이틀이 지나서였다. 박정희는 같은 8단에 근무하던 만주군관학교 선배인 상위 신현준, 중위 이주일 등과 상의해 베이징(北京)으로 가기로 했다. 조선으로 귀국하려면 펑텐(奉天)을 경유하는 것이 정상적 경로지만, 펑텐에 소련군이 진주해 있을 가능성이 있어 베이징을 거쳐 먼 길을 돌아가기로 한 것이다. 박정희 일행은 한 달여 만인 1945년 9월21일께 베이징에 도착했다. 박정희가 베이징에 도착했을 때는 일본군에 복무하던 많은 조선인 청년들이 베이징으로 몰려들고 있었다.

황군 장교, 광복군 장교가 되다

당시 충칭(重慶) 임시정부는 중국 주둔 일본군 내 있던 10만여 명의 조선군 장병들을 광복군으로 편입시키려는 야심찬 계획을 갖고 있었다. 임시정부는 본진은 귀국하지만, 일부 성원을 남겨 중국국민당과의 관계를 유지하고 일본군 내 조선인 청년들을 조직하는 사무를 관할하기 위해 1945년 11월1일 박찬익(朴贊翊)을 단장으로 하는 주화대표단(駐華代表團)을 조직했다. 주화대표단은 산하에 한교선무단(韓僑宣撫團)을 설치해 교민들에 대한 사무를 보는 한편, 군무조를 두어 일본군 내 한적(韓籍) 사병들을 인수하기 위한 준비를 시작했다. 해방 당시 3개 지대를 갖고 있던 광복군은 모두 7개의 잠편지대(暫編支隊)를 설치해 10개의 지대를 각 1만 명씩 사단으로 육성해 귀국시켜 국군의 모체로 삼으려고 했다. 박정희가 도착한 베이징에는 최용덕(崔用德)을 지대장으로, 이성가(李成佳) 등을 참모로 한 북평

잠편지대가 설치되었다. 그러나 이런 계획은 임시정부와 광복군의 일방적 바람이었을 뿐, 연합군이나 중국국민당 정부의 계획과는 무관한 것이었다. 중국은 자국 내에서 10만 명의 외국군을 무장시킬 의사도 능력도 없었으며, 한반도를 분할점령한 미국은 남한에서 중국의 영향력이 극대화될 수 있는 이같은 계획을 지지하지 않았다.

황군 장교 박정희가 광복군이 된 것은 이런 혼란스러운 상황이었다. 일부 드라마나 영화에서는 마치 박정희가 일제 패망 이전에 광복군이나 비밀항일결사에 가담한 것처럼 기술하고 있으나 이는 완전히 허황된 것이다. 박정희와 같이 근무한 신현준은 광복군의 존재를 해방 이전에는 알지 못했다고 회고했다. 박정희의 광복군 신화가 만들어진 것은 한때 광복군을 따라다니던 박모라는 작가가 펴낸 『광복군』이라는 두 권짜리 소설 때문인데, 첫 권은 광복군 3지대장을 지낸 백파 김학규(白波 金學奎) 장군을 주인공으로 한 것이고, 다른 한 권은 박정희를 주인공으로 해서 박정희가 해방 전에 광복군과 내통하며 항일공작을 펼쳤다는 것이다. 이 책은 박정희 자신의 지시에 의한 것이라기보다는 그 밑의 아첨꾼들이 만들어낸 것이겠지만, 일부 정신없는 작자들에 의해 마치 박정희가 항일투사라도 되는 듯 꾸미는 데 교과서 역할을 단단히 했다.

박정희가 소속된 광복군 부대는 북평잠편지대일 것으로 보이는데, 일부 증언에는 제3지대 주평진대대(駐平津大隊)라고도 한다. 평진이란 북평과 천진에서 따온 말이다. 이 부대의 대대장은 신현준이고, 박정희는 1중대장 이주일에 이어 2중대장을 맡았다고 한다. 이 부대는 실제 광복군 부대라기보다 해방이라는 급격한 상황 변화에 따라 광복군이 세불리기 차원에서 부대 명칭을 부여한 것으로, 사실상 일종의 포로수용부대였다. 이들 부대를 관리한 중국 쪽 기관이 부로관리처(俘虜管理處)인 것도 이를 증명한다.

박정희가 해방 이후 광복군에 가담한 것은 광복군의 이념이나 정신과는 전혀 상관이 없는 하나의 보신책이었다. 국제 정세에 어두운 박정희로서는 광복군이 해방 이후 국내에서 큰 역할을 할 것이라 보았고, 아무 연고도 없는 베이징에서 귀국을 모색해야 하는 처지에서 이보다 확실한 방법은 없었을 것이다.

형 박상희의 죽음과 대구항쟁

그러나 기회주의자 박정희가 덥석 잡은 광복군이라는 동아줄은 미국의 방침 때문에 썩은 동아줄이 되고 말았다. 미국은 한편으로는 중국의 영향력을 막기 위해, 다른 한편으로는 임시정부의 민족주의적 성향을 경계해 임시정부를 지원하지 않았다. 임시정부 요인들조차 '혼이 왔는지 육신이 왔는지 모르게' 개인 자격으로 귀국해야 하던 처지에 얼치기 광복군이야 오죽하겠는가. 당시 화북구 한교선무단의 한 간부가 주화대표단에 보낸 보고서에 따르면 베이징에 모인 한적 사병들의 처우가 개, 돼지만도 못하다고 돼 있었다. 박정희는 이런 광복군 생활을 몇 달 간 하다가 1946년 5월6일 미군 수송선을 타고 천진을 떠나 5월8일 부산항에 도착했다. 그러나 박정희가 육지를 밟은 것은 이틀이 더 지나서였다. 박정희보다 2~3일 뒤 부산에는 충칭 임시정부 요인들의 가족들과 진짜 광복군을 태운 배가 도착했다. 임시정부 요인들의 뒷바라지를 한 정정화(鄭靖和) 여사의 회고록 『장강일기』(長江日記)를 보면 가축수송선이나 진배없는 배에 돼지새끼 싣듯 마구잡이로 채워넣어 부산에 도착한 뒤 사흘을 부산 앞바다에서 대기해야 했다고 한다. 아무리 아우성쳐도 정작 배 문을 따주고 디딜 땅을 내줄 주인은 미군정이었기 때문이다. 사무치던 고국땅을 밟는 독립투사와 그 가족들에게 이 땅의 새로운 주인 미군들은 살충제 DDT 가루를 뿌려대고는 난민수용소에 집어넣었다. 새 정부 건설의 주역이 아닌 난민의 처지, 그리고 그 위에 뿌려진 DDT 가루는 임시정부의, 아니 우리 민족의 험난한 운명을 암시한다. 광복군이나 임시정부가 출세의 동아줄로 알고 모여든 모리배들은 DDT 세례에 그 흔적을 감추었다.

박정희가 귀국 뒤 임시정부나 광복군과 관계를 유지했다는 증언이나 기록은 찾아볼 수 없다. 사회주의자인 박정희의 형 박상희는 박정희가 만주로 갈 때 그 행동을 몹시 못마땅해한 것처럼, 박정희가 낙후한 민족주의자들의 조직인 광복군에 가담한 것에 대해 그런 데는 뭐하러 갔느냐고 나무랐다. 다른 가족도 안정된 교사직을 버리고 출세한다고 만주로 갔다가 거지꼴로 돌아온 박정희에게 눈치를 주었다.

고향에서 눈칫밥을 먹던 박정희는 1946년 9월24일 조선경비사관학교 제2기생으로 입교했다. 박정희로서는 만주국, 일본에 이어 세 나라의 육군사관학교를 다니는 진기한 길에 들어선 것이다. 당시 박정희의 나이는 30살로 동기생 평균나이 22.3살보다 한참 위였다. 일본에서 바로 귀국해 조선경비대 초창기부터 참여한 일본육사 3년 후배인 오일균(吳一均)과 조병건(趙炳乾)은 나이도 박정희보다 8, 9살 아래였지만, 경비사관학교 생도대의 중대장으로 있었다. 두 사람은 모두 좌익으로 몰려 뒤에 숙군이 한창일 때 처형되었다. 박정희는 경비사관학교 2기를 1946년 12월14일 3등으로 졸업했다. 그런데 박정희가 2기생으로 입교한 지 채 열흘도 되지 않아 큰 사건이 일어났다.

대구를 중심으로 10월인민항쟁이 일어난 것이다.

박정희의 형 박상희도 이때 구미 지역에서의 봉기를 주도했다가 토벌대인 경찰의 총에 맞아 죽었다. 김종필의 장인이기도 한 박상희는 박정희에게 가장 큰 영향을 끼친 인물이다. 박정희가 조선경비사관학교에 입학한 것도 친일의 죄를 씻으라는 박상희의 권유 때문이었다는 설이 있다. 박정희가 박상희의 인도로 좌익에 가담했는지는 불분명하지만, 그의 죽음이 박정희를 남로당으로 이끈 것은 확실하다. 박상희의 절친한 친구로 남로당 군사부 책임을 맡고 있던 이재복(李在福)은 박정희를 주목했다. 박정희도 형의 죽음을 듣고 고향에 가보니 이재복이 유족들을 돌봐주고 있었고, 『공산당 선언』 등의 책자를 주며 남로당 입당을 권유했다고 체포된 뒤에 작성한 자술서에 썼다.

여순 사건에서 검거됐다 살아난 이유

그러면 이재복 등 남로당 군사부 간부들은 왜 박정희를 주목했을까. 당시 한국군의 주요 인맥은 일본군과 만주군 출신이었다. 그리고 비주류로 광복군 출신이 있었다. 그런데 박정희는 만주군과 일본군의 인맥에 두루 통할 뿐 아니라 광복군에도 한 자락 걸친 경력이 있었다. 동기생 가운데 나이가 많은 박정희는 윗기수와 잘 연결됐으며, 동기생 사이에 신망이 두터웠고 개인적 능력이 뛰어났다. 그리고 박정희는 이재복과 같은 영남 출신이었다. 만주군 출신들이 대개 이북, 특히 함경도 출신인데 비해 경상도 출신의 박정희는 남로당 군사부가 지역적인 연고가 없는 만주군 인맥에 파고들어가는 데 더없이 귀중한 존재였다. 박정희는 출신계급도 기본계급인 빈농이었을 뿐 아니라, 우익 경찰에 가족을 잃은 '혁명열사 유가족'이 아닌가. 이런 박정희에게 남로당 군사부가 주목하지 않았다면 오히려 이상한 일이었을 것이다. 그리고 1946년 10월이라면 비록 미군정의 탄압이 시작되기는 했으나 아직도 좌익의 집권이 유력시되던 시점이었다. 만주군으로, 광복군으로 출세를 좇아가던 박정희에게 좌익의 손길은 어쩌면 기다리고 있었던 존재인지도 모른다.

박정희가 남로당 군사부 안에서 차지한 위치는 정확하게 알려지지는 않았다. 일설에는 그가 남로당이 군부 안에 심어놓은 프락치의 총책이었다고 하나 확실한 것은 아니다. 다만 그는 군사부 총책 이재복과 직접 연결된 심복이었다고 할 수 있다. 1948년 10월19일 여순사건이 터지자 군부 안의 남로당 프락치 박정희는 아이로니컬하게도 토벌사령부에 작전장교로 차출됐다. 주한미군 군사고문단의 보고서에 따르면 박정희는 서울로 복귀한 뒤인 1948년 11월11일에 체포되었다. 박정희를 체포한 사람은 한국 현대사에서 악명이 높은 김창룡(金昌龍)이었다.

박정희는 김창룡의 손에서 살아남은 몇 안 되는 사람이었다. 아니, 김창룡은 백선엽 등과 함께 박정희의 신원 보증인이 돼주었다. 박정희가 살아남은 이유는 간단했다. 군부 안의 좌익을 색출하는 숙군수사에 적극 협력했기 때문이다. 박정희는 자신이 알고 있는 군부 내 남로당원의 명단을 모두 털어놓았다. 김창룡은 이미 이재복의 비서 김영식(金永植)을 체포해 군부 안 남로당 프락치의 명단을 상당히 확보했지만, 확실한 증거를 못 갖고 있는 차에 박정희의 증언으로 확증을 얻어 고구마 캐듯 좌익 세포를 줄줄이 캐낸 것이었다.

박정희는 일단 기소돼 사형을 구형받았지만 이미 김창룡 등 숙군사업을 지휘한 사람들이나 원용덕, 백선엽 등 박정희의 만주군 선배들은 박정희를 살려주기로 마음먹고 있었다. 박정희가 좌익 명단을 죄다 불었고; 박정희를 데리고 다니며 각 부대에서 공산주의자들을 색출했기 때문에 좌익들이 박정희를 도저히 용서할 수 없을 것이라는 점이 그 이유였다. 박정희의 육사 동기로 숙군에 직접 참여해 박정희를 수사한 김안일은 "자기 조직을 털어놓은 공산주의자란 거세된 환관과 같아 풀어줘도 안심할 수 있었다"고 회고했다.

좌익 콤플렉스와 악랄한 전향공작

박정희는 1949년 2월8일 고등군법회의에서 사형 구형에 무기징역과 파면 급료 몰수형을 선고받았는데, 죄목은 국방경비법 제16조 위반인 반란기도 혐의였다. 박정희가 처벌받은 실패한 반란기도는 12년 뒤인 1961년 전혀 다른 각도에서 행해진 우익 군사반란으로 실현되었다. 불구속상태에서 무기징역을 받은 박정희는 관할관 확인과정에서 10년으로 감형됨과 동시에 형 집행을 면제받는 파격적 대우를 받았고, 백선엽 등의 배려로 숙군을 지휘한 육군본부 정보국에 직제에도 없는 비공식문관으로 복직해 기밀비에서 월급을 받았으며, 한국전쟁이 터진 뒤 현역으로 복귀했다.

이처럼 박정희는 우리 역사의 짧은 격동기에 변신에 변신을 거듭했다. 박정희를 찬미하는 자들은 흔히 박정희를 용인술의 천재라고 하지만, 그는 자신의 왼팔, 오른팔과 술을 마시다가 왼팔의 총에 맞아 오른팔과 함께 절명했다. 박정희를 변신의 대가라고 하기에는 그의 변신은 양지를 추구하는 기회주의자가 열심히 양지에 들어서면 그곳이 바로 음지가 되어 또 다른 곳을 찾아가야 했던 것처럼 늘 막차를 탄 것이었다. 그의 마지막 변신은 확실한 것이었지만, 좌익이란 꼬리표는 그를 괴롭혔다. 군사반란으로 민주주의를 짓밟은 박정희가 유독 좌익 사범을 혹독하게 대한 것이 그의 좌익 콤플렉스 때문이었다는 설은 상당한 설득력이 있다. 더구나 좌익의 입장에서 볼 때 악랄한 변절자인 그는 끝까지 공산주의 사상을 고집하는 비전향 장기수들에 대해서는 단순한 콤플렉스가 아니라 일제와 비교가 안 되는 잔악한 전향공작을 실시했다. 교사에서 황군으로, 황군에서 광복군으로, 광복군에서 남로당으로, 남로당에서 다시 우익으로 숨가쁘게 변신을 거듭해온 박정희는 늘 양지를 추구했다. 그 한 때문이었을까. 실업팀 선수들을 강압적으로 차출한 준국가대표 축구팀마저 양지라고 이름 붙인 것은.

동네보스, 왕보스에 투덜대다

_박정희와 한-미관계

2002년 1월9일 청와대는 이승만 초대 대통령 이후 역대 대통령 관련자료를 정리하는 과정에서 1,302건의 통치사료를 발굴했다고 발표했다. 이들 자료들이 아직 연구자들에게 공개되지는 않았지만 신문지상에 보도된 것 중에서 눈길을 끄는 것은 1968년 이북 특수부대의 청와대 기습 사건인 1·21사태와 그 이틀 뒤에 발생한 푸에블로호 나포 사건 직후인 1968년 2월5일 박정희 대통령이 린든 존슨 미국 대통령에게 보낸 서한이다. 이 편지에서 박정희는 "공산주의자들에 대해선 그들의 침략행동이 반드시 적절한 응징을 받게 된다는 교훈을 보여줘야 한다"고 군사적 응징을 요구했다. 이에 대해 존슨은 대북 군사행동을 취하기에는 고려해야 할 점이 많다는 신중한 태도를 보였다. 이 당시 한-미 정상 간에 오간 편지의 내용은 이미 학계에 알려진 것이지만, 원본이 공개되었다는 점에서 의의가 있다. 그런데 이 편지들은 1960년대 중반 이후 밀월관계를 이어오던 한-미관계가 뒤틀리기 시작하는 분기점을 선명하게 보여준다는 점에서 각별한 의미를 갖는다.

베트남전 전략파트너로의 격상

미국이 베트남전에 본격적으로 발을 들여놓을 때, 미국은 '좀더

1968년 4월 박정희와 존슨의 만남. (69 보도사진연감)

'많은 깃발'(More Flags)이라는 정책을 내걸었다. 한국전쟁 때처럼 유엔을 동원한 개입이 불가능하자 미국은 그 대신 자신의 영향력 아래에 있는 동맹국들을 가능한 한 많이 끌어들여 국제사회의 지지를 받는 전쟁이라는 명분을 세우고자 했다. 그러나 미국에는 몹시 실망스럽게도 미국이 동참을 요청한 동맹국 25개 국 중, 이 정책에 적극적으로 호응한 나라는 한국과 대만밖에는 없었다. 이 두 나라는 모두 분단국으로 독자적인 방위능력이 의문시된다는 점에서 미국으로서는 달갑지 않은 선택이었다. 특히 대만이 베트남전에 참전할 경우 중국을 극도로 자극할 우려가 있을 뿐 아니라 베트남 민중의 전통적인 반중국 감정을 자극하리라는 것은 명약관화했다. 이 때문에 대만은 '좀더 많은 깃발'을 원하던 미국의 뜻에 따라 깃발 하나를 더 들고 있을 정도의 20명 남짓한 병력을 보내는 데 그쳤다.

이렇게 되자 베트남전에서 한국군의 역할은 증대될 수밖에 없었다. 특히 베트남전에 개입하면서 이 전쟁이 백인종의 황인종에 대한 '인종침략전쟁'이 아니라 공산주의의 팽창을 막기 위한 '이데올로기 전쟁'이라는 허상을 만들고자 했던 미국에게 베트남 민족과 같은 아시아 인종인 한국군의 참전은 아주 중요한 문제였다. 처음 박정희가 미국에 한국군의 베트남 파병을 제안할 때에는 생색내기의 측면이 강했다. 그러나 동맹국들의 저조한 참여로 한국군의 역할은 증대될 수밖에 없었고, 한국은 미군을 제외한 베트남전에 참전한 오스트레일리아, 뉴질랜드, 타이, 필리핀, 대만, 스페인 등 6개 국의 파병 병력 총합의 거의 3배에 달하는 5만여 명의 대부대를 파견하게 된다. 그 결과 적어도 베트남전에 관한 한 한국의 위치는 미국을 실질적으로 도와주는 전략파트너로 격상되었다. 물론 한국은 민족주의의 열풍이 불고 있던 제3세계 국가들로부터 미국의 앞잡이라는 따가운 눈총을 받게 되었지만.

군사쿠데타와 나이트클럽 영업권 싸움

연 인원 30만 명의 대군을 파병하면서 박정희는 미국과의 교섭에서 실상 많은 것을 얻어내지는 못했다. 아니, 박정희는 오히려 "미국이 어려운 틈을 타서 우리가 타산적으로 나간다면 너무 야박하지 않은가"라는 입장을 보였으니 많은 것을 요구하지 않았다고 하는 것이 옳을지도 모른다. 정작 인색한 것은 미국이었다. 미국의 젊은이들이 흘려야 할 피를 대신 흘려주는 대가로 미국은 모호한 표현으로 가득 찬 '브라운 각서'와 부통령 험프리의 립서비스만을 남발했을 뿐이다. 1966년 2월 한국을 방문한 험프리는 "우리는 우방이며 우리는 친구다. 오늘의 한국은 미국과 한국을 합친 것만큼이나 강하고, 오늘의 미국은 한국과 미국을 합친 것만큼 강하다. 북한이 남침을 강행하면 우리는 이것을 미 본토에 대한 침공으로 간주하여 즉각 응징할 것"이라는 성명을 남기고 귀국했다. 1970년 2월 미 상원 외교위원회의 사이

미국이 가장 골치 아파하는 베트남전에 박정희만큼 적극적으로 나서준 사람이 없었기에 해방 이후 한국과 미국의 관계가
이때만큼 좋았던 적은 없었다. 1965년 10월 맹호부대의 파월 환송 퍼레이드. (사진으로 보는 한국 백년)

밍턴 청문회에서 상원 외교위원장이던 플부라이트 의원은 이 성명을 가리켜 "미국 역사상 일찍이 들어본 적 없는 미사여구로 가득 찬 것" 이라고 비아냥거렸다. 당시 한국이 미국으로부터 얻어낸 것 중 특기할 것은 지금은 불평등협정으로 비판이 가득하지만, 소파(SOFA), 즉 한-미행정협정이라 불리는 협정이 1967년에 만들어졌다는 점이다. 소파가 제정되기 전까지 7만 명에 달하는 미군은 그들의 범죄행위를 규제할 아무런 법률도 없는 그야말로 무법천지에서 활개치고 다녔던 것이다.

그런데 한국군의 베트남전 파병에서부터 푸에블로호 사건이 일어난 시기를 전후하여 박정희가 보인 행동과 심리를 보면 요즈음 한창

유행하는 조폭들의 세계를 떠올리게 된다. 엄숙하기 짝이 없는 국가주의자들이야 일국의 대통령의 통치행위를 조폭에 비유하는 것에 펄쩍 뛰겠지만, 세계 굴지의 석학인 찰스 틸리(Charles Tilly)가 1985년 '조직범죄로서의 전쟁 만들기와 국가 만들기'란 논문을 발표한 이래 국가의 통치행위를 조직범죄집단의 행동과 비교하여 보는 것은 이미 사회과학계에서는 하나의 흐름을 형성하고 있다. 그러나 서구 학계의 동향을 빌리지 않더라도 군사반란을 일으켜 총을 거꾸로 들고 나라를 접수한 짓거리나 사시미칼을 들고 쳐들어가 나이트클럽의 영업권을 접수한 짓거리나 규모만 빼면 무엇이 다르다고 할 것인가?

박정희는 한국이라는 자신의 영역에서는 절대적인 권위를 구축한 보스였지만, 미국과 소련이라는 왕보스가 각각 자신의 세력권을 구축하고 대결하는 냉전시대의 국제질서에서 보면 작은 동네의 새로운 보스에 지나지 않았다. 그런 상황의 박정희에게 베트남전은 더할 나위 없이 좋은 기회였다. 물론 베트남전이 격화되면서 왕보스 미국이 한국에 한 요구는 처음에 베트남 파병을 자청할 때 박정희가 생각한 것보다 훨씬 더 무거운 부담이었지만, 정통성을 결여한 박정희는 정권유지를 위해 미국의 지원이 필수적이었기 때문에 그 부담을 기꺼이 졌다. 다른 조직의 보스들은 끼어들기를 꺼려하는 판에 왕보스가 가장 골치 아파하는 문제에 자신의 수하들을 최일선에 대규모로 풀어놓은 박정희로서는 미국과의 관계에서 자신의 지위와 발언권이 높아지고 있다고 생각할 만했다. 실제로 미국 대통령 존슨은 박정희가 미국을 방문했을 때 극진하게 환대했으며, 해방 이후 한국과 미국의 관계가 이때보다 좋았던 적은 없었다.

1·21사건의 배경은 베트남전?

그러던 차에 발생한 것이 바로 1·21사건이었다. 베트남전이 한창이던 1968년 1월 21일 이북의 특수부대 124군 부대요원 31명이 청와대 기습을 목표로 청와대 코앞의 세검정까지 진출했다가 1명이 생포되고 나머지는 전원 사살된 충격적인 사건이 발생한 것이다. 특히 생포된 김신조는 전국에 생방송된 기자회견에서 남파목적을 묻는 질문에 "박정희의 목을 따러 왔다"고 말해 충격을 더해 주었다. 1·21사건은 이북이 한국군의 베트남전 개입을 견제하기 위한 것이 주요한 배경이 되었던 것 같다. 실제로 이 사건 이전에 심각하게 논의되던 한국군의 베트남전 추가파병은 쑥 들어가버리고 말았다. 1·21사건은 군이 조폭의 세계에 비유하지 않더라도 반대파에서 경쟁상대 조직의 보스를 없애기 위한 기습작전이었다. 박정희로서는 당연히 이북을 응징하기를 원했고, 자신의 뒤에 있는 왕보스 미국이 이를 지원해주리라고 생각했다.

1·21사건의 충격이 한창이던 1월 23일 또 다른 초대형 사건이 발생했다. 이북이 이번에는 미국의 최신예 정보함 푸에블로호를 끌고 간 것이다. 이북은 푸에블로호가 이북의 영해를 침범했기 때문에 정당하게 나포한 것이라 주장했고, 미국은 공해상에서의 납치라고 주장했다. 미군 정보함이 나포 또는 납치된 것은 미 해군 역사 176년에 처음 있는 일로 미국 역시 처음에는 이북에 대한 군사공격을 포함한 다양한 대책을 강구했다. 미국은 핵항공모함 엔터프라이즈호를 원산 앞바다에 출동시킨 데 이어 항공모함 2척을 추가 배치하고 일본 오키나와에 있던 공군전투기 361대를 이남으로 전진배치했다. 그러나 상황은 미국에 불리했다. 군사공격을 감행하기 위해서는 푸에블로호가

북한으로 끌려가는 푸에블로호 승무원들. 1·21사건 이틀 만에 또다시 초대형 사건이 벌어지자 박정희는 미국에 '이북응징'을 요구했지만 베트남전의 전황이 극히 불리한 마당에 존슨이 이를 들어줄 리 없었다.(사진으로 보는 한국 백년)

공해상에서 납치됐다는 것을 입증해야 하는데 미국은 이를 입증할 수 없었다. 더구나 비록 이북의 강압에 의한 것이었다 할지라도 푸에블로호 함장 부커 중령은 푸에블로호가 이북의 영해를 침범하여 스파이 활동을 벌였다고 시인했다. 국제사회에서도 여론은 미국의 이북 영해 침범을 기정사실화하는 등 미국에 불리하게 돌아갔다.

미국은 공군의 지원 아래 육상공격을 하는 방안, 동해를 통해 공격하는 방안 등 10여 가지 대응방안을 마련했지만 이를 실천에 옮길 수는 없었다. 군사행동을 통해 이북을 응징하려면 이북에 억류되어 있던 승무원 82명(원래 83명이었으나 1명은 교전 중 사망)의 목숨을 포기해야 했다. 그러나 1968년 가을의 대통령선거를 앞두고 베트남전에 대한 반전여론이 고조되어가고 있던 판에 이런 도박은 쉽지 않은 일이었다. 더구나 푸에블로호 사건 발생 1주일 뒤인 1월 30일 남베트남민족해방전선이 이른바 테트(음력설) 공세에 나선 것이다. 당시 근 50만 명의 미군과 5만 명의 한국군이 베트남에 주둔하고 있었으나 베트콩들의 테트 공세를 막아내기에는 역부족이었다. 베트남전에서의 전황이 극도로 불리하게 돌아가는 마당에 미국이 또 하나의 전쟁을 한반도에서 시작할 수는 없었다. 이 때문에 미국은 이북에 대한 군사적 대응을 포기하고 그토록 싫어하고 경멸해 마지않던 이북과 2월 1일부터 동등한 자격으로 비밀협상에 들어가게 된다.

박정희의 '과음과 엉뚱한 행동'

2002년 공개된 박정희와 존슨 간의 왕복서한은 이러한 상황에서 나온 것이었다. 박정희로서는 미국이 자신을 살해하려 한 1·21사건은 전혀 염두에 두지 않고 푸에블로호 사건만을 해결하기 위해 이북에 대해 유화적인 태도로 나가는 데 격분했다. 더구나 미국과 이북의 비밀교섭에서 한국 정부는 철저히 배제되어 있었다. 박정희는 2월 5일 존슨에게 편지를 보내 이북에 대한 군사적 응징을 요구했고, 다음 날 한국 정부 수뇌부는 포터 미 대사와 본스틸 유엔 사령관을 불러 판문점 협상에의 한국 대표 참가, 미국과의 공동보복 등을 미국에 요구하고 한국은 단독조치도 불사한다고 통고했다.

한국이 미국에 내밀 수 있는 카드란 베트남에 파병 중인 한국군의 철수였다. 그러나 이 카드는 "그러면 우리는 주한미군을 빼내어 베트남에 투입하겠다"는 미국의 방침 앞에 무용지물이었다. 결국 미국은 이북과 10개월에 걸친 협상 끝에 이북의 요구에 굴복하여 푸에블로호가 이북의 영해를 침범한 사실을 시인하고 이에 대해 미국 역사상

처음으로 사죄했다. 현재 이북은 12월23일 82명의 생존 승무원과 시체 1구를 판문점을 통해 돌려보냈지만, 선체와 장비는 돌려주지 않았다. 현재 이북은 푸에블로호를 대동강에 전시하고 있다. 미국은 승무원이 귀환한 다음 사죄를 취소했지만, 이 사건은 이북의 콧대를 한껏 세워주었다.

이북과의 비밀협상 과정에서 미국이 우려한 것은 박정희의 독자행동이었다. 만에 하나 박정희가 이북에 대해 군사적인 행동을 감행한다면, 이북과 미국 사이의 협상은 물거품으로 돌아가고 미국은 한반도에서 원치 않은 또 하나의 전쟁에 휘말려들게 되기 때문이었다. 2001년 1월 미국이 공개한 자료에 따르면 존슨은 "지나치게 호전적"(too belligerent)인 박정희의 "과음과 엉뚱한 행동"(heavy drinking and erratic behavior)을 크게 우려했다. 서울을 방문한 사이러스 밴스 미국 대통령 특사는 "박정희는 술을 마시기 시작하면서 모든 명령을 내릴 것이고 장성들은 다음날 아침까지 조치를 연기할 것이다. 박정희가 (술자리에서) 내린 지시에 관해 다음날 아침 언급하지 않으면 장성들은 전날 밤 그가 내린 명령들을 잊어버린다"고 보고했다. 밴스는 또 박정희가 만취상태에서 육영수 여사와 자신의 보좌관들에게 재떨이를 던진 일이 종종 있다는 사실도 지적했다. 재떨이 사건 등 '육박전'이라 불린 박정희의 부부싸움 때문에 육영수 여사가 상처를 입어 공식석상에 나서지 못했다는 이야기는 당시 초등학교 3학년이었던 필자도 학교친구들로부터 들을 정도로 소문이 파다했었다. 또 윌리엄 포터(William J. Porter) 주한 미 대사도 워싱턴에 전문을 보내 "박대통령이 당장 북한을 공격할 필요가 있다는 생각으로 거의 비이성적이 돼 있다"고 보고했다.

한국판 게이트의 원조, 코리아게이트

박정희의 이런 행동은 왕보스로부터 자신의 지위를 보장받지 못한 동네 보스의 불안한 심리가 표출된 것이었다. 왕보스의 가장 골치아픈 문제를 해결하기 위해 대규모의 병력을 파견하며 몸바쳤는데, 자신의 목숨을 노린 이북의 기습행위를 왕보스는 전혀 고려해주지 않다니! 미국은 한국에 추가 군원 1억달러를 제공하고 한국 공군에 팬텀전폭기를 제공하는 한편, 박정희의 3선개헌 시도를 묵인함으로써 박정희를 달래주었다. 그러나 이런 조치가 박정희의 불안심리를 잠재울 수는 없었다. 더구나 새로이 들어선 미국의 닉슨 정권은 한국 정부와 아무런 사전협의 없이 주한미군 1개사단의 철수를 통고했다.

한-미관계를 냉각시켰던 '코리아게이트'의 주인공 박동선(맨 오른쪽). 나름대로 미국에 대해 안전장치가 필요하다고 생각한 박정희는 미국의 행정부와 의회 지도자들에게 한국식 로비를 벌였다.(사진으로 보는 한국 백년)

이에 박정희는 미국에 대해 자기 나름대로 안전장치가 필요하다고 생각했다. 그는 미국의 행정부뿐 아니라 의회 지도자들에 대해서도 영향력을 행사해야 한다고 생각하고 그들을 상대로 한국식 로비를 벌이게 되었다. 요즈음 지긋지긋하게 듣는 OOO게이트는 원래 워터게이트 사건에서 나온 것이지만, 이것이 워터게이트 사건 이후 처음 쓰인 것은 바로 박동선을 동원한 박정희의 로비가 코리아게이트라 불리면서였다. 한편 박정희는 자주국방을 표방하면서 나름대로 핵개발에 관심을 두게 된다. 그러나 박정희가 개인적으로 미국에 배신감을 느낀 것은 분명하지만, 그것이 미국에 대한 민족주의적인 태도로 나아가지도 못했다. 그는 미국을 잘 이해하지 못했으며, 미국의 태도변화에 충격을 받았음에도 대미의존이라는 구조적인 문제를 해결하려 하지 않았다. 다만 심한 배신감을 느끼면서도 미국과의 연계만이 자신의 살길이라는 생각에 미국을 붙잡기 위한 수단으로 핵개발을 하는 듯한 제스처를 취했을 뿐이다.

뱀발:최근 공개된 자료들은 청와대 내의 한 창고에서 '발견' 된 것이라고 한다. 조선시대를 보면 정조의 화성행차 당시의 수라상을 그대로 재현할 수 있을 정도로 반찬의 종류와 재료까지 꼼꼼히 기록한 기록문화의 왕국이었다. 그러던 나라가 어쩌다가 이런 귀중한 사료들을 먼지만 쌓이게 두다가 '발견' 해야 하는가? 그리고 연구자들은 언제까지 우리도 틀림없이 갖고 있는 자료들을 보기 위해 미국의 아카이브(국립문서보관소)를 기웃거려야 하는가?

독재정권이 더 악랄했다

_서대문형무소, 일제의 만행만 기억할 것인가

서울시 서대문구 현저동 101번지, 지금은 서대문독립공원으로 단장되어 시민들이 여가를 즐기고, 많은 학생들이 현장학습을 위해 찾아오는 곳이지만, 우리나라 감옥의 큰형님 격인 서대문형무소가 자리잡은 곳이기도 하다. 전설에 따르면 이곳은 까딱하면 조선왕조의 도읍이 들어섰을 곳이기도 하다. 무학대사가 도읍지를 정하러 다닐 때 이곳이 금계포란(金鷄抱卵)형의 명당이라 탐을 냈지만, 3천 명의 홀아비가 탄식할 곳이라 다른 곳으로 정했다는 그럴듯한 전설이 전해지고 있다.

'3천 명의 홀아비가 탄식하는 곳'

그 땅이 무학대사의 전설처럼 3천 명의 홀아비가 탄식하는 곳으로 변한 것은 일제가 조선을 강점하는 과정에서 그곳에 1908년 10월 경성감옥을 신축하였기 때문이다. 원래 대한제국 시기에 감옥을 관장하는 부서는 전옥서(典獄署·뒤에 감옥서로 개칭)였고, 전옥서가 관리하는 한성감옥—흔히 종로감옥이라 불렀다—은 현재의 영풍문고 부근에 자리잡고 있었다고 한다. 일제가 경성감옥을 당시로서는 엄청난 금액인 5만 원을 들여 대대적으로 신축한 것은 일제의 침략이 의병들의 거센 저항에 봉착한 사정과 깊은 관련이 있다. 일제는 경성감옥을 비롯해서 전국에 8개의 감옥을 새로 세우면서, 수감인원 300여 명에 지나지 않던 감옥의 규모를 경성감옥 500여 명을 비롯하여 수천 명을 수용할 수 있도록 넓힌 것이다. 실제로 1908년의 수감자 수는 2천여 명으로 급격히 늘어났고, 이듬해에는 6천 명을 넘어섰으며, 1918년에는 1만1천여 명, 3·1운동이 일어난 1919년에는 1만5천 명을 넘어섰다. 일제는 이렇게 급증하는 수감자들을 수용하기 위해 1912년에 마포형무소를 신축하는 등 전국에 모두 28개의 형무소를 새로 지었다.

의병전쟁 초기에 일제는 생포된 의병들을 현장에서 즉결처형하는 등 학살을 일삼다가 국제적인 비난여론과 한국인들의 고조되는 반일감정을 고려하여 형식적인 재판을 거쳐 이들을 처벌하도록 감옥을 증설했다. 1908~10년에 수감자가 급증한 것은 일제의

1998년부터 새롭게 단장한 서대문독립공원 내의 서대문형무소 역사관. 그러나 이 역사관은 한국에서의 감옥 역사를 총체적으로 보여주고 있지 못하다.

침략에 반대하는 의병운동의 고조와 이에 대한 대대적인 '토벌'의 직접적인 결과였다. 그러나 그 뒤 수감자가 계속 늘어난 것은 일제의 지배 아래서 태형 등의 체벌이나, 유형 등 추방형 위주의 전통적인 처벌방식이 징역·금고·구류 등 신체의 자유를 제한하는 자유형 방식으로 일정하게 변모해간 사정을 반영하고 있다.

의병전쟁을 탄압하기 위해 세운 경성감옥은 서대문감옥, 서대문형무소, 경성형무소, 서울형무소, 서울교도소, 서울구치소 등으로 그 이름이 바뀌면서 1987년 11월 서울구치소가 의왕시 청계산 기슭으로 이전할 때까지 약 80년 간 한국의 대표적 교도소로 기능해왔다. 이 일대에는 1992년 서대문독립공원이 조성되었고, 1998년에는 서대문형무소 역사관이 문을 열어 많은 자료들을 전시하고 있다. 보안과 청사건물을 새롭게 단장한 역사관의 1층 '추모의 장'에는 영상실·안내실이, 2층 '역사의 장'에는 민족저항실·형무소역사실·옥중생활실이, 지하 1층 '체험의 장'에는 임시구금실과 고문실 등이 있어 일제의 각종 고문 모습과 형구들을 문헌과 고증을 통해 재현하고 있다.

해방 뒤에도 한국의 대표적 교도소

한국적인 분위기에서 당연한 것이지만, 서대문형무소 역사관은 일제 통치의 잔혹상을 고발하고 있다. 서대문감옥을 거친 애국지사가 4만여 명이고, 또 이강년(李康秊)·허위(許蔿)·이인영(李麟榮) 등의 의병장, 강우규(姜宇奎)·송학선(宋學先) 등 의열투쟁을 한 열사들, 유관순(柳寬順) 등 3·1운동의 선봉에 선 투사들, 김동삼(金東三) 등 독립군 지도자들 등 모두 400여 명의 독립운동가들이 이곳에서 옥사하거나 처형되었으니 일제 통치의 잔혹함을 고발하는 데 서대문형무소보다 더 적절한 현장을 찾기도 어려울 것이다.

서대문형무소 역사관은 학기마다 학생들과 함께 답사하는 곳이지만, 적어도 두 가지 점에서 이 역사관은 역사를 총체적으로 보여주고 있지 못하다. 첫째, 서대문형무소는 일제강점기뿐 아니라 해방 뒤에도 한국의 대표적 교도소였다. 진보당의 조봉암(曺奉岩), 〈민족일보〉

1930년대 서대문형무소 전경.

의 조용수(趙鏞壽) 등 많은 민주인사들이 독재정권에 의해 사법살인을 당한 곳이 바로 서대문형무소의 사형장이었다. 1975년 인혁당 조작간첩 사건의 피의자들이 사형선고를 받은 지 만 하루 만에 사법살인을 당한 곳도 바로 이곳이다. 1987년 서울구치소가 이전할 때까지 민주화운동을 벌이다 투옥된 사람들 중 다수가 재판을 받기 위해 거쳐간 곳도 바로 여기다. 스산한 지하실에 전시된 각종 고문도구와 방식은 불과 10여 년 전까지 이 땅에서 '고문기술자'라는 희한한 직업에 종사하는 사람들에 의해 더 정교하고 악랄한 방식으로 '진화'를 거듭하면서 이용되었다. 엄혹한 일제강점기에는 징역을 오래 살았다 해도 17~18년을 넘은 이들을 찾기 힘든데, 대한민국 정부는 비전향 장기수들을 최대 45년까지 가둬두었다. 우리 사회의 각 분야에 일제의 잔재가 남아 있지 않은 부분이 없지만, 그중에서도 심한 부분이 사법분야이고, 사법분야에서도 처벌체계와 행형분야라는 데 이의를 제기할 사람은 별로 없을 것이다. 그런 의미에서 서대문형무소 역사관은 서대문형무소 80년 역사에서 앞의 전반부만을 보여줄 뿐이다.

서대문형무소 역사관이 일제의 만행에 대한 고발현장일 뿐 아니라 독재의 만행에 대한 생생한 교육현장으로 탈바꿈하는 것은 우리 사회의 민주주의로의 이행이 충분히 이루어지기 전까지는 기대하기 힘들 것이다. 그러나 이 역사관에 있는 또 다른 문제점은 관계당국이 마음만 먹으면 약간의 준비만 거쳐 당장이라도 개선할 수 있는 문제일 수도 있다. 서대문형무소 역사관은 일제강점기 감옥의 성격을 '항일애국지사'들을 탄압하는 기능에만 초점을 맞출 뿐, 일제가 수형자 일반에 대한 처벌과 통제를 통해 조선의 전체 대중을 통제·훈육·교화하려 하였는지를 보여주지 못한다.

중세의 감옥과 뚜렷이 구별되는 근대의 감옥이 보여주는 특징은 감옥이 근대화를 추진하는 과정에서 새로운 질서에 대한 일반 대중의 복종을 끌어내고, 규율을 부여하는 과정을 가장 극적으로 보여주는 장소라는 점이다. 이른바 '비생산적인 집단'을 통제하고 복종을 잘하면서도 생산적인 노동력을 키워내는 문제는 자본주의가 발전하면서 핵심적 과제로 등장했다. 봉건제가 붕괴하면서 자본가나 그들의 이해를 대변하는 국가기구의 주된 관심사의 하나는 근대적인 노동규율에 적응하지 못하는 부랑자와 빈민층을 근면하고 복종적이면서 근대적인 인간으로 개조하는 일이었다. 지속적인 감시·통제·훈련·교육을 통해 인간을 통제하는 근대적 지배양식은 국가가 통제대상이 되는 사람들의 시간과 공간을 전적으로 자신의 의도대로 관리하는 감옥을 통해 가장 집약적으로 드러난다.

더 '잘' 처벌하기 위한 진화의 과정

국가의 이런 의도는 근대감옥의 건축양식과 감옥 내에서의 생활통제에서 두드러지게 나타난다. 감옥의 설계에서 가장 중요한 것은 수형자에게 고립되어 있다는 느낌과 함께 언제나 중앙의 감시탑에 감시받는다는 느낌이 들도록 만드는 것이었다. 영국의 공리주의 사상가 벤담이 한편으로는 의회제도의 개혁을 주창한 정치적 자유 확대의 옹호자였지만, 다른 한편으로는 판옵티콘(Panopticon)이라는 근대감옥의 건축양식을 주창한 인물이라는 사실은 근대의 양면성을 잘 보여준다. 모든 수형자들은 서로 차단된 채 고립되어 있고 중앙의 감시탑에서는 한눈에 모든 수형자들을 돌아볼 수 있는 방사형 구조는 약간의 변형을 거쳐 서대문형무소가 1915년 증축할 때 그대로 본떠서 지금도 그 모습을 확인할 수 있다. 또 푸코가 감옥을 관대함이 없는 학교이자 더 엄격한 병영에 비유한 것처럼 감옥에서의 일과생활은 인체시계와는 상관없는 세세한 시간규정의 대상이 된다. 뿐만 아니라 감방 내에서 수형자의 위치와 동작 역시 정확한 감시와 확인의 편의를 위해, 그리고 수형자들이 일상적으로 통제를 받는다는 느낌을 거듭 확인하기 위해 표준화된 동작을 따라하도록 되어 있다.

일제에 의해 본격적으로 도입된 근대의 감옥제도에 반영된 처벌방식의 변화는 인도적인 차원의 진전이라는 면과 함께 처벌의 합리화·고도화를 담고 있다. 즉 보다 '덜' 처벌하기 위해 처벌방식을 개선한 것이 아니라 더 '잘' 처벌하기 위해 방식을 바꾼 것이다. 서대문형무소 역사관이 일제의 독립운동가들에 대한 만행뿐 아니라 이런 근대국가권력의 시민통제 방식까지 보여줄 수 있다면 더욱 생생한 역사의 교육현장이 될 것이다. 그러나 어차피 국가나 지방자치단체가 운영하는 역사관이 '일제' 총독부뿐 아니라 '모든' 국가권력에 공통적으로 나타나는 시민통제의 방식을 보여줄 것을 기대하는 것은 지나친 바람일까?

교정사(矯正史)나 행형사(行刑史) 관련자료를 보다 보면 일제나 해방 뒤 한국 정부는 각각 감옥이 야만에서 문명으로 변모해가는 단선적 진화의 길을 밟은 것처럼 내세운다. 즉 일제는 조선왕조의 야만적인 감옥제도를 자신들이 근대적인 것으로 바꾸었다고 주장하고, 한국 정부는 일제시대의 야만적인 행형제도를 대한민국 정부 수립 이후 개선했다는 것이다. 그러나 더 '잘' 처벌하기 위해 일제가 도입한 근대적 행형제도가 역사의 진보일 수만 없는 것도 물론이지만, 불행히도 일제강점기의 행형제도가 대한민국 정부 수립 이후 크게 개선되었다는 주장도 1950년대에서 1970년대에 걸친 감옥의 실태를 살펴보면 사실로 받아들이기 어렵다. 앞서 지적한 것처럼 행형제도를 포함한 법률체계 전반은 특히 일본제국주의 잔재로부터 큰 영향을 받았다. 감옥과 죄수에 대한 기본관점은 물론이고, 행형관례와 예규에서도 누진처우제 · 등급에 따라 밥의 크기를 다르게 틀로 찍어주는 '가다밥', 교회(敎誨) 기능, 각종 벌칙, 구타와 고문에서부터 강제전향제에 이르기까지, 그리고 사회로까지 확대되는 보호관찰제와 예방구금제에 이르기까지 일제의 잔재는 단순히 잔재로서가 아니라 분단이라는 현실에 맞춰 비상한 '진화'를 거듭했다.

'중죄인' 이승만의 옥중생활

필자는 1999년부터 2000년 9월 비전향 장기수 대부분이 북송될 때까지 이분들을 집중적으로 인터뷰한 적이 있다. 그런데 이때 들은 1950년대, 1960년대 한국 감옥의 현실은 이분들이 감옥 내에서 가장 열악한 처지에 있는 특별사동에서 생활한 분들이라는 점을 감안하더라도 필자가 독립운동가들로부터 직접 듣거나 회고록을 통해 알고 있는 1930~40년대 일제강점기 감옥의 현실보다 더 배고프고, 더 춥고, 더 힘들고, 훨씬 더 끔찍했다. 천황제 가족국가 이데올로기에 입각한 국가주의와 전체주의적 관점에서 온 사회를 획일적으로 규제하려는 데에서 일본제국주의자들이 '비국민'(非國民)들을 암적인 존재로 보고 말살과 영구격리의 대상으로 삼은 것이나 한국의 독재정권이 비전향 사상범들을 대한 태도나 근본적으로 차이가 없지만, 잔혹성은 인정하기는 싫지만 한국 정부가 더 심하면 심했지 덜하지 않았다.

서대문형무소의 전신인 한성감옥에서 5년7개월 간 복역한 이승만(위)은 자유롭게 집필활동을 했다. 그러나 시인 김남주는 독립된 나라에서 펜과 종이의 자유를 절규했다(아래).

여기서 한 가지 흥미로운 점은 수형자들에게 일제강점기보다 더 열악한 처우를 해준 반공독재정권의 첫 수장인 이승만의 경력이다. 이승만은 고종황제의 폐위를 꾀한 대역죄인에다 무기소지 탈옥미수를 범한 중죄인 중 중죄인으로 서대문형무소의 전신인 한성감옥에서 만 22~28살에 이르는 1899년 1월부터 1904년 8월까지 5년 7개월이라는 짧지 않은 기간을 복역했다.

물론 이승만이 처음 투옥되었을 당시 한성감옥의 처지는 매우 열악했다. 이승만에 뒤이어 1902년에 한성감옥에 투옥된 일본육군사관학교 출신의 김형섭(金亨燮)은 다다미 다섯 장 정도의 좁은 감옥에 50명—원칙적으로는 15명을 수용하도록 되어 있었다—의 사람을 빼곡이 가두어 수감자들이 "마치 바구니 속에 서로 겹쳐 밀치락달치락하는 미꾸라지들 같다"고 자신의 회고록에 묘사했다. 그는 감방 안의 공기는 후덥지근한데다 땀냄새와 대소변의 악취가 겹쳐 숨쉬기조차 힘들었다면서 빈대와 이 등 온갖 해충이 들끓던 감옥을 진저리를 치며 회고했다. 김형섭에 따르면 두 손에 칼을 차고 있어 빈대들의 공격에 무방비 상태라 2~3일이 지나면 아예 통증도 느낄 수 없고, 빈대가 빨아먹은 피 때문에 옷이 빨갛게 물들었다고 한다. 당시 간행된 한 잡지가 생지옥과 같은 감옥의 실태를 고발하면서 "우리나라도 차차 개명에 진보하려면 먼저 백성을 사랑할 것이요, 백성을 사랑하려면 먼저 옥정(獄政)을 바르게 하는 것이 제일 급무"라고 주장한 것을 보면 당시의 열악한 감옥 실태를 짐작할 수 있다.

이승만도 초기에는 이런 감옥의 현실 속에서 무척 고생을 했지만, 그의 옥중생활은 1900년 2월 김영선(金英善)이라는 개명 관료가 한성감옥의 서장으로 부임해오면서 '풀리기' 시작했다. 김영선은 당시의 교도행정 전반의 개선에 큰 공을 세운 것으로 알려졌지만, 이승만에게는 믿기 힘들 정도의 특혜를 주었다. 최근에 간행된 유영익(柳永益) 교수의 「젊은 날의 이승만—한성감옥생활과 옥중잡기 연구」에 의하면 김영선은 이승만에게 좋은 감방을 배정하고 옥중에서의 독서는 물론 신문논설의 집필과 저술, 심지어 옥중학당과 서적실의 개설과 운영을 허용하였다. 뿐만 아니라 김영선은 이승만의 글쓰는 작업에 대해 일종의 보상금까지 지급하기까지 했다고 한다. 이승만이 남긴 『옥중잡기』를 보면 그는 옥중에서 엄청난 양의 책을 읽었을 뿐 아니라 10여 권의 책을 번역 내지 저술하고 80여 편의 신문·잡지 논설을 집필, 기고하였다. 유영익 교수는 이승만에게 한성감옥은 여러모로 유익한 '대학 이상의 대학'이었다고 결론지었다. 이승만이 옥중에서 이런 생활을 할 수 있었던 것은 그 자신을 위해서는 아주 다행한 일이었음에 틀림없다.

일제도 펜과 종이만은 빼앗지 않았다

이승만이 집권한 1950년대에 수감자의 70% 이상이 좌익수였다고 한다. 옥중에서 '대학 이상의 대학'을 다닌 이승만은 자신이 겪은 것과 비슷하게 좌익수들을 처우했다가는 그들 역시 큰 인물로 성장할 수 있다고 두려워한 것일까?

1천여 명의 광주 시민을 학살하고 수많은 젊은이들을 감옥에 처넣은 독재자는 살인자로서가 아니라 12·12쿠데타와 관련하여 잠시 감옥 구경을 하고 나왔다. 그러고서는 기자들에게 하는 말이 "교도소란 데가 갈 데가 못 되니 여러분은 가지 마시오"란다. 그가 감옥에 잠시 머문 1990년대 중반은 비전향 장기수들에 의하면 수인들에 대한 처우가 크게 좋아져 생지옥 같은 1950년대, 1960년대에 비하면 감옥이 아니라 호텔방이 된 때였다. 그는 이 호텔에서도 가장 고급스러운 호텔방에 있다 나왔지만 감옥은 갈 데가 못 되는 곳이라고 했다.

김남주는 "한 나라의 대통령이라는 자가/ 외적의 앞잡이이고 수천 동포의/ 학살자일 때 양심 있는 사람이/ 있어야 할 곳은 전선이다 무덤이다 감옥이다"라고 절규했다. 그의 수많은 옥중시들은 우유팩 위에 나뭇가지나 못조각, 손톱으로 꾹꾹 눌러 쓴 것이라 한다. 어느 사람에게는 갈 데가 못 되는 곳이고 또 어떤 시인에게는 있어야 할 곳이던 감옥에서 김남주는 이렇게 깨닫는다. "아, 그랬었구나/ 로마를 약탈한 민족들도/ 약탈에 저항한 사람들을 감옥에 처넣기는 했으되/ 펜과 종이는 약탈하지 않았구나 그래서/ 보에티우스 같은 이는 감옥에서/『철학의 위안』을 쓰게 되었구나"라고. 중세 암흑기에도 감옥에는 불이 켜져 있어 마르코 폴로는『동방견문록』을 쓰고, 세르반테스는『돈키호테』를 썼다. 차르체제하의 러시아에서도 시인과 소설가에게서 펜과 종이만은 빼앗아가지 않아 체르니셰프스키는『무엇을 할 것인가』를 썼고, 일제강점기에도 일제가 우리 말 우리 성까지 빼앗아갔지만, 감옥에서 펜과 종이만은 빼앗아가지 않아 신채호는『조선상고사』를 썼고, 홍명희는『임꺽정』을 썼다. 그래서 김남주는 "펜도 없고 종이도 없는 자유대한에서 그 감옥에서 살기보다는" 차라리 고대의 노예로, 중세 농노로, 일제치하에 다시 태어나고 싶다고 절규할 수밖에 없었던 것이다.

    감옥을 보면 사회가 보이는 법이다. 이런 기막힌 소망을 지닌 김남주 시인을 우리는 어떤 말로 위로해야 할까? 독재치하에서는 바깥도 감옥이었다는 말로?

빨갱이에게도 인권이 있다
_강제전향의 진흙탕에서 피어난 연꽃 '비전향 장기수'

스무 살 때 사회주의자가 아니면 가슴이 없는 사람이요, 마흔 살에 아직도 사회주의자라면 머리가 없는 사람이라는 말이 있다. 그럴듯해 보이는 이 말을 뒤집어보면 처음부터 사회주의자가 아니었던 사람은 가슴이 없는 사람이요, 사회주의의 한길을 걸은 사람들은 머리가 없는 사람들이다. 그래도 이들이야 가슴이나 머리 둘 중에 하나는 갖게 되지만, 젊어서는 사회주의자가 아니었지만 나이가 들어 사회주의자가 되거나 진보의 길로 나간 사람이라면 가슴도 머리도 갖지 못한 가여운 존재가 되고 만다. 이 논리에 따르면 가슴과 머리를 온전히 갖춘 존재가 되는 길이란 젊어서 사회주의자였다가 철이 들면서 그 이념을 저버리는 수밖에 없다. 이렇게 마음을 돌리는 것을 우리는 흔히 전향이라 부른다.

꿈길의 발자국이 바위를 갈아…

이념과 현실 사이의 괴리에서 번민하다가 스스로 이념을 던져버리는 것을 회심(回心)이라 한다면, 대세에 휩쓸려 공산주의자가 되었다가 목숨을 구하기 위해 또는 공산주의운동이 퇴조하는 것을 보고 줄을 잘못 섰다며 도망가버리는 것을 기회주의적 변심이라 할 수 있을 것이다. 이런 두 가지 형태의 마음 바꿈이야 세계 공산주의운동사 상에서 보편적으로 나타나는 일이다. 그런데 우리나라와 일본에만 있는 특수한 형태의 강요된 마음 바꿈이 있다. 국가기관의 폭력과 강압에 의한 강제전향이다. 일본제국주의가 한창이던 1930년대 시작된 이 고약한 제도는 일본에서는 패전과 함께 사라져버렸지만, 우리나라에서는 이승만시대를 거쳐 박정희 집권기간에 절정에 달했다. 그리고 이 야만적인 제도는 비전향 장기수라는 100여 명의 독특한 인간군을 낳았다. 남북정상회담의 가장 직접적인 성과로 이들 비전향 장기수 중 63명은 2000년 9월 수십 년 옥중생활에서 벗어나 꿈에도 그리던 북으로 돌아갔다. "만약 꿈길에도 발자국을 찍을 수 있다면 문 앞의 돌길이 다 닳아 모래가 되었을 것을"(若事夢魂行有跡 門前石路半成砂)이란 시를 남쪽의 벗들에게 남겨두고서.

마땅히 이 대열의 앞에 서서 고향으로 가셨어야 할 최남규 선생은 1999년 12월 11일 중풍과 치매로 고생하다가 세상을 떠났다. 최남규 선생은 수십 년 감옥살이를 하면서 옥중에서 돌아간 숱한 동지들의 이름과 행적, 죄수번호와 병명, 사망일자 등을 고혈압으로 답답한 가슴속에 모두 담았다가 출옥하자마자 수전증으로 떨리는 손으로 기록으로 남긴 전설적인 기억의 소유자였다. 그런 선생도 세월의 무게를 견디지 못하고 부인과 자식들의 이름을 종이에 적고 외우시더니 끝내는 자신의 이름조차 기억하지 못하는 처지가 되었다. 선생이 돌아가시기 직전에 방영된 서울방송의 〈그것이 알고 싶다〉에서는 그런 상태의 선생께서 "고향이 어디에요"라는 질문에 "명천이닷!"라고 힘있게 답하시고 "집에 언제 가요?"라는 질문에 "난 통일돼야 가!"라고, "선생님 소원이 뭐예요?"라는 질문에는 "고향에 가는 거다! 고향으로

"끝내 고향을 못 보고…." 1999년 12월11일 중풍과 치매로 고생하다 세상을 떠난 비전향 장기수 최남규 선생의 영정에 꽃을 바치며 오열하는 동료 장기수.

갈 거야"라고 답하시는 모습이 방영되었다. 같이 옥중에서 고생한 동지들은 통일은 아직 안 되었어도 다들 고향으로 가시는데…. 비전향 장기수들의 송환이 결정된 이후 9개월만 더 버티셨어도 고향땅을 밟을 수 있으셨을 텐데라는 필자의 아쉬움에, 선생과 같이 오랜 기간 징역살이를 한 최하종 선생은 최남규 선생께서 그만큼 버티신 것도 다 고향을 그리는 마음 때문이었다고 말씀하신다.

비전향과 미전향

분단 이후 일제잔재를 더욱 악랄하게 발전시킨 강제전향제도를 이겨낸 비전향 장기수들에서 출소 이후 사망자를 포함한 총 94명이 산 징역 햇수를 합하면 모두 2,854년, 한 사람당 평균으로는 31년이다. 27년 간 징역을 살고 나와 세상을 놀라게 했던 남아프리카공화국의 넬슨 만델라도 이 땅의 비전향 장기수 집단에 데려다 놓으면 '반평균을 깎아먹는' 처지가 된다. 그만큼 오랜 세월을 이들은 0.7평 독방에서 보냈다.

대부분의 언론에서는 이들을 비전향 장기수라 부르지만, 유독 〈월간조선〉에서는 이들을 미전향 장기수라 고집스레 부른다. 비전향이 주체적으로 전향을 거부한 것이라면, 미전향은 아직 전향을 하지는 않았지만 언젠가는 전향을 시키고야 말 공작대상인 것이다. 비전향 장기수로서는 처음으로 출옥한 이래 이 땅에 인권운동의 새로운 지평을 개척해온 인권운동사랑방의 서준식 선생도, 이제는 북으로 돌아가 편안한 여생을 보내고 있는 많은 장기수 선생들도 다 그들에게는 미전향 장기수일 뿐이다.

이 땅의 장기수들은 크게 네 부류로 나눌 수 있다. 하나는 한국전쟁중의 유격대 활동과 관련하여 체포된 사람들이고, 두 번째는 우리가 흔히 간첩이라 부르는 남파공작원들, 다음으로 통혁당, 인혁당, 남민전, 구미유학생 간첩단 사건 등 이남의 자생적인 변혁운동의 맥락에서 발생한 사건 때문에 투옥된 사람들, 그리고 납북되었다가 귀환한 어부들이나 고국에 유학왔던 재일동포들 중에서 조작간첩으로 얽힌 사람들이다. 이들 중 유격대 출신들은 1989년 사회안전법 폐지로 모두 출소하였기 때문에 30년 이상의 초장기수들은 대개 남파공작원 출신이다.

세계 최장의 장기수라는 달갑지 않은 별명을 지닌 김선명 선생은 1951년 투옥되어 45년을 옥중에서 보내고서야 사회로 돌아왔다. 김선명 선생보다 며칠 앞서 투옥된 분으로 얼마 전 북에서 돌아가신 이

종환 선생이 계셨지만, 김선명 선생보다 2년 먼저 출옥하셔서 김선명 선생이 그런 타이틀을 안게 되셨다. 만델라보다도 18년이나 더 징역을 사신 김선명 선생의 기록은 다른 나라에서 감히 넘볼 수 없는 것이지만, 그 기록이 45년에 멈춘 데는 또 다른 비극적인 이유가 있었다. 한국전쟁이 발발한 직후 평택 이남의 좌익 재감자들이 모두 '처리'되었기 때문이다. 좌익수들에 대한 조직적인 학살이 없었더라면 세계 최장의 장기수 복역기록은 어쩌면 반세기를 넘겼을지도 모른다.

1998년 5월 정부의 특별사면으로 풀려난 비전향 장기수 신인영(왼쪽) 선생이 먼저 풀려난 이경구 선생의 환영을 받으며 울음을 터뜨리고 있다.

일흔 한 살 나이에 석방된 김선명 선생은 백 살을 바라보는 노모를 만나셨다. 종잇장처럼 가벼워진 노모는 고희를 넘긴 아들을 쓰다듬으며 네가 어른말을 안 들어서 그래라고 가볍게 꾸짖으셨다. 제가 보이냐는 김선명 선생의 말씀에 앞이 안 보이는 노모는 눈을 감으면 네 얼굴이 환하게 떠오른다고 말씀하셨다. 우리의 옛날이야기 구조는 그래서 두 모자가 행복하게 잘 살았다더라라고 끝나는 것이 상례이지만, 한국적인, 너무나 한국적인 현실은 이 기막힌 20여 분의 짧은 모자 상봉을 처음이자 마지막 상봉으로 마침표를 찍었다. 빨갱이 가족으로 온갖 시달림을 당해온 김선명 선생의 가족들은 더 이상의 모자 상봉을 허락하지 않았고, 노모가 세상을 떠나셨을 때 기별조차 하지 않았다. 그러나 빨갱이 가족의 고통을 아는 사람들이라면 그 누가 그 가족들을 야박하다고 탓할 수 있을까?

일제강점기에도 15년 이상 징역을 산 독립운동가들은 손으로 꼽을 정도이고, 일반 무기수들의 경우 16~18년이면 모두 출소하는 것이 관례인데 비전향 장기수들은 왜 30년, 40년씩 옥살이를 해야 했을까? 그리고 이들은 왜 그토록 오랜 기간 징역을 살면서 감옥 안의 감옥이라 불리는 특사에서 엄중 독거 처분을 받고 밑바닥 생활을 해야 했을까? 강제전향제도는 일제가 이 땅에 남기고 간 악랄한 유산의 하나였다. 전향이란 말은 원래 일본의 사상검사들이 우리나라의 사회주의운동에도 큰 영향을 끼친 후쿠모도 가즈오(福本和夫)의 방향전환론에서 따온 말이다. 일본의 사상검사들은 좌익의 용어를 빌려서 변절이나 굴복과 같이 사상을 버리는 자들의 자존심을 거슬리게 하는 용어 대신에 그럴듯한 말을 만들어내 마치 이들의 생각이 바뀐 것이 상황에 대해 주체적인 대응인 양 호도했다.

1933년 6월 일본 공산당의 거물 사노 마나부(佐野學) 등의 공개적인 전향선언이 발표된 이후 일본 열도에서는 옥중에 있던 공산주의자의 약 9할이 전향하는 등 전향이 하나의 시대조류를 형성했다. 공산주의 역사가 짧은 일본에서 공산주의 사상은 대부분의 활동가들에게 체화되지 못했다. 그들은 마치 모자를 갈아 쓰고, 장갑을 갈아 끼듯 손쉽게 공산주의를 버리고 천황제 이데올로기를 받아들였다. 일본의 좌익들한테는 공산주의를 버려도 돌아갈 마음의 고향이 있었다. 계급을 초월하는 천황이라는 존재, 공산주의라는 한갓 외래사상을 버리고 일본정신으로 돌아간다는 명분 등은 전향에 대한 죄의식을 씻어주었다.

 그러나 조선인 사상범들에게는 이렇게 돌아갈 고향이 없었다. 공산주의를 일제에 대한 투쟁의 수단으로 받아들였던 대부분의 조선인 공산주의자들에게 전향은 일제에 대한 투항을 의미하기 때문에, 사상의 문제 이전에 민족적 양심의 문제였다. 극좌에서 극우로 전향한 어느 일본인 작가가 "우리는 전향해도 돌아갈 조국이 있지만 그대들은 그런 게 없다"라고 말한 것은 조선인 사상범들의 고뇌를 잘 지적한 것이었다. 이런 이유로 조선에서의 사상전향은 일본에서의 전향에 비해 훨씬 더 강력한 폭력과 강제를 수반했고, 또한 체계적인 사후관리를 필요로 했다. 일제는 일본인들이 일단 전향하면 같은 편으로 받아들였지만, 조선인들의 경우는 전향을 하더라도 같은 편일 수 없었다. 일본에서는 없는 사상보국연맹이나 대화숙 같은 전향자 관리기구가 조선에 출현한 것도 이 때문이었다.

 분단정권으로 출현한 이승만 정부는 일제의 사상보국연맹을 본받아 보도연맹을 만들어 전향자들을 대거 가입시켰다. 그리고 전쟁이 일어나자 약 30만 명에 달하던 보도연맹원들 중에서 한강 이남 지역의 맹원 대부분은 경찰 소집으로 조직적으로 '처리'되었다. 이남에서의 강제전향공작은 이렇게 전향자들을 한번 싹쓸이한 토대 위에서 1950년대 다시 시작되었다.

동지를 팔지 않으면 인정하지 않다

 제국주의자들이나 지배세력이 전향을 강요하는 것은 단지 그 한 사람을 '개과천선' 하게 만들겠다는 것이 아니다. 일본에서 전후에 공산당과 사회당이 끝내 화합할 수 없었던 것도, 해방 뒤 이남에서 조선공산당이 심각한 내분에 빠져들어간 것도 다 전향제도의 후유증이었다. 전향은 처음에는 공산주의 사상을 포기하는 것이면 충분한 것으로 인정받았지만, 상황이 엄혹해질수록 동지를 팔지 않으면 전향으로 인정받을 수 없었다. 그런데도 전향의 대가는 형편없었다. 흔히들 전향서를 쓰면 즉각 석방되는 것이라 생각하지만 그런 경우는 드물었고, 겨우 특사를 나와 일반수가 되는 것뿐이었다. 사상이나 양심 같은 것과는 담을 쌓고 지낸 자들이 다른 사람의 깊숙한 내면에 자리한 양심이나 사상의 자유에 대한 대가로 제시한 것은 고작 이런 것이었다.

5·16 군사반란으로 집권한 박정희는 전국의 각 교도소에 수감되어 있던 좌익수 800여 명을 이남의 모스크바라 불리게 된 대전형무소로 집결시켰다. 그 뒤 1968년 청와대 습격 사건, 푸에블로호 나포 사건 등이 연이어 일어나자 이북의 특수부대가 대전형무소를 공격하여 좌익수들의 탈출을 꾀할지도 모른다는 우려가 제기되었다. 이에 박정권은 대전에 좌익수 일부를 두고, 광주, 전주, 대구, 목포 등지로 분산시켰는데, 1년 뒤 목포는 취약지대라고 수용자들을 다시 대전으로 이감했다.

'내면의 자유'를 지킨 최전선 투사들

박정희 정권의 강제전향공작이 본격화한 것은 1973년 6월 대전, 광주, 전주, 대구 등지의 교도소에 중앙정보부의 지휘와 책임 아래 사상전향공작반이 설치되면서였다. 1960년 4월 민중봉기 이후 장면 정권은 간첩죄를 제외한 모든 무기수들을 일률적으로 20년형으로 감형시켰는데, 1970년대 초반이 되자 이들의 출옥이 임박한 것이다. 또

1972년 7·4남북공동선언 등 남북관계가 일시적으로 진전을 보자, 박정희 정권은 합법공간이 열릴 것을 우려하여 비전향 장기수들을 전향해야 내보내는 것으로 방침을 정했다. 박 정권은 한편으로는 강제전향공작을 벌이면서 다른 한편으로는 형기를 마쳤으나 전향을 거부하는 사람들을 재판 없이 계속 구금하기 위해 사회안전법을 준비했다. 이 당시에 강제전향이 그토록 폭력적으로 실시된 데에는 어쩌면 박정희 자신의 열등감이 작용했을지도 모른다. 남로당의 군사부 핵심간부였다가 군내에 침투한 공산주의자들의 명단을 넘겨주고 살아남은 박정희에게 끝까지 전향을 거부하는 장기수들이 곱게 보였을 리 없다.

1975년에 제정되어 1989년에 폐지된 사회안전법은 영어로 한다면 'Social Security Law'가 될 것이다. 다른 나라에서는 이런 법이 사회적 약자를 보호하는 사회보장 내용을 담는 것인 반면, 우리는 재범의 우려가 있는 '적색분자'로부터 사회를 보호하기 위한 것이었다. 최남규 선생의 경우 1973년에 만기출옥하여 고물상 등으로 연명하던 중 사회안전법이 제정되자 "주민등록까지 기피할 뿐 아니라 재북가족을 동경하며 독신으로 생활하고 있어서 죄를 다시 범할 현저한 위험성이 있다고 인정"되어 청주보안감호소에 재수감되었다.

강제전향제도가 본격적으로 실시된 1973년 무렵은 밖에서는 김대중씨가 일본에서 납치되고, 서울법대 교수로 동생이 중앙정보부원이기도 했던 최종길 교수가 중앙정보부에서 의문사하던 엄혹한 시절이었다. 바깥도 그런 지경이었으니 안에서 어떤 일이 벌어졌겠는가? 구타와 일반적인 고문은 이야깃거리도 되지 않는다. 깡패한테 '떡봉이'라는 완장을 주어 전향을 시키면 너를 풀어준다라는 미끼로 고문

조선노동당 창당 55돌 기념행사장의 환영구호. 그러나 장기수들의 전향을 비도덕적이라고 매도한다면, 이는 분열의 싹을 심으려는 전향공작자들의 손을 들어주는 것과 다름없다.

을 대신시키고, 바늘로 찌르고, 아픈 사람에게 전향하면 약을 준다고 하고, 한 명이 들어가도 답답한 한여름의 독방에 열댓 명을 몰아넣고, 고문해서 실신한 사람의 손에서 지장을 찍어 전향하였다고 공포하고…. 어떤 장기수 한 분은 그렇게 전향서가 만들어지자 내용을 조금 고친다고 갖다 달라고 해서 가져다주자 그 자리에서 입에 넣고 먹어치워 전향을 모면하기도 했다. 고향을 떠나 이민간 사람들에게 고향집의 사립문 여닫는 소리를 녹음해 전해준다면 아주 시적이고 운치 있는 사람일 것이다. 그러나 이런 일도 전향을 위한 고문의 일종으로 이용되기까지 했다. 이런 폭력적인 전향공작과정에서 손윤규 선생을 비롯한 다섯 분이 의문의 죽임을 당하여 현재 의문사진상규명위원회에 문제제기가 되어 있는 상황이다.

장기수는 국가보안법이나 반공법을 위반한 빨갱이들이고, 의문사

진상규명위원회는 민주화운동 과정에서 희생된 분들의 죽음을 조사하는 기관이기 때문에 이들의 죽음이 과연 진상규명위의 조사대상인가 하는 논란이 일었다. 필자의 생각으로는 강제전향에 대한 항거는 우리의 민주화운동에 장기적으로 아주 중요한 기여를 했다. 사상의 자유, 양심의 자유와 같은 인간의 내면의 자유는 민주주의의 대전제이다. 비인간적인 강제전향에 맞서 싸운 비전향 장기수들은 바로 이 내면의 자유를 지키기 위한 최전선에 서 있었다. 다만 우리의 민주화운동 세력이 그분들의 역할을 뒤늦게야 인식한 것이다. 빨갱이에게도 인권이 있다는 것을 우리 사회가 깨달은 것만 해도 반공독재의 광풍을 넘어서는 민주화운동의 중요한 진전이었다. 즉 장기수 문제를 우리 사회의 핵심적인 인권 문제로 인식하게 된 과정은 '인권의 보편성'에 대한 우리 사회의 각성과정이기도 했다. 또 경찰서 등에 잡혀가면 별 거리낌없이 반성문 쓰던 우리에게 장기수들은 양심의 자유가 무엇인지 본보기를 보여준 귀중한 선생님들이었다.

전향 장기수들도 북으로 돌려보내야

신념의 화신 베드로도 닭이 울기 전에 세 번이나 예수님을 부인하지 않았던가? 장기수들은 그 엄청난 고통과 고독, 모멸감 속에서 자기를 지킨 분들이다. 현재 비전향 장기수들 중 원하는 사람들은 모두 북으로 갔지만, 강제전향공작 과정에서 전향서를 쓴 장기수들은 고향으로 가지 못하고 있다. 우리가 극한의 폭압 속에서 사상의 자유를 견지한 분들을 높이 평가할 이유는 충분하지만, 그렇다고 해서 전향과 비전향을 도덕적인 관점에서 평가하는 것은 경계해야 한다. 만일 우리가, 또는 당사자인 장기수들이 전향은 비도덕적이고 비전향은 도덕적인 것이라고 본다면, 이는 분열의 싹을 심으려는 전향 공작자들의 손을 들어주는 것이기 때문이다. 장기수, 그들은 강제전향의 진흙탕에서 피어난 연꽃과도 같은 존재이다. 전향을 한 분들은 다만 조금 일찍 시들었을 뿐이다. 이분들 중에서 북으로 가기를 원하는 분들을 돌려보내는 것은 우리 사회가 강제전향제도의 악령을 떨쳐버리는 중요한 한 걸음이 될 것이다.

| 3부 |

김일성이 가짜라고?

항일영웅으로서의 김일성의 명성은 식민지 조선의 특수 상황 속에서 다분히 과장된 측면이 있다. 이 과장된 명성은 조선의 대중에게는 입에서 입으로 전해지며 널리 알려졌지만, 서구 연구자들이나 독자들에게는 생소했다. 그러나 분명 김일성은 식민지 조선의 대중에게는 다시없는 영웅이었다. 대중의 김일성에 대한 존경과 기대는 너무나도 컸다. 해방된 조선에서 만주벌판에서 백마를 타고 일제를 무찌르던 전설적 명장 김일성 장군의 업적을 의심하거나 그를 비난하는 일이란 있을 수 없었다.

미완의 '아리랑'을 위하여

_잊혀진 혁명가 김산의 발자취를 찾아서 · 1

1937년 7월 중국혁명의 수도 옌안(延安)이 지루한 장마를 겪고 있을 때, 님 웨일스라는 미국의 젊은 여류작가는 장명(張明)이라는 조선인 혁명가를 만난다. 수없이 일어나는 손의 경련을 참아가며 25명의 중국인 혁명가를 인터뷰하여 그들의 자서전을 썼던 님 웨일스는 옌안에서 자기말고는 유일하게 루쉰(魯迅)도서관에 소장된 영어 책을 집중적으로 빌려가는 이 미지의 인물에 호기심을 느낀 것이다. 어렵게 수소문해서 만난 장명에게서 님은 독특한 매력을 느꼈고, 장마로 길이 끊어진 김에 조선이라는 서구에는 거의 알려지지 않은 나라에서 온 33살의 혁명가와 두 달 간 20여 차례에 걸쳐 집중적인 대화를 나눈다. 그 결과가 바로 김산(金山)과 님 웨일스의 공저로 1941년에 간행된 『아리랑 Song of Ariran』이다.

무엇이 님 웨일스를 매료시켰나

김산이라는 이름은 이 책을 간행하기 위해 김산과 님 웨일스가 상의하여 부친 이름으로 금강산에서 따온 것이다. 그의 본명은 장지락(張志樂), 최근에 그가 일본 경찰에 취조받을 때의 사진이 발굴되었는데, 그 사진에는 본명이 장지학(張志鶴)으로 되어 있다. *Song of*

옥에 갇힌 27살 때의 김산(왼쪽)과 30대의 님 웨일스. 그들은 20여 차례에 걸쳐 집중적인 대화를 나누고 그 결과를 『아리랑』에 담았다.

*Ariran*의 간행에도 불구하고 남과 북 모두에서 잊혀진 혁명가가 된 김산의 생애는 1984년 이 책이 『아리랑』이라는 제목으로 동녘 출판사에 의해 번역출간되면서 새로운 관심을 끌게 된다. 대학원생 시절 이 책을 처음 접했을 때 받은 감동과 흥분이야 지금도 생생하고 이 책을 읽은 모든 이들이 공유하는 것이지만, 또 하나의 감정, 당혹감이 필자를 사로잡았음을 고백하지 않을 수 없다. 비슷한 시기 박노해의 『노동의 새벽』이 처음 발표되었을 때 박노해가 실존인물이었는가를 두고 열띤 토론을 벌인 것처럼 사학도들은 장지락이 과연 실존인물이냐를 의심했다. 그만큼 우리는 우리의 민족해방운동사가 걸어온 길을 몰랐던 것이다.

김산이 님 웨일스의 펜을 빌려 우리를 인도하는 세계는 정말 미지의 세계였다. 1984년 당시 사학도들은 김산이 님과의 인터뷰를 마치고 난 이듬해에 일제간첩으로 몰려 중국공산당에 의해 부당하게 처형당한 사실을 알지 못했으며, 금강산의 붉은 승려 김충창이 김성숙(金星淑)이었는지도 몰랐다. 김산과 갈등을 빚은 한모가 한위건(韓偉建)이었는지도 몰랐고, 조선과는 수만 리 떨어진 광둥(廣東)에서 일어난 봉기에 조선혁명운동의 정화라 할 수 있는 청년 수백 명이 참가하여 이슬처럼 사라진 사실도 알지 못했다. 열 다섯 어린 나이에 집을 떠나 일본으로, 만주로, 상하이로, 베이징으로, 광둥으로, 옌안으로 중국대륙을 좁다 하고 혁명투쟁의 현장에 몸을 내던진 사람이 있었다는 사실은 섬 아닌 섬이 되어버린 분단국가의 남쪽에서 낳고 자란 사람들에게는 큰 충격이 아닐 수 없었다.

　님 웨일스가 절묘하게 표현한 것처럼 당시의 동아시아는 한 세대 동안에 역사가 천년이나 흘러가는 곳이었다. 그 소용돌이 속에서 김산이라는 33살의 청년은 자기가 자신의 젊음을 어디선가 잃어버린 젊은이라고 고백했다. 그렇게 어디선지도 모르게 청춘을 잃어버린 청년, 내 인생에 행복했던 기억이라고는 하나도 없다는 청년이 이미 내로라하는 중국혁명가 25명의 삶을 인터뷰한 님 웨일스를 매료시킨 것은 무엇 때문일까? 그것은 바로 김산의 폭넓은 체험, 특히 중국혁명에 투신하였으면서도 중국공산당에 의해 온전히 받아들여지지 않는 국외자로서의 위치에서 얻은 성찰과 고통이었다.

칠백릿길을 걸어 신흥무관학교로

　생물학에서 개체 발생은 계통발생을 되풀이한다는 말이 있지만, 김산의 짧은 삶은 바로 우리 민족해방운동의 성숙과정이기도 했다.

어느 곳에 가든 사람들이 울부짖는 모습을 볼 수 있었던 불행한 조국에서 1905년에 태어난 김산은 이 시대의 수많은 독립운동가들이 그랬던 것처럼 3·1운동의 좌절 속에서 정치의식을 갖게 된다. 그는 국제정의의 실현과 민족자결주의의 약속 이행을 곧이곧대로 믿다가 베르사유 강화회의의 결과에 심장이 갈가리 찢기는 고통을 맛보고, 또 외국인 선교사들이 서툰 우리 말로 "한국이 잘못을 저질렀기 때문에 하나님께서 한국에 벌을 내리고 계신 것"이라고 식민지 지배를 합리화하는 것에 분개하여 기독교를 버리게 된다.

어린 김산은 3·1운동의 충격이 가라앉자 일본으로 건너가 대학을 다닐 결심을 하였다. 그러나 그의 일본생활은 오래가지 않았다. 거기서 그는 좋은 일본 친구들을 사귀기도 했지만, 어린 김산이 보기에 도쿄는 단지 지적 중심지로서는 2류에 지나지 않았다. 그는 새로운 사상의 원천인 모스크바에 가서 학교를 다닐 결심을 했다. 그렇다고 이 무렵 김산이 공산주의자가 된 것은 아니다. 그는 아직 공산주의와 무정부주의가 어떻게 다른 것인지 구별할 수 없었으며, 단지 새로운 문명, 새로운 희망의 진원지인 소련에서 공부하고 싶었던 것이다. 집으로 돌아온 김산은 작은형이 맡겨둔 생활비를 몽땅 훔쳐 중국 단둥(丹東)으로 건너가 소련으로 가기 위해 하얼빈행 기차를 탔다. 그러나 당시 일본군이 러시아 혁명에 간섭하기 위해 시베리아에 출병하였던 관계로 하얼빈에 갈 수 없게 되자, 김산은 방향을 바꾸어 만주 유하현 삼원포(柳河縣 三源浦)에 있던 신흥무관학교로 찾아갔다.

이회영(李會榮) 등 민족주의자들이 세운 신흥무관학교는 당시 입학연령을 18살로 삼고 있었다. 아무도 열 다섯 어린 나이의 김산을 거들떠보지 않았다. 그러자 김산은 마적이 우글거리는 험한 길을 중

김산이 다니던 베이징의 협화의과대학(위)과 옌안 교외 나가평의 토굴집. 옌안 시절 김산도 이런 토굴집에 살았을 것이다(아래).

국어 한마디도 못하며 옥편 하나 들고 걸어온 이야기며, 밤마다 돈을 땅속에 파묻었다가 새벽이면 다시 파내어 아침도 먹지 않고 길을 떠나 칠백릿길을 한 달여 동안 혼자 걸어온 사연을 엉엉 울면서 이야기했다. 그러자 학교 당국은 예외적인 조치로 김산에게 시험을 칠 수 있도록 허락했다. 이 시험에서 김산은 국사와 신체검사에서 떨어졌지만, 학교는 3개월 코스의 속성반에 입학하도록 배려했다.

무정부주의와 마르크스주의

학교를 마치고 어느 보통학교에서 가르치던 김산은 좀더 넓은 곳에 가서 배우며 혁명활동에 투신할 결심을 하고 임시정부가 있던 상하이로 떠나게 되었다. 상하이에서 임시정부의 기관지 〈독립신문〉의 식자공으로 일하면서 김산은 소년 시절의 영웅이던 이동휘를 비롯해 자신의 생애에 가장 큰 영향을 끼친 사람 중 하나로 꼽은 안창호, 그리고 이광수 등을 만나게 된다. 그러나 정작 김산을 매료시킨 것은 테러행동이었다. 무정부주의에 관심을 가진 민족주의자였던 김산은 상하이에서 의열단을 만나 무정부주의에 빠져든다. 아직 나이가 어리던 김산은 의열단의 정식 단원이 되지는 못했지만, 무정부주의자들의 촉망받는 제자가 되어 그들만의 작은 서클에 들어가 생활하게 되었다. 여기서 그는 자신의 혁명선배이자 친구가 되는 김약산(金若山 =金元鳳)과 오성륜(吳成崙)을 만나게 된다. 김산 자신을 포함하여 당시의 테러리스트들 대부분은 톨스토이의 인도주의 사상에 심취한 톨스토이주의자들로서 김산은 이 모순을 "시대는 때로 가장 온화한 사람들 중에서 자기를 희생의 제물로 삼으려는 가장 열렬한 영웅을 만들어낸다"는 말로 정리했다.

김산이 마르크스주의를 본격적으로 접한 것은 1921년 그가 베이징으로 옮긴 뒤의 일이었다. 그는 테러리스트들의 영웅적인 희생에 찬탄을 금치 못했고, 동지들 사이에 만연한 자유로운 정신을 좋아했지만, 그들의 활동이 실패할 운명에 놓여 있다는 것을 분명히 느낄 수 있었다. 그런 느낌이 든 것은 비단 김산만이 아니었다. 1920년대 초반 중국과 한국의 열렬한 무정부주의자들 중 상당수가 1922년에서 1924년 사이에 마르크스주의로 경도된 것이다. 김산을 마르크스주의로 이끌어준 사람은 금강산에서 온 붉은 승려 김충창이었다. 다른 사람의 감화와 신사상에 대한 감수성이 가장 풍부한 열일곱 사춘기의 나이에 자신보다 열 살 위의 김충창을 만난 김산은 김충창의 후배일 뿐 아니라 가장 친한 벗이요 동지가 되었다.

1925년 김산은 김충창을 따라 베이징을 떠나 광둥으로 갔다. 쑨

김산이 피신했던 해륙풍 소비에트를 이끈 팽배(위). 김산과 갈등을 빚었던 한위건(아래). 김산과 마찬가지로, 한위건 역시 뛰어난 혁명가였다.

원(孫文)의 정부가 세워진 광둥은 중국혁명의 중심지가 되었고, 다양한 배경이 있는 한국 청년 수백 명이 자진하여 혁명에 참가하기 위해 광둥으로 왔다. 베이징에서 의과대학에 다니던 김산은 광둥에 와 중산대학에 입학하여 경제학을 공부하는 한편, 한국혁명청년연맹의 간부로 활동했다. 의열단의 영수 김약산도 광둥으로 와 황포군관학교에 입학했고, 일본군 대장 다나카 기이치를 폭살하려다 미수에 그친 뒤 체포되었다가 탈옥한 오성륜도 베를린, 모스크바를 거쳐 광둥으로 와 황포군관학교의 교관이 되었다. 그러나 제1차 국공합작의 열띤 분위기 속에서 군벌들을 타도하기 위해 시작된 북벌전쟁은 1927년 4월 장제스의 상하이쿠데타로 좌초되고, 중국에는 험악한 반혁명의 분위기가 고조되었다. 그 해 12월10일 중국 공산당 광둥성위원회의 지도 아래 중국 공산당원들은 광둥에서 봉기를 일으켜 시가지를 장악했다. 이 봉기에는 앞으로 몇 시간 안에 자신들 중 누군가가 죽을지도 모른다는 것에 대해서는 아무 말도 하지 않으며, 오로지 어떻게 하면 적을 때려부술 수 있겠는지에 대해서만 이야기하던 한국 청년 200여 명이 가담했다. 그리고 사흘 뒤 반혁명의 대공세가 시작되었을 때 모든 것을 희생할 각오가 되어 있는 너무 열정적인 조선청년들, 앞으로 전진하는 법만 알지 후퇴하여 자신을 보존하는 법을 모르는 조선청년 대부분은 희생되었다. 6천여 명의 중국민중과 함께….

고문 끝에 석방… 그러나 의심을 받다

다행히 목숨을 구한 김산은 한인 동지 15명과 함께 인근에서 농민운동의 대왕이라고 하던 팽배(彭湃)의 해륙풍(海陸豊) 소비에트로 피신했다. 광둥에서 해풍까지는 요즈음에는 고속도로가 뚫려 있어

차로 3시간 남짓 걸리지만 김산 일행은 그 길을 적들의 추격을 피해 가며 25일가량을 걸어야 했다. 해륙풍 소비에트의 농민들은 반혁명의 공세를 잘 막아내었으나, 1928년 5월 마침내 적의 공세에 무너지고 말았다. 이 무렵에는 김산 등 살아남은 조선청년들도 죽음이 다가오는 것을 느낄 수 있었다. 그들은 서로 네가 죽고 내가 산다면 너희 가족에게 뭐라고 전해줄까를 서로 주고받으며 가족과 친지들에게 남기는 편지를 썼다. 그 편지에서 김산은 이렇게 말했다. "나는 이곳에서 행복하게 죽어갑니다. 노예의 땅에서 죽는 것과는 다릅니다. 하지만 여기가 우리의 빛나는 혁명투쟁과 같이 그렇게 자유로운 한국땅이었으면 하는 마음 간절합니다." 이런 편지까지 썼지만 김산은 극적으로 목숨을 부지한 채 수천 명의 희생자를 뒤로 하고 홍콩을 거쳐 상하이로 탈출했다.

상하이로 온 김산은 광둥에서 헤어진 김충창, 오성륜 등과 재회하고 중국공산당 상하이 한인지부에서 활동을 시작했다. 상하이에서 김산은 그와 악연으로 맺어진 또 다른 뛰어난 혁명가 한위건을 만난다. 한위건은 3·1운동 당시 시위를 이끈 학생대표의 한 사람으로 국내에서 조선공산당의 지도부로 있다가 1928년 봄 당이 일본 경찰에 궤멸적인 타격을 입을 때 구사일생 탈출해 중국으로 망명한 사람이었다.

김산은 스스로가 용서를 모르는 단호한 성격의 소유자라고 말할 만큼 혁명적 순결성을 고집하는 인물이었다. 그는 남들의 사소한 탈선도 용납하지 않고 비판해서 로베스피에르란 별명을 들을 정도였다. 김산은 한위건을 일제의 첩자로 보지는 않았지만, 단 한번의 검거로 1천 여명이 무더기로 검거되게끔 한 그의 실수와 오류를 용납할 수 없었다. 더구나 당시 김산은 광둥코뮌에서 훌륭한 동지들을 수없이 잃어버렸다는 사실에 새까만 저주처럼 짓눌려 있었다. 어디 가서 이 사람들—한국혁명의 정수이며 당 전체의 중핵이던 사람들—을 보충할 수 있을까 하는 생각에, 혼자 있으면 이들 희생된 사람들의 망령에 사로잡혀 자신을 괴롭히던 때였다. 그런 처지에 있던 김산은 한위건을 곱게 보지 않아 그의 중국공산당 입당을 반대했다.

김산이 베이징으로 옮겨 베이징시당의 조직부 일을 보고 있을 때 한위건도 베이징으로 옮겨와 베이징시당에 입당을 신청했다. 그러나 김산은 여전히 한위건에게 문제가 있다고 보고 그의 입당을 처리하지 않았다. 그러던 차에 1930년 11월 김산은 국민당 경찰에 체포되었다. 김산은 곧 일본 경찰에 이첩되었지만, 고문을 견뎌내며 혐의를 부인한 끝에 석방되어 1931년 6월 베이징으로 돌아왔다. 동지들은 적에게 체포되었다가 무사히 돌아온 김산을 겉으로는 친절하게 맞아주었지만, 실제로는 그와 접촉하기를 꺼려했다. 어떻게 그리 쉽사리 감옥문을 나설 수 있었는지에 대한 당시의 분위기에서 당연한 의심이었다. 특히 이런 의심을 제기하는 데 김산이 투옥되어 있는 중에 당에 들어온 한위건이 중요한 역할을 했다고 한다. 이는 혁명적 순결성을 고집하며 다른 사람의 사소한 실수도 용납하지 않던 김산에게 돌아온 부메랑과도 같은 의심이었다.

"나는 승리했다"

이 사건은 김산에게 씻을 수 없는 상처를 안겨주었다. 좌절과 궁핍 속에 병까지 얻은 김산은 한위건이 계속 자신에 대해 나쁜 말을 하고 다닌다는 소식을 듣고는 그는 사람이 아니라 독사이며, 그는 나에게 한 짓을 다른 사람에게도 할 것이기 때문에 그를 죽여버려야 한다고 생각하고는 비수를 품고 한위건을 찾아가기까지 했다. 비수를 책상 위에 내려놓고 5분 내에 우리 둘 중 하나가 죽게 될 것이라 한위건을 노려보며 말했을 때 그의 눈에 눈물이 고이는 것을 본 김산은 칼을 두고 그의 집을 빠져나왔다. 머나먼 중국땅에서 동족 혁명가끼리의 의심과 불화는 김산의 내면을 갉아먹었다. 더구나 김산도 훌륭한 사람이지만, 한위건 역시 뛰어난 혁명가였다. 현재 중국공산당의 문헌에서 한위건은 중국혁명에 참가한 숱한 조선인

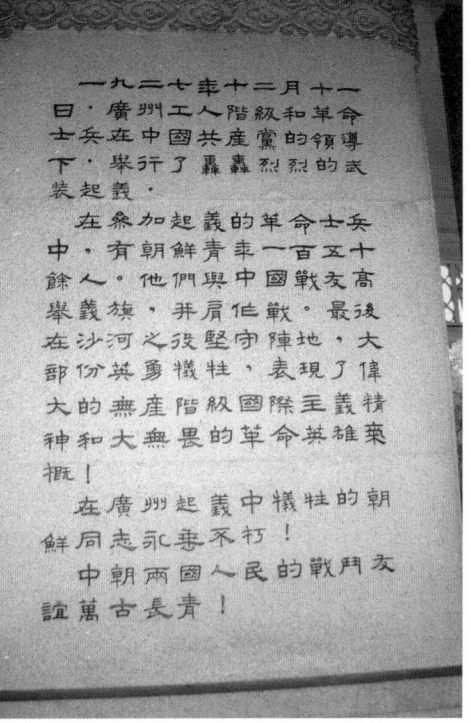

1927년 12월 일어난 중국 공산당원들의 봉기에는 200여 명의 조선청년들이 가담해 대부분 희생됐다. 이 봉기에서 희생된 조선인들의 업적을 기리는 비문.

혁명가들 중에서 가장 높은 평가를 받는 사람이며, 그의 빼어난 인품을 증언하는 기록도 많이 있다. 그런 사람들끼리 서로 의심하며 반목해야 했다는 것은 당시의 혁명이 얼마나 힘든 조건하에서 진행되었는가를 보여준다.

이런 마음고생을 겪으며 김산은 더 이상 혁명의 견습생도 아니고, 혁명적 낭만주의자도 아닌, 장차 올바른 지도자가 될 자격을 갖춘 하나의 성숙한 인간으로 성장하게 된다. 동지들에게서 받은 부당한 의심은 그를 지적으로 성년기로 끌어올려 주었다. 김산은 자신의 생애

는 실패의 연속이었고, 우리나라의 역사도 실패의 역사였지만, 자신은 단 하나, 자기 자신에 대해서만큼은 승리하였다고 단호히 말했다. 그는 또 다년간의 마음의 고통과 눈물을 통하여 오류가 필수적인 것이라는 것을 배울 수 있었다. 그러나 그가 얻은 이런 귀중한 깨달음을 실천에 옮길 수 있는 날은 많이 남아 있지 않았다.

여러 나라의 민족과 계급을 지도하는 소련을 어머니처럼 사랑했고, 중국인의 삶과 운명을 자기 자신의 것으로 받아들였기 때문에 중국혁명을 피를 나눈 형제와 같이 사랑했으며, 어리고 불확실한 어린 아이와도 같은 한국혁명을 사랑하던 국제주의자 김산. 그러나 한국에서, 시베리아에서, 일본에서, 중국에서, 만주에서 혁명가로서 나라를 넷이나 가진 인간이란 나라를 하나도 갖지 못한 인간보다도 훨씬 비참했다. 각국에서 그가 받는 것이라고는 오직 천국행 차표 한 장뿐이었기 때문이다. 혁명이 있는 곳에 온몸을 내던진 김산, 아니, 그들 자신의 님 웨일스를 만나지 못해 김산만큼 파란만장했던 자신들의 이야기를 남기지 못한 수많은 '김산들'은 과연 어떻게 죽어간 것일까? 간도를 휩쓸고 간 민생단 마녀사냥을 정지시키는 데에서 중요한 역할을 한 캉성(康生)은 옌안으로 돌아와 왜 김산을 일제의 특무로 의심하여 처형한 것일까?

'아리랑'의 최후를 아는가

_김산의 발자취를 찾아서 · 2

『아리랑』의 주인공 김산, 그는 과연 어떻게 죽었을까? 그의 삶에 대해 우리가 알고 있는 것이 많지 않은 것처럼, 우리는 그의 죽음에 대해서도 잘 모른다. 김산을 인터뷰하여 김산과 함께 『아리랑』의 공동저자가 된 님 웨일스 역시 옌안을 떠난 뒤로 김산의 뒷이야기를 전혀 듣지 못했다. 혹자는 김산의 경력으로 볼 때 해방 뒤 북한에 돌아왔다가 옌안파들이 숙청될 때 같이 숙청되었을 것이라고도 했다. 또 님 웨일스를 포함한 많은 사람들은 이미 병약해진 김산이 어디선가 병사했을 것이라고 믿었다. 혁명가로서의 김산의 치열한 삶에 매료된 사람들은 그가 만주로 가서 항일전쟁에 동참하였다가 죽은 것으로 생각하기도 했다.

공개되지 않는 '처형 지시서'

여러 가지 추측이 난무하던 그의 죽음에 신빙성 있는 서술이 나온 것은 뒤늦게 1986년이 되어서였다. 김산의 죽음에 대한 이야기가 짤막하게나마 공식 역사서술에 등장한 것은 료녕인민출판사에서 간행된 『조선족항일렬사전』 제2권에 실린 권립(權立) 선생의 글을 통해서였다. "1938년에 섬감녕변구(陝甘寧邊區) 보안처에서는 김산 동지의

김산의 처형을 지시한 캉성(왼쪽에서 세 번째)은 40여 년 간 중국 비밀경찰의 총수로서 악명을 떨친 인물이다. 1937년 11월 모스크바에서 옌안으로 돌아와 찍은 사진이다. 왼쪽에서 다섯 번째가 마오쩌둥(위). 캉성의 말년 사진(아래).

역사를 심사하였다. '반역자가 아닐까?' '일제특무가 아닐까?' '트로츠키파가 아닐까?' 하는 많은 의문을 가지고 심사하였지만 결론을 내릴 만한 근거가 없었다. 이에 강생(康生·캉성)은 비밀리에 처단하라는 지시를 내렸다. 김산 동지는 억울한 죽임을 당하였다. 그때 그는 33살이었다."

자신의 모든 것을 중국혁명에 바친 탁월한 조선인 혁명가요 국제주의자인 김산이 왜 중국혁명의 성지 옌안에서 반혁명분자, 또는 트로츠키파로 몰려 비극적인 죽음을 맞이한 것일까? 2000년 12월『아리랑』을 영화화하려는 정지영 감독, 시나리오 작업을 맡은 김석만 교수 등과 함께 옌안을 찾았을 때도 필자의 머릿속에는 이 생각뿐이었다. 그러나 해답은 쉽게 나오지 않았다. 여러 증언을 통해 볼 때 중국

공산당의 당안관(檔案館·기록보관소) 깊숙한 곳에는 김산의 처형을 지시한 캉성의 서명이 담긴 지시서를 비롯하여 상당한 자료가 있는 것이 분명하다. 그러나 중국공산당은 이 자료를 김산의 유일한 혈육인 고영광(高英光) 선생에게도 보여주지 않았다. 김산의 죽음을 둘러싼 수수께끼는 자료가 공개되면 간단히 풀릴 수 있는 것이지만, 그의 죽음에 대해 의문을 품는 우리 모두는 지금 몇 가지 단편적인 정보만으로 이를 힘겹게 짜맞추어야 하는 현실에 놓여 있다.

김산의 죽음의 원인에 대한 유력한 추론의 하나는 그가 옌안에 오기 직전인 1936년 상하이에서 조선민족해방동맹을 조직하였다는 점을 근거로 들고 있다. 김산이 『아리랑』에 금강산의 붉은 승려로 나오는 김충창, 즉 김규광(金奎光), 황포군관학교를 졸업한 박건웅(朴建雄) 등과 함께 조직한 이 단체는 공산주의의 깃발을 내걸었지만 중국공산당이나 코민테른(국제공산당)과는 직접적인 연결이 없었다. 중국공산당 입장에서 볼 때 이 단체를 주도한 인물들은 김규광, 박건웅처럼 한때 당원이었다가 광둥 봉기 이후에 스스로 당을 떠났거나, 김산처럼 국민당과 일제에 체포되었다가 쉽게 풀려나 조직에서 배제된 의심스러운 조선인들이었다. 그러나 이 조직의 출현을 코민테른이 내건 일국일당 원칙에 위배하는 것으로 보는 것은 지나친 비약이다. 형식논리상으로 보아도 당보다 하위조직인 동맹이란 형태가 일국일당 원칙에 위배하는 것은 아닐 뿐 아니라, 1935년에 거행된 코민테른 7차대회의 정신이 기본적으로 소수민족이나 망명세력이 독자적인 정치조직을 결성하는 것을 인정한 것이기 때문이다. 조선민족해방동맹을 결성한 것과 거의 같은 시기에 만주에서는 민생단 사건의 칼바람이 진정되고, 재만한인조국광복회라는 조선의 독립과 재만 조선인의

자치를 강령으로 삼는 조직이 결성되었음을 기억해야 한다.

옌안에서 웃지 않던 세 사람

한편 김산 등이 이 조직을 결성한 것을 조선인공산주의자들을 중국공산당에서 분리하여 독자적으로 정치세력화하려 한 것이기 때문에 이를 중국공산당이 못마땅하게 생각했고, 이런 감정이 김산의 처형으로 이어졌다는 견해도 근거가 약하다. 1936년 초 코민테른 주재 중공대표단은 만주의 조선인 당원들과 유격대원들이 조선민족혁명당 또는 조선인민혁명군과 같은 독자적인 정치·군사 조직의 결성을 허용한 바 있다. 김산이 처형되기 직전인 1938년 9월에도 중국 본토 국민당 지역의 중국공산당에 있던 조선인 당원들을 중심으로 조선청년전위동맹이 만들어진 사실을 볼 때 이런 조직의 결성 자체가 위험한 일은 아니었다. 중국공산당은 김산이 처형된 뒤의 일이지만, 조선인들을 중국공산당 조직 내에만 묻혀 있게 하기보다는 적극적으로 중국의 항일전쟁에 끌어들이기 위해 조선의용군·화북조선청년연합회·화북조선독립동맹 등 통일전선 형태의 외곽조직을 결성하는 데 주력했다.

김산이 트로츠키파로 몰렸다는 것은 흥미로운 일이다. 트로츠키파란 이름은 이미 실제로 트로츠키와 연결되거나 그의 사상을 추종하는 사람에게 붙는 딱지가 아니라 당 입장에서 볼 때 나쁜 놈 일반을 가리키는 말이 되어 있었다. 김산은 『아리랑』에 실리지 않은 인터뷰 내용을 모은 『아리랑2』에서 자신이 트로츠키파 또는 우익, 심지어는 국민당의 하수인으로 매도되었다고 토로했다. 이같은 일은 김산이 옌안에 오기 전 일이지만, 한번 붙은 딱지는 쉽게 떨어지지 않았다.

광둥 봉기가 실패로 돌아간 뒤 김산은 트로츠키와 그 추종자들이 광둥코뮌을 혁명세력을 파괴하는 무모한 짓으로 비난한 것에 대해 분개하는 등 여러 곳에서 트로츠키를 비판하고 있다. 김산의 삶과 죽음을 추적한 선학들 가운데에는 김산의 사상에 트로츠키의 영향이 짙게 배어난다고 하는 분들도 있으나, 필자의 생각으로는 꼭 그런 것도 아니다. 이런 분들은 그 논거로 김산이 일본에서 혁명이 먼저 일어날 것이고 그렇게 되면 조선인들이 무장을 들고 참여해야 한다고 한 대목을 들고 있는데, 일본에서의 혁명에 대한 기대는 이미 1920년대와 1930년대 우리 민족해방운동가 사이에 널리 퍼져 있었다.

한편 자료의 부정확성 때문에 가끔 논란 대상이 되기도 하지만 코민테른이 중국공산당에 파견한 군사고문으로 장정에 참가한 유일한 서양인인 오토 브라운(Otto Braun · 중국명은 리더: 李德)의 회고록에는 흥미 있는 대목이 나온다. 오토 브라운이 보기에 님 웨일스와 김산을 님에게 연결시킨 아그네스 스메들리(홍군 지도자 주더 朱德의 전기 『위대한 길』의 저자로 당시 옌안에서 김산이 자주 가던 루쉰 도서관에서 사서로 일하였음) 등에게서 마오쩌둥(毛澤東)을 신격화하고 민족통일전선에 대해 회의적 태도를 보이는 등 트로츠키주의적 경향을 뚜렷이 느꼈다는 것이다. 브라운은 여기서 더 나아가 자신이 제3자들에게 님 웨일스와 스메들리의 생각과 태도가 '도착된 트로츠키주의'라고 빈정댔다고 고백했다.

트로츠파로 몰렸기 때문인지 공산주의자인 스메들리는 주더 같은 유력한 후원자가 있었음에도 중국공산당 입당을 거부당한 채 1937년 9월 옌안을 떠나야 했다. 오토 브라운은 코민테른의 군사고문이라는 권위를 갖고 있었으나 장시(江西)소비에트 시절 마오의 유격전쟁 전략과 충돌을 빚어 중국공산당 지도부로부터 배척을 받고, 또 장정 기간 모스크바와의 연락도 끊어져 옌안에서 매우 불만스런 나날을 보내었다. 님 웨일스 표현에 따르면 혁명의 성지로 활기찼던 옌안에 웃지 않는 세 사람이 있었는데, 그들은 바로 김산, 오토 브라운, 스메들리였다. 브라운의 회고록과 님의 회상을 연결하면 트로츠키파로 몰려 입당을 거부당한 스메들리나 죽임까지 당한 김산, 그리고 스메들리를 트로츠키파로 몬 브라운 등 세 사람이 옌안에서 가장 불행한 인물들이었다.

하인츠 노이만의 저주

한편 영화 〈아리랑〉의 시나리오를 준비 중인 김석만 선생이 최근 미국 유타주 브리검 영 대학을 방문하여 님 웨일스 문서를 조사하고 왔는데, 아주 흥미 있는 자료를 발굴했다. 님 웨일스는 김산이 인터뷰가 조금만 길어져도 아주 피곤해할 정도로 몸이 약해 병사한 것으로 생각했는데, 그가 중국공산당에 처형된 것을 알고는 몹시 괴로워하면서 그의 죽음에 대해 몇 가지 추론을 했다고 한다. 이 자료는 백선기 선생이 편집한 〈미완의 해방노래〉에 들어 있는 것과는 다른 내용으로 조금 살펴볼 필요가 있다. 김산과의 인터뷰를 마치고 1937년 9월 옌안을 떠난 님 웨일스는 이듬해 남편 에드거 스노(『중국의 붉은 별』의 저자)와 함께 상하이에 머물고 있는 코민테른의 파견원으로 광둥코뮌에 참가한 바 있는 하인츠 노이만(Heinz Neumann)을 만났다. 그런데 그는 에드거 스노에게 "네 놈과 네가 쓴 책은 아주 나쁜 거다. 둘 다 없어져야 돼. 내가 박살을 내고야 말겠어"라고 폭언을 퍼붓더니, 님 웨일스에게도 손가락질을 하면서 "네 년도 마찬가지야"라고

험한 말을 했다는 것이다.

그 뒤 노이만은 옌안으로 가서 마오쩌둥에게 에드거 스노 부부의 험담을 했는데, 마오가 "난 그분들을 잘 알고 있고, 네 놈 속도 훤하게 다 알아. 그러니 어서 꺼져"라고 하면서 옌안에서 쫓아냈다고 한다. 그런데 님 웨일스는 어쩌면 김산이 하인츠 노이만을 만났을 수도 있었다고 생각하면서, 김산이 노이만을 만났다면 중국공산당으로 보면 혹시 둘이 마오쩌둥에 대항하려는 게 아닌가 하여 김산을 없앴을지도 모를 일이라고 썼다는 것이다. 재미 있는 추리긴 하지만 필자가 보기에 가능성이 별로 높아 보이지는 않는다. 노이만은 1902년 독일 태생으로 김산보다 3살 위였지만, 독일공산당 정치국원, 국제공산당 집행위원회(ECCI) 위원을 지낸 거물로 스탈린의 총애를 받는 인물이었다. 그러나 그는 자신이 지도한 광둥코뮌이 실패로 돌아간 뒤 중국을 떠나 주로 스페인과 스위스에서 활동하다가 1935년에 모스크바로 돌아갔다. 대개의 자료에는 1937년 스탈린의 대숙청 당시에 체포되어 숙청된 것으로 나오는데, 혹시 그가 1938년에 중국에 나타났다 하더라도 이미 정치적 영향력을 행사하기에는 날이 너무 기울었다고 할 수 있다.

정작 이미 트로츠키파 혐의를 받고 있던 김산에게 그 혐의가 더 가중된 것은 조선인인 그가 님 웨일스와 자주 만났기 때문이 아닌가 싶다. 님의 남편 에드거 스노는 중국공산당이 확실히 받아들였지만, 님 웨일스는 독자적인 신뢰감을 주지 못하고 있으며, 오토 브라운 등에 의해 트로츠키파로 지목되고 있었기 때문이다. 님은 특별한 인간적인 매력을 느낀 김산에게 불후의 위치를 부여하기 위해 그를 집중적으로 인터뷰하여 불후의 명저 『아리랑』을 함께 남겼지만, 그 불행한 시기에 그런 행동은 김산의 육체적 생명을 단축할 수 있는 것이었다.

마오의 정적, 장궈타오의 탈출

님 웨일스는 김산이 처형되었다는 증거가 나온 이후에도 한동안, 마오쩌둥과 저우언라이(周恩來)가 있던 희망의 땅 옌안에서 처형당한 사람은 한 명도 없다는 저명한 작가 딩링(丁玲)의 말에 의지하여 김산이 병사한 것으로 믿었다. 아마도 딩링 자신이 1942년 정풍운동(整風運動) 당시에 박해를 받은 인물이기 때문에 딩링의 말은 무게를 더했을 것이다. 그러나 대만에서 발간된 왕지엔민(王健民)의 권위 있는 『중국공산당사』는 당의 내부자료를 인용하여 1937~39년까지 3년 간 섬감녕변구에서만 일제가 보낸 간첩과 반공특무를 100여 명 이상 적발했다고 한다. 이들 체포된 간첩들 대부분이 처형되었음은 물론이다.

딩링이라는 당대 최고의 작가이자 당 선전가를 곤경에 처하게 만든 정풍운동의 실질적인 책임자가 캉성이었던 사실은 김산의 죽음과 아울러 공교로운 악연을 보여준다. 그런데 딩링 사건보다도 김산의 죽음을 꼭 빼닮은 것은 정풍운동의 도화선이 된 마오의 유명한 『문예강화』에서 집중적으로 비판을 받은 왕시웨이(王實味)의 죽음이다. 마르크스-레닌주의 저작의 번역가로서 이름을 떨친 왕시웨이는 '들에 핀 백합'(野百合花)이란 글을 통해 혁명의 성지 옌안에 새로운 특권계급이 싹트고 있다는 글을 딩링이 편집책임을 맡고 있던 당기관지 〈해방일보〉의 문예면에 발표했다. 그 뒤 왕시웨이는 당적을 박탈당하고 트로츠키파로 몰려 체포되어 한참을 구금되어 있다가, 1947년 3월 진서북(晋西北)으로 부대와 함께 이동하던 중에 총살되었다.

마치 김산이 옌안에서 총살된 것이 아니라 전선으로 가라는 명령을 받고 이동 중에 총살되었던 것처럼.

김산이 트로츠키파로, 일제 특무로, 반혁명분자로 몰려 죽은 것은 그가 님 웨일스와 인터뷰를 마치고 1년이 더 지난 뒤의 일이다. 그 1년 간 김산의 행적은 전혀 알려지지 않았다. 그런데 김산이 님 웨일스를 만나던 1937년 여름과 그가 처형된 1938년 가을 사이에 옌안에서 있었던 최대의 사건은 아마도 1938년 4월 당의 최고지도자의 한 사람인 장궈타오(張國燾)가 옌안을 탈출하여 국민당 진영에 가담한 일일 것이다. 마오에게는 오랜 정적이던 장궈타오의 탈출이 속으로는 반가운 일이었을지 모르나 중국공산당 전체와 옌안의 대중에게 준 충격은 매우 컸다. 이 사건의 여

1938년 4월 중국공산당 최고지도자였다가 옌안을 탈출해 국민당 진영에 가담한 장궈타오. 그의 탈출은 당에 충격을 남겼고 트로츠키파로 몰린 김산 등을 새롭게 주목하는 계기가 됐을 가능성도 있다.

파가 가시지 않은 1938년 9월에 소집된 중국공산당 중앙위원회 6계(屆)6차 전원회의에서는 당내에 침투한 반당분자, 트로츠키파, 일제 및 반공특무의 적발 등 '서간공작'(鋤奸工作)이 당의 중요한 과제로 제기되었다. 아마도 이런 분위기 속에서 김산이 과거 두 차례나 일제와 국민당에 체포되었다가 쉽게 풀려난 사실, 그 자신이 트로츠키파 혐의를 받는 당적이 회복되지 않은 활동가의 처지에서 님 웨일스 등

트로츠키파로 몰린 사람들과 어울린 사실 등이 새롭게 주목의 대상이 되었을 것이다.

캉성, 민생단 처리과정에도 깊숙이 개입

김산의 처단을 지시한 캉성은 1937년 11월 그가 코민테른 주재 중공대표단 부책임자 역할을 마치고 옌안으로 돌아온 이래 문화혁명이 막바지에 이른 1975년 죽을 때까지 근 40여 년 간 중국 비밀경찰의 총수로서 악명을 떨친 인물이다. 그는 귀국 뒤 오랜 기간 모스크바에서 같이 일한 왕밍(王明)과 결별하고 마오의 측근이 되었으며, 특히 같은 산둥 출신의 여배우로 뒤에 마오의 부인이 되어 권세를 휘두른 장칭(江靑)을 마오에게 소개한 인물이기도 했다. 많은 사람들은 그가 스탈린의 대숙청이 한창이던 모스크바에 체류했던 사실을 김산을 트로츠키파로 몰아 처형한 사실과 연결시킨다. 충분히 가능한 이야기지만, 필자로서는 그가 민생단 사건의 처리과정에 깊이 개입한 사실을 더 중요시하고 싶다.

당시 옌안에는 조선인도 거의 없었지만, 일부 중국 공산당원들이 한때 조선인과 같이 활동했을 뿐 조선 문제에 밝은 전문가도 없었다. 그런 면에서 볼 때 캉성이 모스크바 시절 조선인들이 중요한 역할을 수행한 만주의 혁명운동을 지도했으며, 조선인들이 피해자가 된 민생단 사건의 처리에 참여한 경력이 있다는 점은 주목할 만하다. 그는 모스크바에서 돌아온 뒤 일약 마오·왕밍 등과 함께 5명에 지나지 않는 서기처의 성원이자 막강한 권력을 휘두른 사회부 부장이 되었다. 민생단 사건의 처리에서 코민테른 중공대표단은 조선인들의 입장을 받아들여 그들의 독자성을 인정해주는 등 조선인들에게 복음과도 같

은 새로운 방침을 내려주었
다. 그러나 이는 당시 극에 달
한 조선인들의 불만을 어루만
지기 위한 것이었지 대표단이
조선인들을 전폭적으로 신뢰
했기 때문이라고 보기는 어렵
다. 실제로 대표단의 주요 성
원으로 실질적으로 이 문제를
처리한 양송(楊松=吳平)이
옌안으로 돌아와 발표한 글을
보면 당시 혁명대오 내에 엄
청난 간첩이 침투해 있었다며
민생단원들을 처단한 것을 정
당화하고 있다. 또 왕밍과 캉
성은 민생단 사건을 처리하던
시기에 중국공산당 만주성위

젊은 날의 김산. 중국에 있는 조선혁명가 중에 죽을 곳을 받아놓고 있는 사람은 아무도 없다던 그는 그 자신이 마지막 아리랑 고개를 넘어가고 있다고 말했다.

의 지도부가 일제의 스파이라고 의심하여 대규모 스파이 사건을 일으켜 만주의 당조직을 일대 혼란에 빠뜨리기도 했다. 그런 경력이 있는 인물이 서간공작을 담당하는 사회부 책임자로 나타난 것은 김산에게는 치명적인 일이었다.

김산의 죽음이 특히 안타까운 것은 그가 오랜 시련과 고통 끝에 이제는 죽음 이외에는 자신을 좌절시킬 수 있는 것이 없다는, 자기 자신에 대한 완전한 자신감을 님 웨일스에게 자랑할 수 있는 단계에서 그 뜻을 펴지 못하고 죽음을 맞이했다는 것이다. 33살의 청년 김산이 님을 만나 이야기할 때 그의 숱한 동지들은 거의 다 죽어버린 때였다. 수많은 죽음을 목격하면서 김산은 그런 죽음이 비극이고 때로는 낭비라고 생각했다. 그러나 그는 자유를 위하여 그리고 자기네가 믿는 것을 위하여 싸우다 의식적으로 죽는 것은 비극이 아니라고 말했다. 불행히도 김산에게는 그런 비극이 아닌 죽음이 차례지지 못했다. 중국에 있는 조선혁명가 가운데 죽을 곳을 받아놓은 사람은 아무도 없다던 김산은 그 자신이 마지막 아리랑 고개를 넘어가고 있다고 말했다. 어린 소년 서휘와 함께 님에게 〈아리랑〉을 불러줄 때 그 모습이 매우 서글펐다고 님은 적고 있다. 내 인생에 행복했던 기억은 하나도 없다던 젊은이 김산. 그는 〈아리랑〉이 조선시대에 사형장에서 불리던 것으로, 죽기 전에 마지막으로 이 노래를 부를 수 있는 최후의 권리는 누구도 감히 부정하지 못하게 되어 있다고 님 웨일스에게 말했다. 내 인생에 행복했던 기억은 하나도 없다던 젊은이 김산, 그는 머나먼 이국의 사형장에서 과연 이 노래라도 부를 수 있었을까?

'김일성 가짜 설' 누가 퍼뜨렸나

_이남사회를 지배해온 터무니없는 이야기들

역사적 인물에 대한 평가는 보는 입장에 따라 다르게 마련이다. 박정희만 하더라도 한쪽에서는 기념관을 짓겠다고 법석을 떠는가 하면 다른 한쪽에서는 독재자에게 무슨 기념관이냐며 목소리를 높인다. 오사마 빈 라덴은 미국 정부 입장에서는 극악무도한 테러범이지만, 미국의 이슬람 압박에 치를 떠는 무슬림 청년들에게는 영웅이다. 논란의 여지가 많은 인물들에 대한 평가가 극단적으로 갈리는 것은 당연한 일이다. 그런데 김일성의 경우는 그 삶의 공과에 대한 평가가 갈리는 정도가 아니다. 마치 프랑스영화 〈마르틴 기어의 귀환〉에서와 같이 젊은 날의 김일성이 진짜냐 가짜냐라는 역사적으로 보면 그 예를 찾아보기 힘든 가짜 논쟁의 대상이 된 것이다. '가짜 김일성 설', 학설이라 부르기도 창피한 이 주장은 이미 학문적으로는 파탄이 난 지 오래이다. 그러나 아직도 우리 사회에는 백마를 타고 만주벌판을 주름잡으며 일본군을 무찌르던 김일성이라는 전설적 명장이 있었는데, 이북의 김일성은 전설적 명장 김일성 장군의 업적과 이름을 가로채 마치 진짜 김일성 장군인 양 행세하였다는 가짜 김일성 설이 강고하게 자리잡고 있다.

친일파나 고등계 형사 출신의 '가짜설' 유포

'가짜 김일성 설'을 주장하는 사람들이 자주 인용하는 책에 『만주

이젠 '가짜 김일성 설'의 망령을 떨쳐버리고, 어떻게 김일성이 실제보다 부풀려져 영웅으로 부상했으며, 우리 민족해방운동사에서 차지하는 그의 위치는 무엇인지 자리매김해야 할 때다.

국군』이란 것이 있다. 이 책에는 1937년 11월 김일성의 목을 베었다는 기록이 있기 때문이다. 그런데 같은 책을 조금 더 넘겨보면 죽은 줄 알았던 김일성이 다시 나타나 어찌 된 영문인지 알아보니 전에 목을 벤 사람은 김씨 성을 가진 유격대 지도자일 뿐, 김일성은 건재하다는 기록이 나온다. 그런데 가짜 김일성 설을 주장하는 사람들은 같은 책에서 김일성이 살아있다는 기록은 쏙 빼놓고, 김일성의 목을 베었다는 앞의 이야기만 인용하고 있다. 이런 식으로 김일성이 가짜라는 주장은 너무나 허점이 많기 때문에 여기서 일일이 반박할 필요는 없을 것이다. 문제는 학문적인 관점에서 볼 때 황당하기 짝이 없는 가짜 설이 어떻게 그토록 오랜 기간 이남사회를 지배해왔는가에 있다.

해방 뒤 이북에 돌아온 김일성이 유명한 김일성이 아니라 가짜일지도 모른다는 의문은 1945년 10월14일 평양공설운동장에서 열린 김일성 장군 환영대회에 나타난 김일성이 34살로 너무나 젊었다는 데서 비롯되었던 것 같다. 당시 평양공설운동장에 모인 군중이 김일성이 백발을 휘날리는 노장군이라고 생각했을 수는 있다. 그러나 이미 여러 연구자들이 지적한 것처럼 영하 40도를 오르내리는 겨울의 만주에서 전개된 항일유격전쟁은 백마를 탄 노장군이 나오는 세계는 아니었다.

　문헌상으로 가장 먼저 이북의 김일성이 전설적 명장 김일성 장군의 이름을 빌려 쓴 가짜라는 주장을 편 사람은 1945년에 간행된 『해방 전후의 조선진상』이란 책의 공저자인 김종범과 김동운이다. 김종범은 일제강점기에는 사회주의 사상단체인 북풍회의 일원으로 활동했으나, 해방 뒤에는 한민당의 간부가 된 인물이고 김동운은 만주의 봉천(奉天)일본영사관 소속의 고등계 형사였다. 1950년 『김일성 위조사』를 펴낸 이북(李北)은 일제 시기 도쿄에서 아세아민족연구소라는 친일단체를 운영했으며, 해방 뒤에는 공산주의타도동지회 회장, 반공교육신문사 사장 등을 역임했다. 한편 김일성이 처음 대중 앞에 모습을 드러낸 평양공설운동장의 환영대회 분위기를 극작가다운 솜씨로 그려내며 가짜설을 강력히 유포시킨 오영진은 일제 말기에 이른바 '국민문학상' 수상작인 『맹진사댁 경사』를 비롯한 친일작품을 쓴 사람으로, 해방 뒤에는 조만식의 비서를 지내다가 월남한 인물이다.

　이와 같이 이북의 김일성이 가짜라는 설을 유포한 사람들은 친일파나 일제의 고등계 형사 출신, 또는 한민당과 같은 우익단체의 간부들이다. 이들은 분단상황에서 이북의 김일성이 일제강점기의 막바지에 민족적 항일영웅으로 존경을 받은 김일성이라면 지극히 곤란한 위치에 처할 만한 사람들이었다. 특히 가짜 김일성 설의 고전적 문헌인 이북의 『김일성 위조사』나 오영진의 『하나의 증언』이 한국전쟁 시기에 제작, 배포되었다는 점은 중요한 의미를 갖는다.

상반된 본보기, 김일성과 박정희

잘 알려진 바와 같이 한국군의 주류는 일본군과 만주군 출신이었다. 특히 전쟁 발발 이후에는 과거 관동군을 모신 경험 덕에 미군 고문관과의 관계를 원만히 풀어나간 만주군 출신들의 진출이 두드러졌다. 그런데 한국전쟁 당시 육군 참모총장을 지낸 백선엽(白善燁)을

이남사회를 장악한 친일세력은 김일성의 항일무장투쟁 신화를 늘 부담스러워했다. 앞줄 오른쪽에서 두 번째가 김일성.

비롯한 만주군 출신의 국군 고위장교 다수는 만주군에서도 1938년 9월에 지린(吉林) 제2군관구 사령부 아래 건립된 간도특설대(間島特設隊) 출신이었다. 간도특설대는 조선인 청년들로 구성된 대게릴라전 특수부대로서 조선인부대로 하여금 김일성 등이 이끄는 조선인 항일유격대를 토벌하는 것을 목표로 설치된 부대였다. 백선엽이 간도특설대에 배치된 것은 1942년으로 이미 김일성이 소련으로 이동한 뒤였기 때문에 김일성과 백선엽이 직접 싸운 일은 없었다. 그렇지만

김일성 부대를 치기 위해 일제가 조선청년으로 만든 간도특설대 출신의 백선엽이 이남 군대의 육군 참모총장이 되어 조선인민군 최고사령관인 김일성과 싸운다는 것은 어느 모로 보나 좋은 그림일 수는 없었다. 간도특설대나 만주군, 일본군 출신의 지휘관들이 아무리 민족의식이 없다 한들 자신들이 일본 천황의 부하로서 맞서 싸웠던 항일투사 김일성과 다시 맞붙게 된 사실을 마음 편히 받아들일 수는 없었을 것이다. 바로 이같은 이유 때문에 한국전쟁 당시 이북의 김일성을 전설적 항일영웅이 아니라 그의 이름과 공적을 훔친 가짜로 모는 선전이 집중적으로 행해졌다. 『김일성 위조사』의 저자인 이북에 의하면 당시 "공보처의 발표라든가 〈미국의 소리〉 방송, 혹은 유엔의 기상(機上) 삐라 등이 김일성이 위조인 것을 알리려고 무한 애를 쓰고" 있었다고 한다.

'가짜 김일성 설'은 한국전쟁을 거치면서 1950년대에 이미 널리 퍼졌지만 1960년대에 들어와서는 좀더 체계적으로 정리되고 전파되었다. 이승만의 경우 반민특위를 물리적으로 와해시키고 수많은 친일파를 등용하여 자신의 권력기반으로 삼았지만, 어느 누구도 이승만 본인을 친일파로 보지는 않았다. 그러나 5·16 군사반란으로 집권한 박정희는 사정이 달랐다. 만주군관학교를 수석으로, 일본육군사관학교를 3등으로 졸업하고 다카키 마사오라는 일본이름을 갖고 만주군 중위로 복무하다가 해방을 맞은 박정희로서는 분단상황에서 이북과의 정통성 경쟁이 큰 걱정거리가 아닐 수 없었다.

김일성이 박정희보다 다섯 살 위이지만 두 사람은 식민지 조선의 빈농 가정에서 태어나 만주에서 젊은 시절을 보낸 공통점이 있었다. 그러나 만주에서 두 사람의 입장은 물과 불처럼 서로 용납할 수 없는 사이였다. 한국 역사에서 가장 암울했던 시기에 항일무장투쟁으로 명성을 얻은 김일성은 일제의 관헌자료에 따르면 국경지의 주민들로부터 아들을 낳으면 김일성 같은 위인이 되라고 빌었다고 할 만큼 추앙을 받고 있었다. 반면 박정희는 일본육사를 졸업할 당시 육사교장으로부터 "모든 조선의 젊은이는 다카키 마사오 소위를 본받으라"는 칭찬을 들었다고 한다.

서구에선 거의 힘을 못 쓰는 이야기

해방된 조국에서 박정희가 식민지 말기에 보낸 젊은 시절은 결코 자랑스러운 것일 수 없었다. 1960년대에 나온 박정희의 전기도 이 점을 의식하지 않을 수 없었다. 박정희의 전기는 박정희가 관동군 635부대에 배속되어 '반공일선'에서 활동하면서 공비들과 110여 회에 걸쳐 전투를 벌였다고 그의 일본군 복무경력을 반공투쟁으로 미화했다. 여기서 중요한 것은 분단상황 속에서 친일이나 부일(附日) 경력이 있는 사람들이 자신의 과거를 정당화하는 전형적인 논리를 찾아볼 수 있다는 점이다. 친일파나 부일경력자들에게 유일한 탈출구는 반공이었다. 박정희가 관동군 장교 시절 '공비'들과 싸운 것은 분명하지만, 이 당시 그는 천황폐하의 부하로서 항일의 길에 나선 중국인과 조선인 공산유격대원을 상대로 싸운 것이다. 그러나 박정희나 그의 전기작가에게 중요한 것은 그가 '천황폐하'의 부하였다는 사실이 아니라 공산주의자들과 싸웠다는 점이었다.

그렇지만 박정희 자신도 남북 간의 민족적 정통성 경쟁에서 이같은 논리가 얼마나 궁색한지를 잘 알고 있었을 것이다. 더구나 공산주의 대 반공의 논리를 따른다 하더라도 공산유격대의 대장으로 널리 알려진 김일성과 관동군의 이름 없는 하급장교인 박정희가 같은 선상에서 비교될 수는 없는 노릇이었다. 이남의 최고지도자의 개인적 경력과도 결부되어 '가짜 김일성 설'은 이남에서 새로운 힘을 얻게 되었다. '가짜 김일성 설'의 결정판으로 평가되는 이명영의 저작이 나오기 시작한 것은 바로 이 무렵이었다. 이명영은 5·16 군사반란 뒤 국가재건최고회의 공보실 기획관을 지냈는데 이 당시 공보실장은 뒷날 중앙정보부장을 지낸 이후락이었다.

그런데 분단된 이남에서 일반인들의 김일성에 대한 인식을 지배하고 있는 '가짜 김일성 설'은 서구에서는 전혀 힘을 쓰지 못하고 있다. 일찍이 1947년 미국의 한반도 문제 전문가인 조지 매큔은 김일성을 "전 게릴라 지도자로서 민족해방운동의 영웅이라 불리는 인물" 또는 "만주에서 오랜 기간 활동해온 유명한 한국 공산주의자이자 혁명가"라고 기술했다. 서대숙은 이북의 김일성은 "전설적인 애국자로부터 혹은 김일성이라는 혁명가로부터 모든 것을 가로챈 엉터리가 아닌 것만은 확실하다"고 주장했다. 스칼라피노와 이정식은 가짜 김일성 설에 대해 언급한 뒤 자신들은 김일성이란 이름을 사용하여 두각을 나타낸 다른 인물에 대한 기록을 찾지 못했으며 "북한을 지배하고 있는 김일성은 1932~41년 만주에서 소수의 유격대를 이끌었던 바로 그 사람"이라고 결론지었다.

김일성의 명성, 과장된 측면도 있다

그렇다고 서방의 전문가들이 김일성을 민족해방의 영웅으로 묘사하는 이북의 주장에 동의하는 것은 아니다. 서대숙은 김일성이 전설적 영웅으로부터 모든 것을 가로챈 엉터리는 아닐지라도 해방 당시의 김일성은 "그의 혁명활동 경력이 서울에 모여 있는 많은 저명하고도 탁월한 정치지도자들에 비해 상대적으로 알려지지 않았"으며 "전설적 영웅의 이름을 자기 것으로 도용한 사실"이 있는 "33살의 무명청년"이었다고 주장했다. 서대숙에 따르면 김일성은 "중국공산주의자의 일인으로서 중국인으로부터 교육과 훈련을 받고 만주에서 중국공산주의자들의 지도체계 속에서 승진하였던 이방인"으로 자신의 경력의 비(非)한국적 측면이 폭로되는 것을 꺼리는 인물이었다. 서대숙은 "김일성의 과거의 경력에서는 그의 성공을 보장할 만한 것이 거의 없었다는 점은 명백하다"고 주장했다. 스칼라피노와 이정식도 "김일성의 권력장악과정에서 소련의 지원이 결정적인 요인이었다는 것은 조금도 의심할 바 없는 사실"이며 "김일성은 이 무렵의 다른 어떤 정치지도자들보다도 외세에 밀착"되어 있는 소련의 '괴뢰'일 뿐이라고 주장했다. 즉 서구의 연구자들에 따르면 김일성은 만주에서 소규모 유격대를 이끈 것은 사실이나 한국 공산주의운동과는 무관하게 중국공산당의 지도체계 속에서 성장한 인물로 국내에는 거의 알려지지 않았으며, 그가 해방 뒤 이북에서 권좌에 오른 것은 자신의 항일투쟁의 업적 때문이 아니라 소련의 지원 때문이라는 것이다.

    서구의 연구자들은 유격대 지도자로서의 김일성의 활동을 사실로 인정하면서도 그가 중국공산당의 틀 안에서 성장했다거나 그가 집권하게 된 것은 소련의 선택의 결과였다고 비판함으로써 한국민족해방운동 지도자로서의 김일성의 경력을 폄하하고 있다. 반면 이남의 관변학자들은 이북의 김일성은 전설적 명장 김일성 장군으로부터 그의 이름과 경력을 사취한 가짜라고 주장하였다. 이같은 차이는 어디에서 연유한 것일까?

항일영웅으로서의 김일성의 명성은 식민지 조선의 특수상황 속에서 다분히 과장된 측면을 갖고 있다. 이 과장된 명성은 조선의 대중에게는 입에서 입으로 전해지며 널리 알려졌지만, 서구 연구자들이나 독자들에게 잘 알려진 존재는 아니었다. 따라서 서구의 연구자들이 김일성의 과장된 명성에서 거품을 제거하고 그의 업적을 깎아내리는 작업은 충분히 가능했다. 그러나 분명 김일성은 식민지 조선의 대중에게는 다시 없는 영웅이었다. 대중의 김일성에 대한 존경과 기대는 너무나도 컸다. 해방된 조선에서 만주벌판에서 백마를 타고 일제를 무찌르던 전설적 명장 김일성 장군의 업적을 의심하거나 그를 비난하는 일이란 있을 수 없었다.

이명영의 주장이 드러내는 역설

이남사회의 실권을 장악한 친일파나 부일협력자들로서는 김일성이 이북의 지도자로 등장한 사실이 부담스러웠다. 그렇다고 해서 대중의 기대를 한몸에 받고 있는 김일성을 직접 비판하기는 어려웠다. 그들로서는 대중이 존경하는 위대한 김일성 장군과 이북의 김일성을 분리해내어 이북의 김일성만을 비난하는 수단이 필요했다. 바로 그 수단으로 친일파나 우익인사에 의해 고안된 것이 '가짜 김일성설'이다.

이명영의 '가짜 김일성 설'에 따르면 전설적 명장 김일성 장군은 대단히 위대한 인물인 반면, 그의 이름을 가로챈 이북의 가짜 김일성은 살인과 방화, 약탈을 일삼은 공비라는 것이다. 그런데 이명영은 이북의 김일성을 가짜라고 비난하는 데 그치지 않고 한 걸음 더 나아가 동북항일련군을 "항일과 공산혁명을 부르짖고 있기는 하지만 실질적으로는 직업적인 비적떼에 불과"하며 "약탈, 방화, 살인, 납치를 일삼는 공비부대"라고 매도하고 있다. 이같은 이명영의 주장은 김일성이 진짜라고 주장했다가 옥고까지 치른 이재화가 명쾌하게 지적한 것처

1945년 10월14일 평양공설운동장에서 열린 김일성 장군 환영대회에 나타난 김일성. 가짜 설은 그가 당시 34살로 너무나 젊었다는 데서부터 비롯되었을 수도 있다

럼 항일유격대를 "약탈, 방화, 살인, 납치를 일삼는 공비부대라고 매도하던 일제침략자들의 제국주의 역사관과 동일"한 것이다.

그런데 이명영은 진짜 김일성 장군에 대한 이야기는 "일제의 압박에서 벗어나 광복을 쟁취하고자 했던 우리 겨레의 염원에 대해서 무한한 용기와 기대, 그리고 신념을 솟구쳐주는 원천이며 그 상징이었다"라고 인정함으로써, 만일 이북의 김일성이 진짜 김일성이라면 그

는 무한히 위대한 인물이라는 사실을 역으로 말하고 있다. 이북에 돌아온 김일성이 조선의 독립을 가져다줄 영웅으로 전국적으로 숭앙받고 있지 않았다면, 그리고 김일성이 단순히 수많은 독립운동가의 한 사람에 불과했다면 가짜 김일성 설이 나올 이유도 없었을 것이기 때문이다.

　1930년대 김일성의 항일무장투쟁은 바로 현재의 이북 정권의 뿌리가 된다는 점에서 독립운동사의 한 영역으로서뿐 아니라 이북의 전사(前史)로서 반드시 연구돼야 할 분야이다. 이북에서 흔히 볼 수 있는 구호가 "생활도 생산도 학습도 모두 항일유격대식으로!"이다. 유격대 국가라 불리는 이북처럼 역사가 과거의 영역에 머물러 있지 않고 현재의 정치와 사회문화의 구석구석을 지배하고 있는 경우 항일무장투쟁의 경험을 이해하지 않고서는 도저히 이북을 이해할 수 없다. 이제는 '가짜 김일성 설'의 망령을 떨쳐버리고, 어떤 조건 속에서 김일성이 실제보다 부풀려져 영웅으로 부상했는지를 규명하고, 그의 활동이 우리 민족해방운동사에서 차지하는 위치를 자리매김해야 할 때이다.

"일제 순사가 돼지처럼 꿀꿀"

_김일성을 영웅으로 만든 보천보전투

중일전쟁이 발발하기 한 달여 전에 있었던 1937년 6월4일의 보천보전투는 김일성을 항일 영웅으로 만든 사건이다. 과연 이 전투는 얼마나 큰 전투였기에 26살의 젊은 김일성을 당대의 영웅으로 만들었을까? 이북이 자랑하는 이 "위대한" 전투에서 조선인 유격대는 일본 군경을 얼마나 살상하였을까? 6월4일 당일의 보천보전투에서 일본군이나 경찰은 한 명도 죽거나 다치지 않았다. 오직 민간인 두 명, 총소리가 나면 납작 숨었어야 하는데 이게 무슨 소란인가 하고 길에 나온 일본인 술꾼 하나가 유탄에 맞아 죽었고, 일본 순사의 부인이 갓난아기를 업은 채 꿩마냥 머리를 박고 숨었는데 등에 업힌 아기가 역시 유탄에 맞아 죽은 것뿐이다. 당시 일본군이 200만 명에 달했던 것을 고려하면 순수한 군사적 의미에서 보천보전투는 일본제국주의의 터럭 끝도 다치게 하지 못한 전투였다. 그런 보천보전투가 왜 김일성에게 엄청난 명성을 안겨다주었을까?

조-중 공동항일전선의 확고한 부활

보천보전투의 영향을 이해하기 위해서는 먼저 사건이 일어난 시점에 주목해야 한다. 1931년 9월 일제가 만주를 군사적으로 강점한 이후 조선 내의 민족해방운동은 침체일로에 빠져들었다. 먼저 만주에서 활동하던 민족주의 계열의 우리 독립군은 일제의 탄압을 견디지 못하고 중국 관내로 이동하였다. 한편 공산주의자들은 중국공산당에 가입하였는데, 당시 중국공산당은 조선인 당원들이 조선혁명을 위해 싸우는 것을 중국혁명 역량의 분산으로 보고 억압하였다. 따라서 1930년대 전반기에 만주, 특히 간도는 국내 독립운동을 고무하던 책원지로서의 역할을 수행할 수 없었다. 신간회의 해소 이후 국내 민족주의자들 중에는 일제의 막강한 물리력, 일제 자신이 선전한 대로 욱일승천하는 기세로 뻗어가는 일제의 힘에 압도되어 독립의 희망을 잃고 친일의 길로 들어서는 사람들이 늘어났다.

보천보전투 당시 경찰주재소에 박힌 선명한 총알자국.

　보천보전투 직전인 1937년 5월에는 국내 공산주의운동 최고의 거물로 일제에 여섯 번 체포되어 여섯 번 탈출했다는 신화를 남긴 이재유(李載裕)가 체포되었다. 일제는 이를 두고 조선공산주의운동이 이제 종식을 고하게 되었다고 대대적으로 선전했다. 연이은 패배 속에서 대중은 승리에 목말라 하고 있었다.

김일성 부대에 보천보전투는 너무 일방적으로 쉽게 끝나 아쉬운 전투였다. 보천보전투 뒤 불에 탄 일제기관.

 만주의 조선인 항일유격대원들도 조선의 독립과 해방을 위해 싸우겠다는 그들의 결의를 억누르던 중국공산당의 잘못된 방침이 민생단 사건의 종식으로 바뀌게 되자 국내 진공을 모색하게 되었다. 김일성은 북만주로부터 조선인들이 많이 살고 있던 국경지대의 장백(長白)으로 진출하여 새로이 부대를 편성하고 국내 진공을 준비하게 된다. 그런데 여기서 주목해야 할 것은 보천보전투가 김일성 부대 또는 조선인 부대만의 단독작전이 아니었다는 점이다. 물론 보천보를 들이친 것은 김일성이 이끄는 동북항일련군 2군6사였지만, 이 전투를 위해 1군2사와 2군4사 등 2개사단이 배합작전을 펼친 것이다. 보천보전투는 만주의 항일운동에서는 파탄 직전에까지 갔던 조중 민중간의 공동항일전선의 확고한 부활을 알리는 사건이기도 했다.

김일성을 비롯한 항일유격대원들에게 보천보 진공은 오랫동안 헤어진 어머니 조국과의 감격적인 재상봉이었다. 기습작전을 마치고 압록강을 건너기 전에 대원들은 구령도 없이 흩어져 저마다 한 움큼씩 흙을 주워 배낭에 넣었다고 한다. 만주에서 낳고 자란 항일투사들, 또는 어려서 만주로 건너간 유격대원들에게 조국이란 그렇게 그리운 것이었다.

보천보의 정식 지명은 함경남도 갑산군 보천면 보전리로 국경지대의 면사무소 소재지였다. 이곳에는 일본군은 주둔하지 않았고, 경찰주재소에 6~7명의 경찰관이 근무할 뿐이었다. 국내의 지하조직을 통해 그날 저녁 주재소 경찰들이 다른 곳으로 발령을 받은 소장의 환송연을 벌여 술을 마시고 있을 것이라는 정보까지 파악하는 등, 마을의 사정을 손금보듯 알고 있던 김일성 부대에게 보천보전투는 너무 일방적으로 쉽게 끝나 아쉬운 전투였다. 중무장한 100여 명의 유격대가 술에 전 경관 6~7명을 제압하지 못한다면 어찌 유격대라 할 수 있겠는가?

패배주의에 빠진 대중에게 희망을!

김일성이 보천보전투를 준비하면서 노린 것은 완벽한 승리였다. 김일성은 이 국내 진공작전을 통해 일제의 막강한 힘에 압도당해 있던 조선의 대중에게 일본제국주의자가 강한 것처럼 보이지만 일제도 칼로 내리치면 동강이 나고, 불을 지르면 타버리는 존재라는 것을 보여주기를 원했다. 김일성은 부하들에게 "군대가 싸움을 잘하면 민중의 배짱이 커진다"면서 "국내에 들어가 총 몇 방만 뚱땅거려도 대중의 활동이 한결 수월해진다"고 훈시했다. 일제의 관헌자료도 이 사건에서 김일성이 노린 것이 "항일련군의 위력을 조선 민중에게 주지시키고 혁명화를 도모"하기 위한 것이었다고 인정했다.

김일성은 유격대의 힘만으로 일본제국주의를 타도할 수 없음을 잘 알고 있었다. 억눌린 조선 민족이 일본제국주의의 멍에에서 벗어나는 길은 전 민족이 항일투쟁의 길에 다 떨쳐일어나 일제의 통치를 마비시키는 길밖에는 없었다. 그러나 대중은 독립운동 진영의 거듭된 패배와 일제의 기세에 눌려 패배주의에 빠져 있었다. 이때 김일성은 보천보 진공작전을 통해 "조선은 죽지 않았다, 조선은 살아 있다!"고 외치고 싶었던 것이다. 김일성이 이 전투를 통해 얻으려 했던 것은 몇몇 일본군을 잡는 것이나 국경지대의 작은 도시를 점령하는 것이 아니었다. 김일성이 원했던 것은 패배주의에 빠진 대중에게 독립의 희망을 가져다주는 것이었다.

순수하게 군사적인 면에서 본다면 내세울 만한 전과를 거두지 못한 보천보전투를 이북의 역사가들은 물론 일본제국주의자들도 큰 충격으로 받아들인 이유가 여기에 있었다. 사실 전과의 면에서 본다면 김일성 부대가 추격해온 일본 경찰대를 궤멸시킨 구시산전투나 일본군 74연대에 대승을 거둔 6월30일의 간삼봉전투가 훨씬 더 큰 전과를 거둔 전투였다. 그렇지만 정치적 의미에서 보천보전투는 유격대의 총알이 미치지 못하는 곳까지 유격대의 존재를 알린 대사건이었다. 우리의 역사에서 가장 암울했던 시기, 독립군의 활동이 희미한 옛 기억으로 사라져가던 시기에 홀연히 나타난 김일성 부대의 총성은 그 뒤 반세기가 넘게 우리 역사에서 긍정적이든 부정적이든 중요한 역할을 수행한 김일성의 등장을 알리는 사건이기도 했다.

혜산진 사건으로 일제에 검거된 권영벽(앞줄 맨 오른쪽) 등 보천보 사건의 주역들. 일제는 관헌자료를 통해 "항일련군의 위력을 조선 민중에게 주지시켰다"고 인정했다.

〈조선중앙일보〉 폐간 이후 술도 끊고 울적한 심사를 달래던 여운형은 보천보 소식을 듣고 주위 사람들을 불러 밤새 술을 먹고는 다음 날 보천보 현장으로 달려가 직접 눈으로 일제의 패배를 확인했다. 보천보전투 이후 아이들의 전쟁놀이 양상도 변했다고 한다. 보천보에서 멀지 않은 곳이 고향인 최익환 박사의 회고에 따르면, 가위바위보를 해서 이긴 쪽이 김일성군이 되고 지는 쪽이 일본군 노릇을 하게 되었다는 것이다. 1944년 11월 평양사단에 징집된 학병들이 탈출을 준비했을 때 그들의 목적지는 보천보였다. 불행히도 실패로 끝난 이 학병탈출 사건의 지도부는 민족주의자들이었다. 그런데 그들이 보천보에 가면 김일성부대를 만날 수 있겠지라는 기대를 갖고 보천보로 가려 했다는 사실은 보천보전투가 조선의 대중에게 얼마나 깊은 영향을 주었는가를 잘 보여준다.

보천보전투 이후 갑산 지방에 널리 퍼진 노래에 〈순사돼지 꿀꿀〉이란 것이 있다. 유격대의 기습에 혼비백산한 일본 경찰 하나가 돼지 우리에 숨었고, 유격대가 퇴각한 뒤에 마을 주민들이 다가가도 겁에 질린 채 돼지인 척 꿀꿀댔다는 것을 풍자한 노래이다. 일제의 경찰이란 식민지 민중이 삶의 현장에서 가장 직접적으로 맞닥뜨리게 되는 식민지 권력기구의 최말단이다. 경찰이나 산림간수는 비록 직급은 낮을지 몰라도 일반 대중이 일상생활에서 접하게 되는 총독부 권력의 실체였다. 따라서 이들이 대중의 웃음거리가 된다는 것은 해당 관헌 개인의 위신 문제만이 아니었다. 보천보 사건 이후 순사들은 유격대를 겁내 밤에는 나다니지도 못했고, 함경도 일대의 산림주사와 간수들이 "보통 때는 극성스럽게 산으로 돌아다니며 화전민을 괴롭혔으나 보천보전투 뒤에는 산 근방에 얼씬거리지 못했기 때문에 화전민들이 그 해에는 자유로이 화전을 개간" 할 수 있었다고 한다.

대중은 권력관계의 변화에 민감했다. 농민들은 권력관계가 자신들에게 유리하게 변화한다는 것을 감지하게 되면 일상적인 매일매일의 저항형태에서 좀더 직접적이고 공개적으로 권력을 가진 자에게 도전하게 된다. 그 기세등등하던 일본 경찰이 김일성 부대가 공격해 오자 돼지우리에 숨어 돼지처럼 꿀꿀거렸다는 이야기를 통해 농민들은 일제의 권력에 대한 두려움을 어느 정도 떨칠 수 있었고, 세상의 변화 가능성을 확인할 수 있었을 것이다. 보천보 사건 직후 조국광복회나 조선민족해방동맹이 국경산악지대에서 놀라울 정도로 급속하게 조직을 확장한 것은 결코 우연이 아니었다.

〈동아일보〉 양일천의 활약

보천보전투를 통해 김일성이 전국적인 인물로 떠오르는 데는 언론, 특히 〈동아일보〉의 공이 컸다. 1936년 여름의 손기정 선수 일장기 말소 사건으로 〈조선중앙일보〉는 폐간되고, 〈동아일보〉는 무기정간을 받았는데, 〈동아일보〉는 보천보전투 사흘 전인 1937년 6월1일 복간되었다. 일제의 탄압으로 무기정간을 당했다 풀려난 〈동아일보〉는 보천보전투가 일어나자 신이 나서 두 차례나 호외를 발행해가며 연일 대서특필한 것이다. 물론 보도에 사용한 언어는 "공비들의 살인, 방화, 약탈"이었지만. 이를 두고 일부에서는 독립운동을 폄하한 당시 신문들의 친일적 보도태도라고 비판하는데, 필자의 생각은 조금 다르다. 지하신문이 아닌 이상 합법적으로 발행되는 신문으로서의 한계는 인정해야 한다. 더구나 우리 민중은 아무리 합법신문들이 "개떡"같이 말해도 "찰떡"같이 알아듣는 재주가 있지 않았던가? 1998년 10월 김병관 당시 사장 등 〈동아일보〉 방북취재단이 평양을 방문했을 때 김정일 국방위원장에게 선물로 준 것은 바로 보천보전투의 기사를 보도한 〈동아일보〉 호외를 황금으로 만든 것이었다. 이 황금 호외 선물은 당시에는 알려지지 않았지만, 2001년 8월 만경대 파문 당시 〈오마이뉴스〉가 특종 보도하여 네티즌 사이에 큰 화제가 되었다. 이 황금 호외 선물은 〈동아일보〉 쪽이 김일성의 명성이 널리 퍼지게 된 데 자신들의 기여가 컸음을 이북의 지도부에 과시하려 한 것이라고 볼 수 있다.

그런데 당시 〈동아일보〉가 보천보전투를 대서특필한 것은 결코 우연이 아니었다. 〈동아일보〉의 혜산진 주재기자로 보천보전투 보도에서 맹활약한 양일천(梁一泉)은 김일성의 조국광복회 조직과 직접적으로 연결된 인물이었다. 양일천은 김일성이 국내로 조국광복회 조직을 확대할 때 손을 잡은 천도교 지도자 박인진(朴寅鎭)의 제자였다(비전향 장기수로서는 최초로 북송된 이인모 선생도 박인진의 제자였다). 양일천은 일본인 가와시마(河島)가 유격대 최현 부대에 생포되었다가 풀려나자 그를 인터뷰한 기사를 〈동아일보〉에 쓰기도 했다. 가와시마는 이 인터뷰에서 "유격대는 '비적'이 아니라 공산군이며, 토벌

보천보전투를 대서특필한 〈동아일보〉 기자 양일천은 김일성 부대에 '납치'됐던 김정부라는 지주를 통해 〈삼천리〉에 '국경의 비적 수괴 김일성 회견기'를 실었다.

대는 죽고 오지 살아 돌아온다"는 것은 거짓말이라고 말해 파문을 일으켰다.

양일천이 쓴 또 다른 주목해야 할 기사는 '국경의 밤'으로 유명한 시인 김동환(金東煥)이 발행하던 당시 최고의 대중지인 〈삼천리〉 1937년 10월호에 실린 '국경의 비적 수괴 김일성 회견기'이다. 김일성이 그의 회고록에서 "보도관제가 심한 때에 잡지 〈삼천리〉가 이런 정도의 기사를 실었다는 것은 놀라운 일"이라 할 만큼 이 기사는 김

일성에게 우호적이었다(이 기사는 1999년에 간행된 『한국근현대사연구』 10집에 재록되어 있다). 이 기사는 양일천이 직접 김일성을 인터뷰한 것이 아니고 김일성 부대에 '납치' 되었던 김정부(金鼎富)라는 노인을 통해 김일성의 면모를 보여준 것이다.

김정부는 원래 독립군을 후원했던 애국지주로, 김일성은 장백현으로 나오면서 그를 포섭대상으로 점찍었다. 그런데 김일성의 부하들이 대지주인 김정부를 악질반동분자로 오해하고 그를 아들과 함께 유격대의 밀영으로 잡아온 것이다. 김일성의 회고록에 따르면 김일성은 김정부를 만나 집으로 돌려보내겠다는 의사를 표하자 김정부 자신이 펄쩍 뛰며 자기가 밀영에 붙들려 있어야 집에서 몸값 명목으로 유격대에 원호물자를 보낼 수 있을 것이라고 말했다고 한다. 그래서 김정부 자신은 밀영에 남고 아들만 풀려나게 되었다. 김정부는 유격대의 밀영에 7개월여를 머무르며 설도 쇠고 유격대 역사에서 유례가 없는 푸짐한 생일상까지 받아먹었다고 한다. 실제로 김정부는 김일성 부대에 많은 돈과 쌀, 천을 보냈고, 김일성은 "항일혁명 전 기간 김정부와 같은 애국충정을 품고 그처럼 통이 크게 우리를 지원해준 대지주를 별로 보지 못했다"라고 그를 추억했다.

대지주 김정부의 회고

이 보기 드문 인터뷰에서 김정부는 김일성의 모습을 이렇게 전했다. "후리후리한 키, 우락부락한 말소리, 음성을 보아 고향은 평안도인 듯, 예상보다 연령은 너무나 젊은 혈기방장의 30 미만의 청년. 그는 만주어에 정통, 어데까지 대장이란 표적이 없고 복장, 식음에까지 하졸(下卒)과 한가지로 기거를 같이하며 감고(甘苦)를 같이하는데

〈동아일보〉 기자 양일천(위)과 김정부(아래).

그 감화력과 포용력이 있는 듯하게 보였다." 김일성은 "로인님, 추운 데서 얼마나 걱정되십니까" 하고 "부드러운 인사"를 드리고는 "우리 젊은 몸이 따뜻한 자리 평안한 생활을 누가 싫어하겠오. 2~3끼씩 보리죽도 못얻어먹어가며 이 고생을 달게 하는 것은 다 그리되어 그런 것이오" 라 말하고는 "나도 눈물이 있고 피도 있고 혼도 있는 인간이오. 그러나 이 추운 겨울을 우리는 이렇게 돌아다니는구려"라고 말했다고 김정부는 회상했다. 양일천은 이어 이렇게 썼다. "김일성! 비적 수괴인 그는 골격이 여물어 보이고 말 잘하고 뱃심있어 보이는 그! 나이에 비해서 풍상을 겪은지라 노숙해 보이는 그! 그는 마적대장이라 자칭함이 그럴듯하더라고 김 옹은 여러 번 말하였다." 김일성에 대해 우호적인 기사를 쓰던 양일천은 이 기사를 쓴 직후 혜산진 사건이 일어나 김일성이 조직한 조국광복회의 지하조직원들이 검거될 때 체포되었다. 그는 박인진과 마찬가지로 기소되지는 않았지만 상당 기간 옥고를 치러야 했다.

보천보전투 이후 김일성의 명성이 높아졌지만, 그의 유격활동이 순탄하게 발전한 것만은 아니었다. 중일전쟁 발발 이후 중국공산당 산하의 항일유격대는 열하 지방으로 이동을 명령받았고, 김일성 부대 역시 이 명령을 거역하지 못하고 서쪽으로 이동하게 된다. 이 틈을 타 일제는 김일성이 만주와 국내에 조직해놓은 항일대중조직에 대대적인 탄압을 가하게 된다. 이 대검거 소식을 듣고 김일성 부대가 다시 국경지대로 돌아오는 과정이 유명한 '고난의 행군'이다. 그런데 김일성의 명성이 대중운동과 실질적으로 결합하는 과정은 중일전쟁과 태평양전쟁 와중에서 일제의 전시총동원으로 인해 대중의 처지가 바뀌면서부터 시작된다.

가랑잎으로 압록강을 건너시고…

_식민지조선을 강타한 '김일성 전설'

필자는 '북한사회의 이해'란 과목을 가르치고 있는데, 첫 수업시간에 학생들에게 내주는 과제물이 '내가 아는 김일성'이다. 많은 학생들은 여기서 이북이 김일성을 모래알로 총알을 만드시고, 가랑잎으로 압록강을 건너시며, 축지법을 쓰는 영웅으로 묘사하고 있다는 점을 비판한다. 필자도 어린 시절, 같은 내용을 듣고 기막혀 하면서 친구들과 이북식의 경건한 말투를 흉내내며 낄낄댔던 기억이 또렷하다.

왜 전설이 널리 퍼졌을까

우리는 김일성의 신화를 벗겨내려는 그간의 연구 덕분에 김일성의 행적에 대해 많은 것을 알게 되었다. 신화나 전설은 그 자체가 과장이기 때문에 김일성 신화가 실제와 달리 과장되었으리라는 점은 누구나 쉽게 예상할 수 있을 것이다. 그런데 기존의 연구가 갖는 문제점은 김일성 신화 벗기기에 주력했을 뿐, 왜 한국 역사에서 가장 암울했던 시기에 전근대적인 영웅설화와 유사한 김일성의 신화가 발생하고 널리 퍼져나갔는가에 대한 해명을 전혀 시도하지 않았다는 것이다. 신화 자체는 역사적 사실이 아니지만 신화의 탄생은 반드시 규명되어야 할 중요한 역사적 사실이다. 가령 스칼라피노나 이정식의 주장처럼 김일성보다 뛰어나거나 더 큰 업적을 남긴 사람들이 100여 명도 더 있었다면 왜 하필 김일성에게만 신화가 형성되었던 것일까? 지구의 반대쪽에서는 원자폭탄을 만들어낼 정도로 과학이 발달한 20세기의 중엽에 축지법이요, 둔갑술이요, 솔방울로 폭탄을 만들고 가랑잎으로 군사를 실어 날랐다는 전근대적인 영웅설화가 출현한 배경은 무엇일까? 김일성 전설은 분명히 사실이 아니라 만들어진 역사이다. 그러나 이 전설은 김일성 부대의 창작품도 아니고 1945년 이후 이북의 역사가들이 만들어낸 것은 더더욱 아니다. 그들은 다만 김일성 우상화에 이를 이용하고 있을 뿐이다. 김일성 전설은 1936년 김일성 부대가 장백으로 진출한 이후 본격적으로 장백현의 조선인 농민들 속에서 만들어지기 시작하여 보천보전투 등의 성과에 힘입어 국경지대로 퍼지기 시작했다. 김일성 전설은 그의 군사활동이 다시 신문을 통해 보도되고 구전되는 속에서 전국적으로, 그리고 많은 노동자들이 징용으로 일본에 끌려간 이후에는 일본의 조선인 사회에까지 유포되었다.

물론 허황된 이야기이나…

남쪽의 관변 반공 사학자나 북쪽의 관변 사학자들이 공통적으로 인정하는 신화에 따르면 김일성은 백두산을 근거로 항일무장투쟁을 벌이면서 간단 없이 한·만국경을 넘나들며 왜놈과 친일 앞잡이를 도살했으며, 신출귀몰하는 전법으로 각지에 출몰했고, 축지법을 썼으며 산중과 산림을 백마를 타고 번개같이 날아다녔다. 그는 또 둔갑술을 부리거나, 분신술을 쓰며, 천리안을 갖고 있었고, 부대를 땅에서 솟구치게 하고, 하늘로 날아오르기도 했다. 김일성은 가랑잎이나 종이 한 장으로 강물을 건너고, 솔방울로 폭탄을 만들고, 모래알로 쌀을 만들었다. 그는 한때 만주의 어느 병원에 입원했다가 퇴원할 때 자신이 김일성이라는 쪽지를 남겼으며, 많은 사람들은 그가 일본 육군사관학교 출신, 또는 모스크바 공산대학 출신의 노장군으로 알고 있었다고 한다. 한편 『지도자 군상』이나 안나 루이스 스트롱의 『북한방문기』 등 해방 직후 국내외의 문헌에도 김일성이 일본 육사나 모스크바 공산대학 출신이라거나 그의 유격전술은 홍길동의 전법을 연상케 한다거나, 그가 하늘을 날아다니고 땅을 주름잡으려 축지법을 썼다는 전설적인 이야기가 단편적으로 서술되어 있다.

  물론 이같은 전설의 내용은 사실이 아니다. 길림의 육문중학 중퇴가 최종학력인 김일성은 사관학교 출신도 아니고 또 만주나 국내, 또는 일본의 어느 병원에 입원한 사실도 없다. 축지법이니 둔갑술이니 하는 온갖 도술이나 하늘로 솟구쳐올랐다든가 솔방울로 폭탄을 만들었다든가 하는 것은 물론 허황한 이야기일 뿐이다. 그러나 이를 허황된 이야기라고 배척해버릴 경우 우리는 당시의 역사를 이해하는 중요한 창을 닫아버리게 된다. 왜냐하면 "사실 자체보다 그 사실을 받아들이는 사람들의 의식을 이해하는 데에는 오히려 전설과 같은 구전자료가 더 설득력을 지닌다"는 것이 구비문학계의 공인된 주장이다. 따라서 식민지 시기 말기의 대중의 의식을 이해하는 데에서 김일성 전설은 극히 중요한 자리를 차지한다.

  김일성 전설의 핵심은 김일성은 반드시 승리해서 조선의 독립을 이룬다는 것이다. 축지법이니 둔갑술이니 하는 것은 그 승리를 이루

김일성의 유격대 활동. 김일성에 관한 신화 자체는 역사적 사실이 아니지만 신화의 탄생은 규명돼야 할 중요한 역사적 사실이다. 《세기와 더불어》

는 수단일 뿐이다. 당시 대중의 상당 부분은 축지법이나 둔갑술 등에 기대를 걸 만큼 낙후된 의식을 갖고 있었지만, 그들이 일제의 강대함을 모를 만큼 어리석지는 않았다. 대중은 또 약한 자와 강한 자가 싸우면 강한 자가 승리한다는 것도 잘 알고 있었다. 그러나 일제가 아무리 강하다고 한들 독립의 소망을 꿈도 꿀 수 없단 말인가? 대중이 김일성에게 도술을 부리는 능력을 만들어줌으로써 정의로운 약자가 사악한 강자를 누를 수 있도록 힘을 실어주었다.

김일성이 어떤 병원에 나타났다든가 어느 지방에 출현했다는 이야기는 김일성이 바로 우리의 곁에서 멀리 있지 않다는 일종의 친근감을 표현한 것으로 보인다. 이 이야기는 특히 김일성이 부대를 이끌고 소련으로 피신한 시기에 널리 퍼졌는데, 김일성이 과거와 같은 활발한 활동을 하지 않고, 또 〈동아일보〉〈조선일보〉 등 국내의 신문이 폐간되어 김일성의 활동소식을 접하기 어렵게 된 상황에서 나온 것이다. 이 이야기에서 주목할 점은 같은 내용의 이야기가 김일성이 출현한 지역이나 입원했다는 병원의 소재지만을 달리하여 만주, 국내, 일본 등에서 채록되었다는 점이다. 이는 각지의 대중이 김일성의 근황을 궁금해하면서도, 그가 무사하며, 자신들 곁에 있다는 바람을 표현한 것이라 할 수 있다.

입에서 입으로 더욱 과장되어

그런데 김일성의 전설에서 주목해야 할 것은 이 전설의 내용이 완전한 허구만은 아니라는 점이다. 일제강점기 막바지에 등장한 김일성 전설은 전설 형성의 첫 단계를 밟고 있었다. 전설 형성의 첫 단계에서는 전설의 내용이 '사실과 사실의 과장에 의한 전설적 전환이 함께 이야기되는' 시기로 '사실에 관한 것이기도 하면서 사실의 전설적 전환이라고 할 만한 것도 섞여 있는' 상태에서 '일단 과장이 시작되면 상상력이 발동되어' 더욱 윤색되어가는 것이다. 즉 당시의 대중은 김일성의 군사활동에서 무언가 신기하고 이야깃거리가 될 만한 것이 있으면 이를 부풀려 이야기했고, 이렇게 과장된 이야기는 입에서 입으로 더욱 과장되어 전해졌다.

대표적인 예가 축지법에 관한 것이다. 1939년 5월 함경북도 무산 지구에 진출할 당시 김일성 부대는 압록강을 건너 일제가 닦아놓은 갑산과 무산 사이의 갑무경비도로를 100여 리가량 백주에 행군하여 두만강 연안의 무포로 진출하였다. 일제는 국내에 진출한 김일성 부대가 감히 자신들이 닦아놓은 경비도로를 백주에 행군해 가리라고는 예상하지 못하고 산악지대에 포위망을 쳤는데 김일성 부대는 어느새 멀리 무포 일대에 나타난 것이다. 일제 입장에서는 길 닦아놓으니 뭐가 먼저 지나간다는 격이 되었지만, 이러한 사실은 대중에게 축지법에 대한 신화를 불러일으키기에 좋은 소재였다.

또 분신술의 경우 토벌대 사령관이었던 노조에 쇼토쿠(野副昌德)의 증언과 같이 "김일성 부대는 여러 개의 분대로 나누어 행동하면서 저마다 김일성 부대라고 칭해 이쪽에도 저쪽에도 김일성 부대가 있는 것 같은 위장전술을 잘 썼던 사실"과 관련이 깊다. 실제로 김일성 휘하의 제2방면군 7단장 오중흡은 일만군경의 토벌이 극심했을 당시 자신이 이끄는 7단이 마치 2방면군 사령부인 것처럼 위장하여 토벌의 예봉을 김일성이 아닌 자신들에게 돌리도록 하는 위장전술을 쓰곤 했다. 솔방울로 폭탄을 만든다는 신화는 동만의 조선인 군중과 유격대의 자력갱생의 노력과 관련이 있다. 거의 맨손으로 유격전쟁을 시작한 동만의 조선인 군중은 창의력과 굳은 의지로 흔히 연길폭탄이라고 불리는 작탄을 만들어냈던 것이다. 이렇게 대중은 김일성 부대나 그와 연관된 유격대의 활약을 보면서 이를 과장하고, 전설을 스스로 만들어내면서, 자신들이 만들어낸 전설을 이야기하며 즐거워하고 고무되었던 것이다.

나라가 위기에 빠졌을 때 사람들은 이 위기에서 나라를 구해줄 영웅을 기다린다. 19세기 말엽 이래 영웅대망론이나 영웅예찬론은 한국의 일반 민중뿐 아니라 지식인, 민족운동가에게도 널리 퍼진 중요한 화두였다. 동서고금의 수많은 영웅에 대한 전기의 출간은 이를 증명한다. 그러면 왜 하필 김일성이 영웅대망론의 주인공으로 부각되었을까? 사실 대중은 김일성에게만 특별히 관대한 것은 아니었다. 한말의 심남일(沈南一)이나 전해산(全海山) 같은 의병장들의 예에서 보면 대중은 이들이 일본군과의 전투에서 몇 차례 승리하면 날개를 달아주고 도술을 부리는 이야기를 만들어냈다. 그러나 그들은 일제에 패배하여 잡혀 죽음으로써 대중이 달아준 날개와 도술을 그들의 육신, 그리고 대중의 기대와 함께 땅에 묻었다.

영웅설화의 특성상 군사활동과 결부되지 않고서는 영웅을 만들어내기 어렵다. 그런 점에서 단순히 조직, 선전활동에 치중해온 국내의 공산주의자들이나 외교활동에 주력해온 국외의 민족주의자들은 대중의 일정한 기대를 받을 수는 있을지언정 영웅설화의 주인공이 될 가능성은 매우 적었다. 의병항쟁에 이어 만주에서는 독립군의 활동이 활발하여 홍범도(洪範圖), 김좌진(金佐鎭), 양세봉(梁世奉) 등 수많은 독립군의 지도자들이 명멸해갔지만 김일성이 대중의 영웅으로 부상한 1940년대 초반 이들은 이미 사망했거나 활동을 중단한 지 오래였다. 그런데 인물전설이란 "과거의 인물을 회고하기 위해서 필요한 것이 아니고 현재의 문제를 다루기 위해서 하며 듣는" 것이다. 때문에 인물전설을 만들어내는 대중이 이미 세상을 떠난 지난날의 영웅보다는 살아 있는 영웅에게 기대를 집중하게 되는 것은 당연한 일이었다.

임종석, 신창원, 김일성…

김일성이 대중으로부터 폭발적인 인기를 끌게 된 데에는 1940년

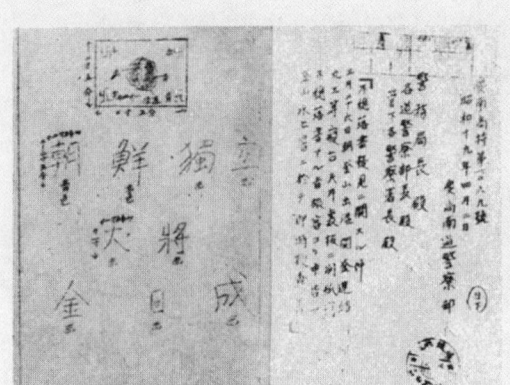
전설적영웅 김일성장군을 민족의 태양으로 열렬히 흠모하고있는 민심동향에 대한 일제관헌자료

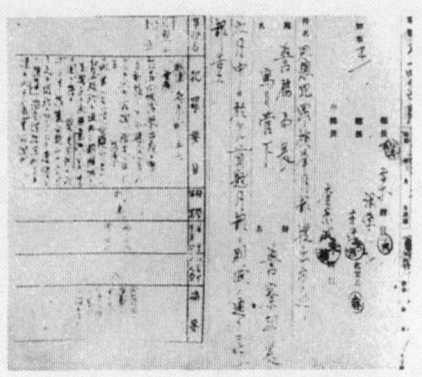
성진에서 항쟁조직인 백두산회가 조직된데 대한 함경북도경찰부자료

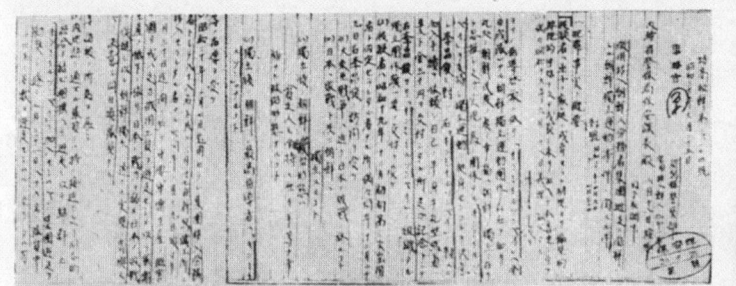
전민항쟁조직《김일성대》의 활동에 대하여 쓰고있는 니이가다현 경찰부의 극비자료

민 덕 원

조 동 욱

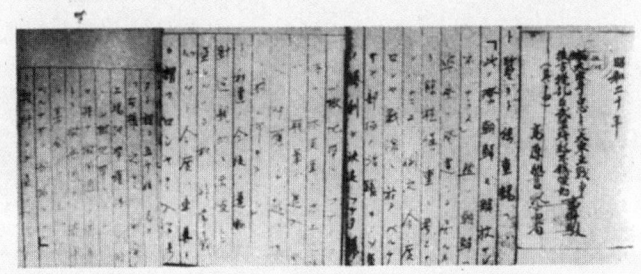
서울에 있는 애국적청년학생들이 비밀근거지를 꾸리고 무장봉기를 준비한데 대한 일제관헌자료

김일성에 대한 민심동향을 담은 일제 관헌과 경찰부 자료들. "김일성 부대는 위장전술을 잘 썼다"는 기록은 축지법 신화가 어디에서 나왔는지 추측하게 해준다.
(세기와 더불어)

대 전반의 식민지 조선에 대중의 마음을 사로잡을 만한 이렇다 할 인물이 없었다는 점과도 관련이 있다. 1910년대와 1920년대 문화계의 스타였던 이광수(李光洙)나 최남선(崔南善)은 이미 노골적인 친일의 길을 걷고 있었다. 영화 〈아리랑〉의 감독이자 주연이었던 나운규(羅運奎), 대중가요 〈눈물젖은 두만강〉의 김정구(金貞九), 〈황성옛터〉의 고복수(高福壽), 〈사의 찬미〉의 윤심덕(尹心悳), 1936년 베를린올림픽 마라톤 우승자 손기정(孫基禎), 사이클 선수 엄복동(嚴福童) 등이 1920년대, 1930년대의 대중스타라고 할 수 있겠으나 이들은 대개 비극적인 이미지와 결부되어 있었다. 기쁨과 대리만족을 줄 수 있는 오늘날의 의미의 대중스타는 식민지 조선에 존재하지 않았다. 김일성은 바로 이런 시기에 대중에게 대리만족을 주는 스타로 부각할 수 있었다. 서태지도, god도, 비틀스도, 마이클 잭슨도, 이승엽도, 마이클 조던도 없던 시대, 그 시대를 김일성이 강타한 것이다.

1989년 여고생을 대상으로 한 〈하이틴〉 잡지의 인기도 조사에서 1위를 한 사람은 매일같이 매스컴의 조명을 받는 기라성 같은 연예인이나 스포츠 스타가 아닌 전대협 의장 임종석(현재 민주당 의원)이었다. 철저한 반공교육을 받아온 여고생들이 임종석에 매료된 것은 그의 통일운동을 지지해서가 아니었다. 임종석이 인기인이 된 것은 수배 중인 그가 경찰의 경계망을 뚫고 신출귀몰하며 여러 집회에서 연설하면서 경찰을 웃음거리로 만들었기 때문이다. 매스컴과 대중문화가 고도로 발달한 1990년대의 임종석이 불과 1년여의 신출귀몰한 도피행각 때문에 기라성 같은 인기인을 제치고 일약 스타가 될 수 있었다면, 신창원이 불과 몇 달 간 경찰의 추적을 따돌린 바람에 그의 일대기를 그린 만화까지 출간될 수 있었다면, 단순한 도피행각이 아니

유격대원들과 함께한 김일성(가운데). '전설'은 그의 군사활동이 신문을 통해 보도되고 구전되는 속에서 전국적으로, 노동자들이 징용으로 일본에 끌려간 이후에는 조선인 이민사회에까지 유포됐다.

라 철통같은 국경 경비망을 뚫고 조선인 유격대를 거느린 채 보천보를 습격한 김일성, 일제 토벌 제일의 목표가 되어서도 끝까지 항쟁하며 살아남은 김일성, 그리고 마땅히 인기를 다툴 만한 대중스타도 그다지 많지 않았던 시대를 산 김일성에게 얼마큼 폭발적인 인기가 집중되었을 것인가를 짐작하기란 어렵지 않다.

흔히 이북이나 중국의 사회주의가 갖는 문제점을 지적할 때 자본주의의 충분한 발전을 경험하지 못한 사회에 민족해방운동 세력이 사회주의를 건설한 것을 꼽는다. 그런데 이북이 갖는 문제점은 단순히 자본주의 단계를 건너뛰었다는 것에 국한되지 않는다. 이북에서 사회주의를 건설한 주도세력인 유격대원 출신들은 한국의 민족해방운동 세력 중에서 교육이나 근대문명의 혜택을 가장 적게 받은 집단 출신들이었다. 물론 간도라는 지역은 식민지 조선으로 사회주의 사상이 유입되는 데에서 중요한 길목 역할을 한 곳이지만, 유격 근거지의 주민들의 대다수는 교육의 기회를 갖지 못한 문맹들이었다. 더구나 유격근거지의 조선인공산주의자들 중 지식인들이나 어느 정도의 교육을 받은 층들은 민생단 숙청 시기에 집중적인 타격을 받았다. 민생단 사건이 종료될 무렵 동북항일련군 제2군 소속의 조선인 대원들 중 중학교 이상의 교육을 받은 사람은 매우 드물었다. 특히 김일성에 절대적인 충성을 보인 사람들은 그나마 유격대원 중에서도 신문물의 세례를 가장 받지 못한 사람들로서, 상당수는 김일성에게서 직접 글을 배운 사람들이었다.

이북 정치문화의 어두운 그림자

1930년대 후반 이후 김일성은 그 자신의 유격활동을 통해 전설적인 명장으로 부각되었다. 일제강점기의 막바지에 김일성에 대한 대중의 기대는 매우 컸으며, 이같은 기대는 김일성에 대한 여러 가지 전설에 반영되어 있다. 조선시대의 군웅소설을 연상케 하는 이런 초자연적 능력에 관한 전설들은 주로 장백이나 풍산 등 문화적으로 낙후한 외진 지역에 널리 퍼져 있었으며, 김일성의 주된 활동 무대도 바로 이런 지역이었다. 이 사실은 김일성에 열광적인 지지와 기대를 보낸 층의 의식이 반일정서는 매우 강하지만 문화적으로는 매우 낙후되어 있었음을 보여준다.

　이는 앞으로 좀더 깊은 연구가 필요한 부분이지만, 식민지 조선에서 실시된 근대교육이 일제의 노예교육이었다는 사실과 무관하지 않을 것이다. 근대교육의 세례를 좀더 많이 받은 층일수록 일제의 식민지 동화정책에 오랜 기간 포섭된 사람들이었다. 이들은 일제가 가진 근대적인 군사경제력의 힘을 잘 알고 있었을 뿐 아니라 그에 압도되어 독립의 꿈을 포기하는 경향이 좀더 큰 집단이었다고 할 수 있다. 김일성이 초자연적인 능력을 갖는 전설의 주인공이 되고 그가 권력을 장악하는 데 이런 카리스마가 중요하게 작용하였다는 사실, 그리고 김일성 주변의 유격대원들이 이북의 국가지도자가 되었다는 사실은 식민지 시기 저항민족주의의 가장 견결한 담당층으로 새로운 국가건설의 주역이 된 인물들이 문화적으로는 매우 낙후한 집단에 속해 있었음을 극명하게 보여준다. 이것은 일제의 식민지 지배가 할퀴고 간 깊은 상처로서 이북의 정치문화에 어두운 그림자를 남겼다.

| 4부 |

군대의 역사, 병역기피의 역사

양심적 병역거부권을 인정하지 않는 나라가 40여개 국이지만, 우리나라처럼 가혹하게, 우리나라처럼 철저하게, 우리나라처럼 많은 인원을 처벌하는 나라도 없다. 우리나라를 제외하고 전 세계에서 양심적 병역거부로 수감 중인 양심수는 200~300명에 불과한 것으로 알려져 있다. 그런데 우리는 1600명이다. 과연 우리가 지켜야 할 나라가, 자신의 양심 때문에 도저히 총을 들지 못하겠다는 사람들을 엄벌해야만 하는 그런 그악스러운 나라여야 하는가?

거지 중의 상거지, 해골들의 행진
_이승만과 우익청년 테러집단의 '국민방위군 학살 사건'

전쟁 중 불과 100여 일 사이에 적군 5만 명 이상을 섬멸하고 수십만 명에게 치명적인 부상을 입혔다면 그 결과는 어떻게 될까? 반대로 불과 100여 일 사이에 아군 5만 명이 죽고 수십만 명이 치명적인 신체적, 정신적 손상을 입었다면 어떻게 될까? 그리고 이런 손실이 총 한 방 쏘지 않고, 그것도 아군 내부의 부정부패와 비리에 의해 발생했다면? 국민방위군 사건은 불과 100여 일 사이에 대한민국 정부가 징집한 일종의 예비군인 국민방위군 50여 만 명 중 5만 명 이상이 후방에서 굶어죽고 얼어죽고 맞아죽어 목숨을 잃고, 전체의 80%가량이 폐인이 되다시피한 어처구니없는 사건이었다. 전쟁이 나면 사람 목숨이 개값이라지만, 국민방위군은 총 한 방 쏴보지 못하고 정말 개만도 못한 죽임을 당해야 했다.

인민군에 빼앗기지 않기 위하여…

1950년 11월 한국군과 유엔군은 압록강 경계선까지 진격하여 북진통일을 눈앞에 둔 듯했다. 그러나 중국군의 대규모 참전으로 전세는 역전되었고 다급한 후퇴가 시작되었다. 한국군으로서는 개전 당시에 이어서 두 번째 후퇴였다. 인민군의 진격을 막는다는 명목으로

바지 저고리 차림으로 남하하는 국민방위군 장정들.(격동의 한반도 새지평)

한강 다리까지 폭파해가며 서울 시민을 내팽개치고 달아났던 이승만 정권이 다시 후퇴 길에 나서야 했던 것이다. 그런데 인민군 치하 3개월 동안 숱한 남쪽 청년들이 의용군으로, 또 나이가 든 사람들은 전쟁 물자 수송 등에 동원되었다. 중국군의 개입으로 다시 후퇴해야 하는 처지에 놓이자 이승만 정권의 요인들은 서울은 다시 빼앗기는 한이 있더라도 인민군에 가용한 인적 자원만큼은 '어떤 일이 있더라도' 빼앗기지 않겠다는 일념뿐이었다. 그리고 아무런 준비도 없이 이 일념이 실천에 옮겨졌을 때 그 '어떤 일'은 상상을 초월한 비극으로 번져 갔다.

대구훈련소에서 국민방위군 신병들이 DDP 소독을 받고 있다. (KBS '다큐멘터리 한국전쟁')

　전황이 불리해지자 이승만 정권은 1950년 12월 15일, 군경과 공무원이 아닌 만 17살 이상 40살 이하의 장정은 제2국민병에 편입하고 제2국민병 중 학생이 아닌 자는 지원에 의해 국민방위군에 편입한다는 것을 골자로 한 '국민방위군 설치법안'을 상정했고, 다음날 국회는 큰 논란 없이 이 법안을 통과시켰다. 그리고 12월 21일에 첫 부대로 1만여 명이 창덕궁에 소집돼 죽음의 행렬에 나섰다.

　아무리 예비군이라지만 국민방위군도 명색이 군대인데, 이들을 남하시키기 위한 준비는 너무나 소홀했다. 수십만 명의 장정을 동원하는 법안을 국회에 제출하면서 정부는 예산계획을 구두로라도 설명하지 않았고, 국회에서는 이를 문제삼지 않았다. 당시 국민방위군 작전처장이었던 이병국(李炳國)의 증언에 따르면 1만 명 가까운 병력을 후송하는데 쌀 한 톨 군복 한 벌 안 주고 언제까지 집결하라는 것도 없이 막연히 '착지(着地) 부산 구포'라는 작전명령을 육군본부로부터 하달받았다고 한다. 대신 국민방위군에는 양곡권이라는 것이 지급되었다. 행군 도중에 대열 책임자가 이 양곡권을 경유지의 시장이나 군수에게 보이고 급식을 해결하라는 것이었다. 그런데 신성모(申性模)의 국방부와 조병옥(趙炳玉)의 내무부가 서로 양곡지급권을 갖겠다고 다투는 바람에 양곡 지급이 안 되고 내무부는 각 시장, 군수에게 양곡 지급을 중단하라고 지시하는 사태까지 벌어졌다. 의용군으로 끌려갔다가 탈출해 국민방위군에 자원입대한 서태원(徐泰源, 5대 민의원·작고)은 의용군 시절에는 주먹밥이나마 하루 세 끼를 거른 적이 없지만, 국민방위군으로 남하할 때는 병자나 아사자가 속출해도 돌봐주는 이 없는 거지 중의 상거지로서, 다만 끌고가고 끌려가야 하는 슬픈 행렬이었다고 회고했다.

최대의 코미디 "젤리공장을 짓겠다"

엄동설한에 길을 나선 국민방위군 병사들의 의복사정은 더욱 비참했다. 장정들은 아무리 예비군이라지만 정부의 책임하에 소집된 이상 나라에서 먹여주고 입혀줄 것이니, 어차피 벗어버릴 민간복을 껴입을 필요가 없다고 생각하고는 가족들에게 벗어주고 소집에 응했다. 그러나 이는 큰 오산이었다. 홑바지와 저고리 차림에 길을 나선 사람들은 대부분 추위와 굶주림으로 쓰러져갔다. 정부는 이들을 위해 피복비를 전혀 계상하지 않았는데, 그 이유가 걸작이었다. 현금을 주더라도 방한복 50만 벌을 구할 길이 없는데 예산은 배정해서 무엇하냐는 것이었다. 그런 형편이니 추위를 막을 수 있는 것은 오로지 서로의 체온과 2명당 1장씩 지급된 가마니뿐이었다. 학교 교실에서라도 숙영할 때는 교실 하나에 200~300명씩 처넣으니 서로 몸을 맞대고 자야 했다. 이런 속에서 살판난 것은 이였다. 어찌나 이가 많았던지 한 마리씩 잡는 것이 아니라 옷을 벗고 빗자루로 몸을 쓸어내야 할 정도였다. 이 때문에 겨울철 열병인 발진티푸스가 창궐했고, 이미 허약해질 대로 허약해진 사람들은 한번 발병하면 그것으로 끝이었다.

국민방위군을 창설할 때 정부는 후방에 51개의 교육대를 설치하고 병력을 이곳에 집결하도록 했다. 국민방위군 병력을 약 50만 명으로 잡으면 1개 교육대당 1만 명 정도가 할당되는 셈이다. 그러나 교육대의 기간요원들은 병력이 오더라도 이들을 받아들일 능력도 의사도 없었다. 대신 이들은 이른바 '돌려치기'의 대상이 될 뿐이었다. 서울이나 한강 이북에서 떠난 병력이 천신만고 끝에 집결지에 도착하면 수용능력이 없다고 김해로 가라고 하고, 김해의 교육대에 가면 진주로 가라 하고, 진주의 교육대는 또 마산으로 가라 하고 이렇게 뺑뺑이를 돌렸다. 그러면서도 각 교육대 간부들은 이들을 며칠씩 수용한 것으로 서류를 꾸며 예산과 식량을 빼돌렸다.

이런 식으로 빼돌린 예산이 수사당국의 발표로는 24억 원, 국회조사단의 주장으로는 50억 원 내지 60억 원에 달했다. 국민방위군의 재정을 실질적으로 총괄한 부사령관 윤익헌(尹益憲)은 사무실 옆 부속실에 돈을 산더미처럼 쌓아놓고 기생들에게 집히는 대로 돈을 뿌리고 다녔다. 그가 100여 일 동안에 기밀비 명목으로 쓴 돈이 3억 원. 국가기관인 감찰위원회(지금의 감사원)의 1년 예산이 3천만 원가량 될 때였다. 뒤에 윤익헌을 수사한 김태청(金泰淸, 뒤에 변호사협회 회장을 지냄)은 돈을 물쓰듯 한 윤익헌의 씀씀이에 기막혀 자신은 물이라도 윤익헌이 돈 쓰듯이 해보았으면 원이 없겠다는 생각이 들더라고 회고했다. 다들 우물물을 길어 먹던 시절, 갑자기 피난민들이 몰아닥쳐 물 한 동이 길어오기가 하늘의 별따기만큼이나 어렵던 그런 시절이었다.

국민방위군의 예산 유용은 이미 예정된 것이었다. 50만 병력을 운용하기 위해서 필요한 숱한 간부와 기간 장병들의 월급은 예산의 어디에도 계상되지 않았다. 마치 조선시대의 아전들에게 녹봉이 지급되지 않아서 알아서 적당히 해먹도록 한 것과 같다고나 할까? 그래도 아전들은 그 지역에서 대대로 먹고살아야 하는 처지였기에 해먹는 데에도 나름대로 금도가 있었다. 그러나 이승만이 육성한 테러조직인 대한청년단 간부들로 구성된 국민방위군의 지도부에는 이런 것조차 없었다. 뒤늦게 국민방위군에 할당된 예산에 따라 식량이 지급된다 하더라도 국민방위군 병사들은 하루에 4홉을 배급받게 돼 있었는데, 이는 하루 5홉5작을 받는 전쟁포로들보다도 훨씬 못한 것이었다. 그런데 공정하게 지급되어도 하루 세 끼 주먹밥과 소금국 돌아오기도 빠듯한 예산에서 사령부가 1/3을 떼고, 교육대의 간부와 기간사병들이 떼먹고 나면 남는 것은 없었다. 벼룩의 간을 내먹고, 문둥이 콧구멍에 박힌 마늘도 빼먹는다던 그런 시절이었다. 소금물을 묻힌 주먹밥 한 덩이도 차례에 오지 못해 사람들이 무더기로 죽어가던 이 비극 속에서 최대의 코미디는 국민방위군 사령부가 병사들을 위해 젤리공장을 지었다는 것이다. 물론 예산 횡령을 위한 한 방편으로 장부상으로만 지은 것이지만, "빵이 없으면 과자를 먹지"라며 배고파 우는 민중을 끝까지 이해하지 못한 채 단두대에 섰던 프랑스의 어느 왕비를 연상케 하는 대목이었다.

이렇게 다 떼먹힌 병사들은 훈련을 나갔다. 말이 훈련이지 교육대에 있어봤자 먹을 것이 없으니 훈련을 빙자하여 마을로 가서 재주껏 빌어먹으라는 것이었다. 굶주린 대원들은 수십 명씩 떼지어 다니다가 잔칫집이나 굿판이 있으면 들이닥쳤다. 이들이 가까이 오기만 해도 냄새가 진동하여 손님들은 구역질을 참으며 코를 막고 혼비백산해 흩어지고, 집주인은 잔치나 굿을 망쳤다고 대성통곡했다. 그 통곡을 들으며 이들은 잔칫상에 놓인 간장까지 싹싹 비워버렸다.

잔칫집 습격 사건, 토사곽란의 비극

그러나 잔칫집 습격 사건의 비극은 집주인에게 그치지 않았다. 그런 날 밤이면 갑자기 기름진 음식이 들어온 데 놀란 창자가 토사곽란을 일으켜 여러 명의 대원들이 숨을 거뒀다. 그래도 '먹고 죽은 귀신'이 되었으니 그냥 굶어죽은 사람들에 비해 얼굴에 화색이 돌아 때깔이나마 고왔다고 한다. 가장 많은 장정이 희생된 것으로 알려진 경산 교육대가 있던 경산군 압양면 일대에는 비오는 날이면 강가에서 "고향 가자, 고향 가자" 하는 젊은 원혼들의 울부짖음이 들렸다고 한다.

군대는 군대이지만, 명부도 없고 군번도 없고 무기도 없고 군복도 없는 부대. 첩보영화에서 봄직한 특수부대만이 아니었다. 죽음의 대열, 해골들의 행진이라 불린 국민방위군이 바로 그런 군대였다. 명부도 없으니 몇 명이 동원되었고, 어디서 어떻게 얼마나 죽었는지도 모른다. 정부의 공식기록인 『한국전란1년지』에는 천수백 명 사망으로 돼 있지만, 당시 소문으로는 5만 명 내지 10만 명이 죽었다고 한다. 〈중앙일보〉 간행의 『민족의 증언』에는 50만 명의 대원 중 2할가량이 병사나 아사했다고 돼 있고, 〈부산일보〉 간행의 『임시수도 천일』에는 사망자가 5만여 명으로 돼 있다. 역사학자 중에서 이승만을 가장 긍정적으로 평가하는 유영익 교수조차 이 사건을 "9만 명가량의 군인이

1951년 8월12일, 대구 교외 야산에서 집행된 국민방위군 사건 주범들의 처형식.(격동의 한반도 새지평)

동사, 아사, 병사한 천인공노할 사건"으로 규정하고 있다.

국민방위군이 남하를 시작하면서 이들은 며칠 안 가 비참한 몰골의 거지떼로 변했고, 이들의 참상이 곳곳에서 목격되면서 사회 문제로 비화했다. 그러자 국민방위군 사령관 김윤근(金潤根)은 1951년 1월8일 "우리의 앞에는 국민방위군 50만 명이 있고 (…) 먹을 식량이 있고 산같이 쌓인 군기군물(軍器軍物)이 있다"고 사태의 진상을 호도했다. 이승만은 다음날 "방위군 사령관이 8일 발표한 성명과 같이 우리는 방위군과 청년단 수십만 명을 앞세우고 (…) 다 일어나서 인해

전을 인해전으로 막아야 할 것"이라고 강조했다. 국회에서 국민방위군의 참상을 둘러싸고 논의가 거듭되자 김윤근은 1월20일 다시 성명을 발표하여 "일부 불순분자들이 여러 가지 낭설을 퍼뜨리고 있다"면서 "금번 국가방위에 필요한 인적 자원을 남하시켜 철저히 확보했다는 것은 큰 성공이라고 하지 않을 수 없다"고 자찬했다. 이어 국방장관 신성모는 국회에서 국민방위군과 관련해 "희생자가 아주 적게 난 것은 국민에게 아주 행복스럽게 생각하지 않을 수 없다"면서 "제5열(스파이)의 책동이 가장 위험한 일이니 제5열의 책동에 동요말기를 바란

국민방위군 장정들에게 훈시하는 신성모 국방장관.
(임시수도 천일)

다"고 국민방위군 의혹 사건에 문제제기를 한 사람들을 간첩으로 몰았다. 이어 이승만은 김윤근을 대동하고 대구를 순시하기도 하고 2월 초에는 국민방위군 장교들을 사열하고, 2월 중순에는 방위사관학교 졸업식에서 훈시하는 등 국민방위군 지도부를 격려했다.

충성파 신성모 국방장관의 몰락

당시 국방장관 신성모는 일본 천황이란 말만 나오면 벌떡벌떡 일어나는 것이 체질화된 일본군, 만주군 출신 장성, 이승만이 방귀를 뀌면 "각하, 시원하시겠습니다"며 머리를 조아리는 관료들과 이승만을 상대로 충성경쟁을 해야 했다. 국내에 전혀 기반이 없던 신성모가 대한청년단장, 내무장관, 국방장관에 국무총리 서리로까지 승승장구할 수 있었던 비결은 바로 눈물이었다. 신성모는 이승만의 지시를 들을

때면 눈물을 흘리고, 전방을 순시하면서 이승만에 대해 이야기할 때면 또 눈물을 흘려 낙루장관(落淚長官)이라는 별명을 얻었다. 당시의 관찰자들은 국민방위군 사건은 단지 정부의 준비부족이나 방위군 지휘부의 예산 횡령 때문에 발생한 것이 아니라 신성모가 이승만 이후를 노려 자기의 정치적 지지세력을 육성하기 위해 대한청년단 출신들이 많이 포진한 신정동지회(新政同志會)라는 단체를 후원하기 위해 조직적으로 예산을 빼돌리는 과정에서 발생한 것이라고 주장했다.

국민방위군 사건과 관련하여 신성모는 제일 먼저 책임을 져야 할 인물이었지만, 신성모는 오히려 사건의 축소와 은폐에 앞장섰다. 그는 이 사건의 수사를 여러모로 방해했으며, 결국 수사가 시작되자 자신의 절친한 친구의 사위인 방위군 사령관 김윤근은 빼돌리고 부사령관 윤익헌 선에서 처벌을 마무리하고자 했다. 그는 국민방위군 사건을 다룰 군사법정을 구성하면서 자신의 친구인 국방부 정훈국장 이선근(李瑄根)을 재판장에 임명했다. 이선근은 신성모의 뜻을 받들어 재판 개시 3일 만에 서둘러 김윤근에게 무죄, 윤익헌에게 징역 3년 6개월을 선고했다.

수만 명의 젊은이들을 죽음에 이르게 한 사건으로서는 어처구니없게 낮은 형량이었고, 당연히 여론은 들끓었다. 이승만도 하는 수 없이 신성모를 국방장관에서 물러나게 하고 이기붕(李起鵬)을 장관에 임명했다. 이기붕은 일사부재리의 원칙을 무시하고 이 사건의 재심을 명했다. 다시 열린 재판에서 김윤근, 윤익헌 등 국민방위군의 주요 간부 5명에게 사형이 선고되었다. 일반적으로 군사재판은 비공개이지만 이 재심은 공개재판으로 진행되었는데, 방청객이 몰려 옥외에 스피커까지 설치했다고 한다. 그리고 당시 정부에 대한 불신풍조가 극에 달하여 피고들이 사형선고를 받았지만 정부가 피고들, 특히 이승만의 총애를 받던 김윤근을 외국으로 빼돌릴 것이라는 소문 때문에 이들은 대구 교외의 야산에서 공개처형되었다. 국민방위군 사건의 결과 이승만 정권 아래서 대통령 다음 가는 권세를 휘두르던 신성모가 세력을 잃고, 대신 사건 관련자들을 엄벌하여 인기가 급상승한 이기붕이 이승만의 후계자로 부상했다. 1960년의 3·15 부정선거의 싹은 이렇게 마련되었다.

국민방위군 사건은 국가권력의 미필적 고의에 의한 또 다른 학살이었다. 이 사건은 다른 학살 사건처럼 방위군 병사들을 총을 들고 죽인 것은 아니지만, 그들에게 보급품과 식량을 지급하지 않고 횡령해 수만 명을 굶어죽고, 얼어죽고, 영양실조로 병들어 죽게 한 사실상의 학살 사건이다. 잠재적인 적이 아닌 아군을 그것도 수만 명씩이나 굶어죽고 얼어죽고 병들어 죽도록 방치했다는 것은 당시 국가기구, 그리고 국민방위군의 호송을 책임진 우익청년단체 지도부의 인명경시 풍조가 어떤 지경이었는지를 보여준다. 자신들이 동원할 수 있는 인적 자원에 대한 태도가 이런 지경이었으니 잠재적인 적이나 '통비분자'(通匪分子)들로 분류될 수 있는 민간인 집단에 대해 적극적인 학살이 일어난 것은 그리 놀라운 일이 아니다.

대한청년단의 야망이 비극을 부르다

이승만 정권은 국민방위군을 설치하면서 이 부대의 운영을 사설단체에 불과한 대한청년단과 대한청년단을 중심으로 구성된 청년방위대에 맡겼다. 대한청년단 단장인 김윤근은 민간인 신분에서 하루아침에 별을 달았고, 윤익헌 등 청년단 간부들은 대령, 중령으로 임명

되었다. 국민방위군 사건이 터진 것은 이승만 정권 수립에 행동대 역할을 해온 우익반공청년단체들이 준군사단체 또는 정식군대로 발돋움하려는 오랜 소망을 전쟁 중에 실현하려는 과정에서 빚어진 것이기도 했다. 1948년 국방경비대의 여순반란 사건이 일어나자 이승만은 우익청년단체를 국군의 기간조직으로 재편해야 한다는 우익청년단체들의 주장에 관심을 갖고 난립해 있던 우익청년단체들을 통합해 대한청년단을 만들었고, 1년 뒤에는 대한청년단을 기반으로 청년방위대를 창설했다. 청년방위대는 사설단체였지만, 한국전쟁 발발 중에는 국가기구를 대신해 모병과 후방의 치안을 담당했다. 그리고 국민방위군이 창설되자 이들이 그대로 그 지휘부를 맡아 마침내 일을 저지른 것이다. 테러집단이었던 우익청년단체 간부들에게 국가권력과 예산을 대주고, 이를 감독조차 하지 않았을 때 어떤 일이 벌어지는가를 이보다 더 극적으로 보여준 예는 없다.

    국민방위군 사건에 대해 최초의 학술논문을 발표한 김세중 교수는 이 사건은 "국가체제의 비효율적 작동, 그리고 일종의 가산제적 권력구조와 통치행태" 때문에 빚어진 사건이었음에도 사건의 수습과정에서 "국가경영체계를 재점검하고 합리적인 개선방안을 모색하려는 움직임이 전혀 없었다"는 점을 지적했다. 이것이 이승만 정권의 체질이었다. 사람이 무한정으로 공급되는 자원으로 분류될 때 사람의 가치는 땅에 떨어지는 법이다. 국민방위군 사건을 겪은 지 50년, 징병제하의 우리의 군대에서 사람의 가치는 얼마나 향상되었을까?

'녹화사업'을 용서할 수 있는가
_프락치짓까지 강요한 가장 비열한 국가범죄

정성희, 한희철, 이윤성, 김두황, 한영현, 최온순….

이 이름을 기억하는 사람들은 얼마나 될까? 이들은 전두환 일당이 군사반란과 광주학살을 통해 집권한 이후 자행한 이른바 녹화사업에서 희생된 젊은 넋들이다. 이들이 목숨을 잃은 지 20년이 다 되어가는 오늘, 우리는 아직도 녹화사업의 실체를 밝혀내지 못하고 있다. 박정희의 수많은 '업적'(?) 가운데 필자같이 박정희를 형편없는 대통령으로 평가하는 사람도 인정할 수 있는 게 녹화사업이다. 박정희가 벌거벗은 산을 녹화하려 했다면, 전두환 일당은 '붉게 물든' 대학생들의 머릿속을 '녹화'하려는 터무니없는 계획을 세웠다. 그것도 강제징집이라는, 국방의 의무를 정권안보에 이용하는 악랄한 발상을 통해서.

개인적인 '씁쓸한' 기억

녹화사업이란 전두환의 집권 초기에 강제징집된 학생운동 출신 대학생들을 '특별정훈교육'으로 순화한다는 명목으로 보안사가 마련한 계획이다. 이 사업에 따라 강제징집된 사병들에 대한 강압적인 사상개조와 학생운동 사건 관련자들에 대한 불법연행과 수사가 자행됐

1980년 10월 고려대에 진입하는 계엄군.(격동의 한반도 새지평)

고, 엄청난 육체적·정신적 가혹행위가 가해졌다. 특히 문제가 되는 것은 보안사가 녹화사업 대상자들에 대해 관제 프락치 공작을 강요했다는 점이다. 즉 이들에게 휴가를 준 뒤 내보내 과거에 함께 활동한 동료·선후배들의 행적과 동향을 파악해 보고할 것을 강요한 것이다. "너 하나쯤 죽어도 안전사고로 보고하면 그만이다"라는 협박 속에서 엄청난 고문을 당하며 녹화사업 대상이 된 사병들의 인간성은 철저히 파괴되었다.

  녹화사업에 대하여 '씁쓸한' 기억을 갖고 있는 필자는 이를 '객관적'으로 서술할 위치에 있지 않다. 필자 자신이 녹화사업의 1기 대상자였기 때문이다. 필자가 굳이 '씁쓸한'이란 말을 쓴 까닭은 너무나 운좋게 가혹행위를 당하지도, 프락치 공작도 강요받지 않았기 때문이다. 그러나 필자는 한번도 본 적은 없었지만, 녹화사업 대상자라는 같은 운명에 놓였다가 엄청난 고통을 당하고 끝내 살해당하거나 스스로 목숨을 끊어야 했던 그분들께 늘 마음의 빚을 지고 살 수밖에 없었다.

박정희의 군사반란 이래 민주화운동 과정에서 수많은 분들이 목숨을 잃었고, 의문사라는 새로운 단어가 등장했다. 이들 의문사 사건의 대부분은 국가기관이 가해자로 추정되는 사건들인데, 피해자 신분을 보면 의문사진상규명위원회에 접수된 85건 가운데 군인이 25건으로 가장 많다. 그중 공식적인 녹화사건 관련자가 모두 6명이다.

1980년대 초반의 녹화사업은 군이 국방의 의무를 처벌의 수단으로 악용하고, 나아가 프락치 공작을 강요하였다는 점에서 씻을 수 없는 범죄행위다. 역사사회학의 세계적인 대가인 찰스 틸리는 국가의 성립 자체를 조직범죄로 보고 국가의 행동양식을 조직범죄와 견주기도 했지만, 녹화사업은 그런 국가폭력이나 국가범죄 가운데서 가장 비열하고 치사한 것이었다. 녹화사업과 강제징집은 단순히 보안사만 관련된 것이 아니라, 문교부, 병무청, 국방부, 육·해군본부, 검찰 등 정부의 여러 부서가 간여한 종합적인 범죄행위였다.

박정희 정권 때는 그래도 순진했다

아들이, 동생이 감옥에 가는 대신 군에 간 것을 다행이라고 여긴, 등록금까지 주지 않고 억지로 군대에 보냈다가 사망통지서를 받은 부모와 형제들의 가슴에 못을 박은 비열한 행위가 녹화사업이었다. "군대에 가면 운동권에서 멀어지겠지 하는 생각에 보냈는데, 그게 동생 죽으러 가는 길인지도 모르고, 부모님을 돌아가시게 하는 길인 줄도 모르고, 그렇게 보내려고 했던 것이 이제 평생 한으로 남았습니다"라고 김두황씨의 형 김두원씨는 말한다. 가족이 사진을 치워버리자 그저 아들 얼굴만 그림으로 그리던 어머니는 곧 아들의 뒤를 따랐다.

우리나라에서 강제징집을 본격적으로 학생운동에 대한 탄압으로 이용한 것은 1971년 10월의 교련반대 데모 사건이 아니었나 싶다. 박정희 정권은 학원의 군사화에 반발하는 대학생들을 경찰력만으로는 막을 수 없자 위수령을 발동하여 대학을 군홧발로 짓밟고, 전국 각 대학에서 학생운동 핵심인물 170여 명을 제적하여 군대로 보내버렸다. 그런데 이들이 한 훈련소에서 훈련을 받다보니 전국의 대학생들끼리 자연히 연결되었고, 그때 맺은 인간관계가 1974년 민청학련을 조직할 때 요긴한 밑바탕이 되었다고 한다. 그래도 박정희 시절의 강제징집은 좀 순진한 구석이 있어서 녹화사업처럼 학생운동 출신 사병들을 프락치 공작에 이용하려는 비열한 시도는 없었다.

박정희 정권 말기인 1979년 10월 전국의 각 대학은 정부의 강요로 학칙을 개정하여 지도휴학제를 도입했다. 휴학이란 원래 학생들이 스스로 선택하는 것이었지만, 이제 학교 당국—실제로는 공안 당국—이 학생들을 강제로 휴학시켜 군에 보낼 수 있는 길이 열린 것이다. 실제로 이 제도로 많은 학생들이 지도휴학 대상이 되어 일부는 군에 끌려가고, 일부는 군에 끌려가기 전에 반유신데모를 주도하여 군대 대신 감옥을 택하기도 했다. '문제학생'을 강제징집하여 군에 보내는 발상은 뒤의 녹화사업에서 보듯이 당시 전두환이 사령관으로 있던 보안사와 무관할 수 없을 것이다.

전두환이 집권한 1980년 당시 학생운동 주역들 가운데 검거되었다가 석방되거나 6개월 정도의 단기형을 살고 출옥한 사람들은 군대로 보내졌다. 전두환이 대통령 자리를 차지한 그 해 12월에는 서울대에서 학회들의 연락모임이 적발되어 이른바 '무림' 사건이 일어났고, 이듬해 초에는 부산대에서 '부림' 사건, 그리고 전국민주학생연합을 결성하려던 시도가 적발되어 '학림' 사건이란 이름이 붙었다. '무림'이니 '부림'이니 '학림'이니 하는 이름은 관련 학생들과는 전혀 상관없이 수사기관에서 임의로 이름 붙인 것인데, 어떤 증언에 따르면 고문기술자 이근안이 조직의 실체가 오리무중이라고 '무' 자를 따고, 동백림 사건의 '림' 자를 따서 돌림자로 삼았다고 한다.

6대 독자와 소아마비 장애인까지 입영

이 사건 관련자들은 대체로 A, B, C 세 등급으로 나뉘어 A급은 감옥으로 가고, B급과 C급은 군대에 강제입영되었다. 그리고 1981년 12월5일, 정부는 '소요 관련 대학생 특별조치'를 통해 학생운동과 관련된 학생들을 조기입영시키기로 했다. 조직 사건이 아니더라도 단순시위에서 검거된 학생들도 강제입영되기 시작했다. 대학생이 휴학해 학적 변동자가 되어 이르면 1개월, 늦으면 6개월 이상이 지나야 군에 입대하게 되는데, '특수학적 변동자'들은 집에서 밥 한 끼 먹을 틈도 없이 수사기관에서 군대로 직행했다.

이때 강제입영된 사람들 가운데는 군대에 갈 만한 상황이 아닌 사람들이 많았다. 필자와 함께 신체검사를 받고 군에 끌려간 사람들 가운데는 안경을 벗으면 기어다닐 정도로 눈이 나빠 이미 신체검사에서 면제를 받은 선배도 있었고, 습관성 탈골로 면제대상이 분명한 사

 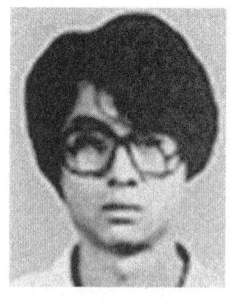

녹화사업으로 입영했다가 목숨을 잃은 김두황, 이윤성(왼쪽부터). 월북을 기도했다는 등의 억울한 누명을 썼다.

람도 있었다. 어떤 증언에 따르면 6대 독자나 소아마비 장애인까지 군에 끌고 갔다고 한다. 이윤성씨는 만 20살이 안 돼 징집연령에 해당하지 않았을 뿐 아니라 아버지가 60고령인 2대 독자로 시력도 극도로 나빴는데도 군에 강제징집되어 결국 녹화사업으로 목숨을 잃었다. 월북을 기도하여 보안대에서 조사받았다는 터무니없는 누명을 쓴 채.

녹화사업은 전두환 정권 출범 이후 본격적으로 강제징집된 학생들이 제대할 시기가 가까워지면서 시작되었다. 1981년 1월에 입대한 무림 사건 관련자들 가운데 교련교육으로 병역단축 6개월을 받은 사람들은 1983년 3월 말께 제대하도록 되어 있었다. 전두환 일당은 국방의 의무를 악용해 '문제학생'들을 학원에서 분리했지만, 학원시위는 가라앉지 않았고, 이제 강제징집된 학생들이 줄줄이 학원으로 돌아가게 되자 어떤 대책을 세우는 것이 필요하다고 생각한 것이었다.

이에 보안사는 1982년 9월 사령부 대공처에 중령 서의남을 책임자로 하는 5과(심사과)를 신설하고, 그들의 용어로 '문제발생을 미연에 방지할 수 있는 적극적 예방대책'을 세운다. 그런데 여기서 주목해야 할 점은 이 과정에 전두환이 깊이 개입했다는 것이다. 당시 보안사 대공처장 최경조의 증언에 따르면, 보안사 간부들과의 청와대 만찬에서 운동권 출신 입대자들이 불온낙서를 하고 있다는 이야기가 나오자 전두환이 "야, 최경조, 너 인마 뭐하는 거야"라고 질책하여 특별정훈교육 계획을 세우게 되었다고 한다. 보안사의 특성상, 그리고 보안사령관 출신인 전두환과 보안사의 특수한 관계를 놓고 볼 때 당시 전두환의 이런 발언은 '명백한 지시'였다.

1980년 이후 군에 강제징집된 학생들의 수는 약 1,100명으로 추산된다. 군이 정확한 자료를 내놓지 않아 실상을 파악하기는 힘들지만, 1981년 11월부터 1983년 11월 사이의 입대자 447명 가운데 1982년 9월부터 녹화사업이 외형상 중단되는 1984년 11월까지 모두 256명이 교육을 받은 것으로 되어 있다. 물론 이 통계는 축소된 것으로 무림사건 관련자 등 1981년 11월 이전에 입대한 사람들은 빠져 있다.

새까만 쫄따구에게 '부탁' 했다?

1988년 12월 5공청문회에서 당시 보안사령관 박준병은 프락치 공작을 일부 시인했다. 그런데 그는 정보수집과 관련하여 일부 관계자들이 사병들에게 '부탁' 한 사례가 있었을 것이라고 발뺌했다. '부탁' 이라니! 군대에 '부탁' 이라는 게 있을까? 더구나 서슬 푸른 보안대의 수사관들이 새까만 쫄따구에게 '부탁' 을 하겠는가? 1983년 5월에 이윤성, 6월에 김두황, 7월에 한영현, 8월에 최온순이 연달아 목숨을 잃었다. 이들이 겨우 '부탁' 을 거절하지 못해 목숨을 끊거나 죽임을 당해야 했겠는가?

친구를 팔라는 프락치 공작은 국방의 의무를 지는 사병들을 공작정치의 도구로, 아니 자신의 출세를 위한 도구로 사용하려던 보안사 요원들의 비열한 인간성 파괴행위였다. 일부는 친구들에게 사실을 고백하고 다 아는 정보를 물어다주기도 했고, 어떤 사람은 그 좋은 휴가기간에 아무도 만나지 않고 전화도 하지 않고 두문불출하다가 귀대하기도 했고, 일부는 어쩔 수 없이 몇 가지 사실이나 이름을 대주고

의문사진상규명위원회는 이제 녹화사업의 최고 책임자인 전두환의 소환을 준비하고 있다.(81 보도사진연감)

는 평생을 괴로워해야 했다. 녹화사업은 단순한 정훈교육이 아니었다. 몇몇 비전향 장기수들은 과거 박정희 시대의 강제전향공작에서도 단순히 전향서에 도장을 찍는다고 전향으로 받아들이는 것이 아니었다고 증언한다. 동지를 팔아야만, 그래서 다시는 과거의 동지들과 만날 수 없게 되어야만 전향으로 인정했다는 것이다. 전두환의 보안사는 '순화'의 기준을 단지 교육을 받는 것에 그치지 않고 이렇게 반인륜적인 수준에서 강요했다. 그리고 일부 보안사 요원들은 학생들을 이용하여 출세하려고 눈에 불을 켜고 프락치 공작을 강요했다. 당시 보안사는 공작예산의 절반가량을 이 사업에 쏟아부을 정도로 녹화사업을 강력히 밀고 나갔다.

흉흉한 소문으로 떠돌던 프락치 공작과 학우들의 사망소식에 관한 학원괴담은 1984년 3월에 제적생과 해직 근로자를 위한 기도회에서 처음으로 종합적으로 제기되었으며 국회에서도 문제가 되었다. 여론이 거세지자 정부는 1984년 9월에 '소요 관련 대학생 조기입영제'를 폐지했고, 이어 녹화사업의 전담부서인 보안서 3처5과도 폐쇄

했다. 그러나 녹화사업이 전면 중단되지는 않았다. 1990년의 윤석양 이병의 양심선언에서 보듯이 학생운동 관련자들을 이용한 프락치 공작과 민간인들에 대한 사찰은 계속되었다. 전 국민이 입대예정자, 군복무자, 전역자이거나 그 가족인 이 땅에서, 누구도 보안사의 촉수를 벗어날 수는 없었던 것이다.

군사정권 시기에 일어난 의문사를 파헤치기 위해 설치된 국가기관이 의문사진상규명위원회다. 이 기관은 그냥 만들어진 것이 아니다. 의문의 죽임을 당한 아들딸을 가슴에 묻은 부모님들이 421일이라는 오랜 기간 국회 앞에서 농성을 해 겨우 얻어낸 것이다. 의문사진상규명위원회는 출발도 힘들었지만, 그 권한은 너무나 미약했다. 의문사 사건은 모두 군·보안사·안기부·경찰·검찰·교도소 등 힘있는 기관과 관련된 사건들이다. 그러나 의문사진상규명위원회에는 이들 기관을 상대할 아무런 수단이 없다. 기껏해야 출석요구에 불응하는 사람에게 과태료를 물릴 수 있을 뿐인데, 그나마 과태료를 어떤 방식으로 부과할지에 관한 절차도 확실치 않다. 진상규명위원회에서 관련자의 인적 사항을 요구하면 몇 달씩 묵히다가 주민등록번호, 당시 주소·본적 등을 한 가지씩 알려주는 식이다. 자료를 요구하면 폐기하였다거나 아니면 어떤 자료인지 구체적으로 문건명을 적시하라고 한다. 도대체 밀실에서 은밀하게 이루어진 정보기관의 문건명을 진상규명위원회가 어떻게 적시할 수 있단 말인가?

전두환 자녀들과 비슷한 연배인 희생자들

남아프리카공화국의 '진실과 화해위원회'의 경우 가해자들로부터 참혹한 사건들의 진실을 끌어낼 수 있었던 유력한 도구는 사면권이었다. 자신이 알고 있는 진실—자신이 가해자였던 사건까지 포함하여—을 말해주는 대가로 '진실과 화해위원회'는 진술인이 기소되지 않도록 불처벌을 약속했다. 가해자에 대한 처벌을 희생해 진실을 사들이는 이 방식을 놓고 반발도 만만치 않았다. 2001년 4월 한국을 방문한 '진실과 화해위원회'의 란데라 박사는 처벌을 통한 정의 구현을 바라는 사람이 많았기 때문에 진실고백을 한 사람을 사면한다는 조항이 헌법재판소에까지 올라갔다고 전했다. 남아공의 악명 높던 '아파르트헤이트'라는 인종분리정책의 앞잡이들이 어떻게 사랑하는 가족들을 고문하고, 살해하고, 그리고 그 시체를 불태우거나 악어가 우글거리는 강 속에 처넣었는지를 들어야 했던 가족들이 가해자들의 처벌을 원하는 것은 당연했다. 그러나 남아공은 처벌에 앞서 진실을 택했고, 진실에 근거한 화해를 추구했다. 그런데 우리의 경우 의문사의 가해자로서 음습한 진실을 알고 있는 사람들은 이미 공소시효의 완성이란 면죄부를 손에 쥐고 있다.

녹화사업은 단지 의문사 6건의 개별적인 사건 모음이 아니다. 이는 국가권력의 정점에서 내려진 지시에 의해 관련기관이 총동원되어 자행된 체계적인 국가범죄다. 힘없는 민주당과 과거 국가범죄에 직접적인 책임이 있는 인사들이 득시글거리는 한나라당은 여론에 떠밀려 의문사진상규명에 관한 특별법을 만들었다. 그리고 시민사회 내에서 의문사의 진상규명을 위해 노력한 사람들은 대부분 진상규명위원회에 참여했다. 그렇게 되다보니 이 운동을 밖에서 지원할 시민사회의 일꾼들이 존재하지 않게 된 것이다. 녹화사업으로 의문사한 정성희씨는 일기에서 언론이 제구실을 못할 때 국민은 무기력해진다고 언론을 질타했다. 그 언론들은 의문사를 외면한 것처럼 진상규명위원회의 활동도 외면하고 있다. 어려운 여건 속에서 고군분투해온 진상규명위원회는 이제 녹화사업의 최고 책임자 전두환의 소환을 준비하고 있다. 녹화사업의 희생자들은 전두환의 자식들과 비슷한 연배다. 무능한 대통령과 여당, 무책임하고 뻔뻔한 야당, 그리고 무관심한 시민사회의 합작으로 어쩌면 저 녹화사업을 비롯한 의문사 가해자들에게 면죄부를 주게 될 날이 가까워 오고 있는지도 모른다. 살아남은 우리는 어떻게 해야 할 것인가?

소집해제 대상 '예비군 제도'
_예비군은 우리의 국가안보에 어떤 기여를 하고 있나?

〈라이터를 켜라〉라는 영화가 있다. 우리의 어리버리 허봉구는 예비군 훈련을 갔다가 전 재산 300원을 투자해 라이터를 샀다. 그런데 그 소중한 라이터를 서울역 화장실에 두고 나오고, 예비군 훈련장에서 만난 조폭 두목이 그 라이터를 주머니에 넣고 만다. 열받은 허봉구는 서울부터 부산까지 가는 새마을호에 조폭 두목을 따라 타고는 죽도록 맞으면서 라이터를 내놓으라고 한다. 불굴의 예비군정신? 이건 어딘가 어색하다. 그러나 영화의 앞부분에서 보여주는 예비군 훈련장 모습은 아주 생생하게 그려져 있다. 예비군에 점심값과 교통비를 지급하기만 했어도 어리버리 허봉구는 아버지 지갑에 손을 대다가 얻어터지고 처량하게 훈련받으러 가지는 않았을 것이다. 정부에서 점심값을 충분히 주었더라면 허봉구는 도시락을 사먹을 수 있었을 것이다. 라면 한 그릇 값도 안 되는 1,500원! 어떤 예비군은 차라리 주지나 말라고 흥분한다.

자는 건 좋은데 떠들지만 말라

멀쩡한 사람들도 예비군복 입혀서 모아놓으면 달라진다. 고성방가는 기본이고, 예쁜 여자 지나가면 휘파람 부는 것도 빠지지 않는다.

노상방뇨도 서슴지 않는다. 예비군이 되는 순간 우리의 행동방식, 사고방식은 달라진다. 정신교육 시간에 강사나 교관은 자는 것은 좋은데 떠들지만 말아달라고 하소연한다. 한참 뛰어야 할 나이에 어디가서 자는 것은 좋지만, 떠들지만 말아달라는 소리를 들을 수 있을까? 예

정부는 1991년 4월부터 9월까지 예비군을 방범활동에 동원하기도 했다.
방범순찰중인 예비군.

비군은 당연히 군기가 빠져 있다. 아니, 군기가 바짝 들었다면 그는 예비군이 아니다. 예비군의 군기는 왜 빠져 있는 것일까? 여기에 대한 답으로는 우스갯소리 하나가 있다. 예비군은 제대할 때 예비군복을 받는다. 그런데 대부분의 사람들은 제대 뒤에 체중이 는다. 쌓여가는 인격과 세월을 감당하지 못해 상의와 하의의 단추는 풀리게 마련이고, 복장의 해이는 정신의 해이로 이어진다는 것이다.

예비군이 창설된 것은 1968년. 실제로 향토예비군 설치에 관한 법률이 처음 제정된 것은 5·16 군사반란 직후인 1962년이지만, 이 법안이 개정을 거쳐 실행된 것은 1968년이다. 이 해 1월21일 김신조 등 이북 특수부대 31명이 청와대를 기습하려다 미수에 그친 사건이 발생한 직후 박정희는 향토예비군 250만 명을 무장할 계획을 세워 예비군 창설을 일사천리로 밀어붙였다. 그 결과 4월1일 대전 공설운동장에서 향토예비군 창설식을 거행하였다.

1968년에 창설된 예비군 제도는 그동안 무수하게 고쳐졌지만, 비

경기도 연천군 예비군 훈련장 폭발 사고 현장에서 군인들이 사망자의 시신과 부상자들을 옮기고 있다.

교적 큰 수술이 가해진 것은 1993년에 일어난 불행한 사건 직후였다. 그 무렵은 하늘과 땅, 바다에서 대형사고가 빈발해서 육해공에서 다 터진다는 말이 돌더니 급기야 예비군에서도 창설 이래 최대의 사건이 터진 것이다. 1993년 6월10일 경기도 연천의 동원 예비군 훈련장에서 포사격 훈련 중 폭탄이 터져 예비군 16명, 현역 4명 등 모두 20명이 숨지고, 5명이 중상을 입는 참사가 일어났다. 1개 포반은 보통 8~9명으로 구성되나 당시 예비군들은 모두 23명이 편성되었으며, 안전교육도 제대로 실시되지 않았다. 또 상당한 전문성이 요구되는 포사격이었음에도 불구하고, 사고를 당한 예비군 대부분은 포병이 아닌 보병이나 다른 병과 주특기를 가진 사람들이 많았다. 예비군을 교육하는 조교는 현역 1명과 방위병 2명이었는데, 방위병의 경우 포에 대한 지식이 없어 고작 인원점검과 담배 피우지 말라는 안전교육 이외에는 현장에서 할 수 있는 일이 없었다. 이 사고는 예비군과 관련된 모든 문제를 드러낸 계기가 되었다. 더구나 당시 예비군의 수는 동원 270만 명, 일반 169만 명 등 430만 명에 달해 방대한 행정관리가 요구되고 있었다.

법률상 시위진압 동원도 가능

직장예비군에 속해 있는 사람들은 예비군 훈련을 하나의 아주 재미없는 휴가 정도로 생각할 수도 있다. 그러나 지역예비군의 대다수를 차지하는 자영업자나 일용근로자의 경우, 예비군 훈련을 가면 그 날은 완전히 공치는 날이다. 돈있는 사람들은 일당을 주고 대리출석을 시키기도 하고 훈련담당자에게 뇌물을 주어 훈련을 빠지기도 했지만, 돈없는 사람들은 몸으로 때워야 하니 참으로 난감한 일이었다. 1990년대 초반 국방연구원은 예비군 제도로 인해 한창 일할 나이의 사람들이 생산현장에서 유리됨으로써 발생하는 경제적 손실이 1조3천억 원에 달한다고 발표했다.

향토예비군 설치법은 어쩌면 우리나라에서 가장 많은 전과자를 양산해낸 법률일 것이다. 1993년까지 예비군 대원이 이사갈 때 예비군 편성신고를 하지 않았을 경우 징역 또는 벌금형을 부과해 매년 약 1만 명의 전과자가 양산돼왔다. 이 법은 예비군 훈련 대상자가 거주지를 옮길 경우 14일 안에 전입신고를 마치도록 규정하고 있는데, 하루만 어겨도 곧바로 경찰에 고발돼 10만 원 이상의 벌금형을 받게 돼 있었다. 법이 개정되기 이전에는 서울 시내 경찰서마다 한 달 평균 200여 명의 향군법 위반자가 동사무소로부터 고발되고 있었으며, 이

중 70%가 형사입건되었다. 더욱이 이들 향군법 위반자 가운데 80%가 14일 안에 전입신고를 하지 않았다는 이유로 고발된 사람들이어서 이만한 사유로 전과자가 되는 것은 너무 가혹하다는 여론이 거세게 일었다. 예비군법 위반에 대한 처벌은 1993년 연천 참사 이후 예비군 제도가 개선될 때 완화되었다가 1997년에 다시 강화되었다. 국방부는 예비군 훈련을 3차례 참가하지 않으면 향토예비군법에 따라 고발하던 것을 1997년부터는 2차례 무단 불참하면 고발하기로 방침을 변경한 것이다.

1968년 예비군이 창설될 당시 개정된 '향토예비군설치법'에 따르면, 예비군의 임무는 무장공비의 침투가 있거나 예상되는 지역에서 활동하는 것으로 국한되어 있다. 그런데 1980년 12월의 개정에서는 여러 가지 임무가 추가되었는데, 그중에서 단연 눈길을 끄는 것은 "무장소요가 있거나 그 우려가 있는 지역 안에서의 무장소요의 진압"이라는 항목이 추가된 것이다. 여기에는 "경찰력만으로 그 소요를 진압 또는 대처할 수 없는 경우에 한한다"는 단서가 붙어 있기는 하지만, 대규모 대중시위가 무장시위로 발전하는 경우 위수령이나 계엄령 등의 절차를 밟지 않고도 무장한 예비군을 동원하겠다는 것이다. 특히 이런 개정안이 통과된 시점이 광주민중항쟁 직후라는 점은 주목할 만하다. 당시 광주의 예비군들은 적극적으로 시위에 가담하여 시민군에서 중요한 역할을 수행하였다. 신군부는 이런 현상을 방지하고, 시위의 진압에 예비군을 동원할 계획을 세운 것이다.

실제로 1991년 5월 9일, 강경대군 치사살인 사건 이후 학생시위가 격화된 이른바 '분신정국' 시기에 육군 수도방위사령부는 예하 부대에 소요진압에 대비한 작전태세를 강화하라는 지시를 내리기도 했다. 그런데 수방사가 청와대 등 특수지역에 대한 경비를 담당하는 3개의 경비단을 제외하고는 대부분 예비군 동원사단으로 편제되어 있다는 점에서 이런 지시는 의구심을 불러일으키기에 충분한 것이다. 실제로 서울 지역의 일부 예비군 동대에는 "소요진압 작전태세를 강화하고 전 부대는 즉각 출동태세를 유지하라"는 내용의 대외비 공문이 일부 하달되었다. 소요진압 작전에 예비군이 투입되면 동원중대가 출동하게 되며 출동 예비군들은 대간첩작전 때와 마찬가지로 목진지 차단목을 점령하는 임무를 맡게 되는데, 목진지 차단목에는 주요시설 이외에 네거리 등 주요도로까지 포함돼 있어 시위대를 막거나 주모자를 체포하는 데 얼마든지 사용 가능하다. 다행히 예비군이 시위진압을 위해 투입되는 불상사는 없었지만, 법률상 시위진압에의 동원이 얼마든지 가능한 채로 예비군을 둔다는 것은 민주국가에 걸맞지 않은 일이다.

'범죄와의 전쟁' 87만 명 투입에 37명 검거

할 일 없는 예비군에 어떤 일을 시킬까 궁리하던 정부는 1991년 4월부터 9월까지 예비군을 방범활동에 동원하기도 했다. 당시 '범죄와의 전쟁'이 한창이었는데, 전국적으로 무려 87만 명의 예비군이 동원되어 37명의 범인을 검거하는 혁혁한(!) 전과를 거두기도 했다. 예비군의 방범대원화를 꾀한 정부의 발상은 우선 향토예비군 설치법에 규정된 예비군 본연의 임무에도 위배될 뿐 아니라, 그 실적에서 보듯이 2개 사단에 육박하는 예비군 2만3천여 명당 잡범 1명의 검거라는 비효율의 극치를 보여주었다.

예비군이 하는 일은 또 있다. 군지휘관과 밀접하게 연결된 종교행사에 동원되는 것이다. 그 대표적인 예가 1990년 4월26일 잠실 올림픽 주경기장에서 열린 '민족화합과 통일을 위한 대성회'였다. 이 행사에는 서울 전역의 예비군 5만 명이 동원되었는데, 당시 예비군 당국은 이 행사에 참석하면 12시간의 산악행군을 면제해주지만 불참하면 1.5배의 벌칙교육을 받게 된다며 당근과 협박을 내밀어 예비군을 동원했다. 이런 병폐는 이 행사가 언론에 보도되는 등 크게 문제가 되었음에도 고쳐지지 않았다. 1991년 4월, 6월, 그리고 11월 서울 잠실 학생체육관에서 열린 '새질서 새생활 확립을 위한 민·관·군 연합 대성회'라는 긴 명칭을 가진 집회도 종교행사라기보다는 차라리 예비군과 방위병들의 인원점검대회였다고 할 수 있다. 모두 1만2천여 명이 참가한 이 대규모 집회에는 현역 군인 800명, 예비군 2천여 명, 방위병 4천여 명과 그 가족들이 참가하였다. 당시 예비군 중대는 대원들에게 '예비군복 대신 깨끗한 사복을 입고 개인소지 성경책을 지참해 달라'는 친절한 안내문을 배포했다.

예비군이 설치될 당시부터 예비군의 정치적 이용 문제는 쟁점이 되었다. 그래서 법으로도 예비군의 정치적 이용을 금하고 있지만, 많은 경우 이 법은 사문화되었다. 예비군 훈련, 특히 정신교육 시간에 강사나 교관이 안보를 빙자하여 극우적인 발언을 하는 것은 다반사였지만, 가장 문제가 되었던 사례는 1996년 연세대에서 발생한 한총련 사태 직후 국가안전기획부 산하단체가 제작한 예비군 교육용 비디오 사건이었다. '한총련의 실체'라는 제목의 이 비디오는 한총련을 비난하는 데 그치지 않고, 한총련 학생 구속영장을 기각한 판사를 '좌익동조자'로 몰기까지 했다. 예비군 교육에서 시대착오적이고 일방적인 교육을 하는 것은 너무나 흔한 일이지만, 이 사건은 대법원이

안기부와 국방부에 강력히 항의함으로써 정치 문제가 된 것이다.

예비군은 우리의 국가안보에 어떤 기여를 하였을까? 예비군 자신에게 물어보면 자기가 받는 어영부영 훈련이 국가안보에 기여하고 있다고 답하는 사람은 찾기 어려울 것이다. 예비군의 사회적 기능에서 중요한 것으로 꼽을 수 있는 것은 국가안보에의 기여보다는 국민건강과 가족계획에 대한 기여를 들 수 있을 것이다. 헌혈은 예비군이 국민건강에 기여(!)한 중요한 분야이다. 헌혈에 대한 관념이 부족하여 우리나라는 매혈에 한동안 의존해야 했는데 1970년대 후반부터 시작된 예비군 훈련장에서의 헌혈은 오후 훈련 면제라는 막강한 매력 때문에 본의 아니게 국민건강에 크게 이바지하였다. 또 예비군 훈련장은 세계에서 유례를 찾기 힘들 정도로 성공적이었다는 가족계획의 치열한 현장이었다. 정관수술이 가장 많이 이루어진 곳이 예비군 훈련장이다.

1971년 대통령선거 당시 40대의 김대중 후보는 돌풍을 일으키며 박정희를 위협했다. 그 당시 김대중 돌풍에는 몇 가지 이유가 있지만, 그의 공약, 특히 예비군 폐지 공약이 먹혀들어갔기 때문이다. 그러나 그로부터 한 세대가 흘러 그때 처음 예비군 훈련을 받던 사람들의 아들들이 예비군 소집에서 해제될 나이가 되었건만, 이 땅에서 예비군 폐지의 이야기는 들리지 않는다. 예비군 폐지를 공약으로 내세워 돌풍을 일으켰던 김대중이나, 1968년 6월 예비군이 창설된 지 두 달도 안 되어 예비군 폐지에 관한 법률안을 제안했던 김영삼 모두 대통령이 되었지만, 예비군 폐지는 감히 입에 담을 수 없도록 우리 사회는 극우의 벽 뒤로 뒷걸음질친 것이다.

예비군 제도도 소집해제돼야

　과연 무엇 때문에 예비군 폐지가 이토록 어려워진 것일까? 1971년 선거에서 김대중이 예비군 폐지를 공약으로 내세울 수 있었던 것은 이 제도가 실시된 지 3년여밖에 안 되어 아직 우리 사회에 뿌리를 깊이 내리지 않았기 때문이다. 그러나 지금까지 35년째 예비군 제도가 운영되면서, 우리 사회에는 이 제도의 덕으로 먹고사는 사람들이 상당히 많이 생겨나게 되었

1989년 2월, 80년에 강제해직된 예비군 중대장 1천여 명이 국회 앞에서 복직과 피해보상을 요구하고 있다.

다. 가장 손쉽게 생각할 수 있는 사람들은 예비군 중대장을 비롯한 각급 지휘관들이다. 현재 지역예비군 동대장은 3,800여 명이며, 직장예비군 중대장 역시 이에 근접한 숫자일 것이다. 그런데 직장예비군 중대장은 직장 소속으로 근로기준법의 보호를 받기 때문에 예비군 제도가 폐지된다 하더라도 쉽게 해고되지는 않을 것이다. 그러나 동대장급 이상의 지휘관들의 경우는 법원의 판례상 근로자가 아니기 때문에 당장 일자리를 잃게 된다. 5천여 명의 예비역 장교들이 일자리를 잃게 될 뿐 아니라, 현재 군의 하급 장교로 복무하다가 전역하는 사람들도 장차의 일자리를 잃게 되는 것이다. 예비군 지휘관 이외에도 예비군으로 먹고사는 사람들은 많다. 예비군 훈련에 초빙돼 안보강연을 하는 강사들, 전국 수백 개의 예비군 훈련장에서 성업 중인 식

당과 매점, 예비군들을 실어 나르는 이른바 '수송협회'에 속한 차주와 운전기사들, 훈련장 인근의 가게들, 예비군복 등 복장을 판매하는 사람들 등등 예비군 제도의 존폐에 생사를 걸어야 할 사람들은 의외로 많다.

그러나 예비군 제도의 폐지를 위해 넘어야 할 가장 어려운 장애물은 군, 특히 육군이다. 1973년 주월한국군사령부가 베트남에서 철수하기 직전, 미군 7사단은 한국에서 철수하였다. 이 공백을 메우고, 주월한국군사령부의 별자리를 유지하기 위해 육군은 새로이 3군사령부를 창설하여 서부전선의 방위를 담당하도록 했다. 이와 함께 후방의 2군은 예비군 동원을 전제로 편성하는 동원사단이나 향토사단 위주로 재편되었다. 이 과정에서 육군의 사단 수는 20개에서 40개로 배로 늘어났다. 동원사단은 현역병은 거의 없이 예비군으로만 채워지는 사단이고, 향토사단은 일부의 현역병이 편제되어 있으나 역시 예비군 동원을 전제로 하고 있다. 이런 간편부대의 경우에도 사단장, 연대장, 연대참모, 대대장, 중대장은 모두 현역으로 배치되고, 대대참모나 소대장만 예비군으로 구성된다. 따라서 예비군 제도는 동원-향토사단 20여 개를 보유하고 있는 육군에 엄청난 일자리를 제공하고 있는 셈이다. 일반예비군만 폐지한다면 예비군 중대장들의 직업이 날아가는 문제이지만, 동원예비군까지 포함한다면 근 20개 사단의 장성급, 영관급, 위관급, 부사관의 자리가 줄어드는 문제인 것이다.

현재 예비군 폐지 문제는 단지 예비군 중대장들의 직업 문제만이 아니라 한국군, 특히 육군의 운영체계 전반과 밀접한 관련이 있는 복잡한 문제이다. 이 때문에 정치인들은 군부의 눈치를 보느라 예비군 문제와 관련해서는 잘해야 일반예비군 폐지만을 언급할 뿐, 군의 별

자리, 영관급 자리 문제가 걸린 동원예비군에 대해서는 입을 다물고 있는 것이다. 그러나 예비군 폐지 문제에 아무리 큰 장애가 놓여 있다 할지라도, 이 문제를 언제까지 외면할 것인가? 우리가 이 땅에 평화를 이루고, 통일로 가기 위해서 군축은 필수적인 일이다. 우리 군도 소수정예화의 길을 언제까지 미룰 수는 없다. 어차피 한번은 치러야 할 일이 군의 군살빼기이다. 현재의 예비군이 실질적인 예비전력으로서의 기능을 할 수 있는가? 과연 300만 명의 예비군, 500만 명의 민방위가 국가안보를 위해 정말로 필요한가? 우리 군이 인해전술을 전술에 포함시키고 있지 않다면, 예비군과 민방위는 당연히 폐지되어야 한다. 그 백지의 토대 위에서 우리는 군축과 모병제를 내다보면서 유사시에 실질적인 예비전력으로서의 기능을 할 수 있는 예비전력을 육성해야 한다. 예비군이 동원되어야 완전부대가 되는 부대는 평시에 정상적인 훈련을 할 수도 없어 군의 몸집만 불릴 뿐 그 효율성을 떨어뜨릴 뿐이다. 기존의 예비군 체제를 그대로 두고 정예군대의 육성을 꾀할 수는 없다.

현재의 예비군은 예비전력으로서 기능하기에는 너무나 방대하고 방만하다. 할 일 없는 예비군을 운영하다보니 방범대원으로 활용한다든지, 종교행사에 동원한다든지 하는 등 본래의 목적과는 아무런 상관도 없는 엉뚱한 일에 동원하기 일쑤다. 정부나 군이 현 상황에서 예비군을 그대로 두려는 이유는 두 가지이다. 하나는 예비군 제도가 이미 현재의 군체계, 특히 동원사단의 유지를 위해 필수적인 부분이 되었다는 점이다. 또 다른 이유는 예비군 제도만큼 국가가 국민을 마음대로 부릴 수 있다는 것을 끊임없이 확인시켜주는 제도가 없기 때문이다. 예비군, 이런 훈련을 왜 받아야 하나 하는 생각을 가장 많이

하는 사람들은 물론 예비군들이다. 그러나 그때뿐, 돌아서면 또 예비군 훈련을 잊고 여러 달을 보낸다. 훈련장에서 예비군은 반항하지 않는다. 다만 개길 뿐이다. 그러나 우리 사회의 민주화와 한반도의 평화를 위해서는 예비군들이 자신의 문제를 직시해야 할 필요가 있다. 더구나 현재의 예비군 제도는 예비전력으로서의 기능을 전혀 하지 못하고 있다. 현재의 예비병력을 정예화해서 실질적인 예비병력이 되도록 예산과 인원을 재검토하는 작업이 절실히 요청된다. 이제는 서른 다섯 살이 된 예비군 제도, 사람이라면 벌써 예비군에서 소집해제되었을 나이다. 예비군 제도 자체가 소집해제될 날은 언제일까?

인민군도 무작정 처벌 안 했다

_다시 보는 양심에 따른 병역거부의 역사

2001년 11월 어느 날 늦은 저녁 한 청년이 연구실로 찾아왔다. 청년은 곧 군대에 가야 하는데 현재 양심적 병역거부 문제로 고민 중이라며 나의 조언을 구했다. 많은 이야기를 나눴지만, 부끄럽게도 나는 그 젊은이에게 "장하다, 당신의 양심을 지켜 꿋꿋이 살아라"라고 말해주지 못했다. 대신 나는 요즈음 웬만한 벤처기업들도 다 병역특례를 신청할 수 있는데, 눈 딱 감고 4주 간 군사훈련 받으면 안 되겠느냐고 말했다. 보고 있는 사람의 마음까지 편안하게 만드는 선한 눈빛을 가진 청년은 조용히 웃어주었다. 그가 바로 한 달쯤 뒤 여호와의 증인이 아닌 사람으로는 수십 년 만에 처음으로 양심에 따른 병역거부를 선언한 오태양씨였다.

전쟁 때는 비무장 병과로

평화주의자이며 불교신자인 오태양의 병역거부 선언이 양심에 따른 병역거부운동을 확산시키는 중요한 계기가 됐지만, 우리는 오태양 이전에 이미 1만여 명의 젊은이들이 자신의 양심의 명령에 따라 병역이나 집총을 거부해 징역을 살았다는 점을 기억해야 한다. 이들은 대부분이 여호와의 증인이고, 100명 안팎은 흔히 안식교라 불리는 제칠일안식일예수재림교회 소속 젊은이들이었다.

이 땅에서 양심적 병역거부의 역사는 일제가 우리 민족에게까지 징병제를 확대한 1944년으로 거슬러올라간다. 이때 대부분의 젊은이들은 어쩔 수 없이 일제의 총알밥으로 전선에 끌려갔지만, 적지 않은 청년들은 일제의 입장에서 볼 때 괘씸하기 짝이 없게 '병역기피'를 했다. 이때 징병을 기피해 지리산 등에 숨어든 '비국민'(非國民) 청년들 중에는 민족주의나 공산주의 같은 사상을 견지하고 반일의 입장에서 징병을 거부한 사람들도 있고, 또 명확한 반일의식 때문은 아니더라도 남아 있는 가족들의 생계를 걱정하거나, 전선에서 죽을까 두려워한 사람들도 있었다. 그런데 여호와의 증인들은 당시에도 전쟁과 관계된 일체 행위에 동참할 것을 거부한다는 종교적 양심에 따라 징집을 거부해 처벌을 받았다. 그들은 해방 이후에도 여전히 전쟁과 관련된 어떤 일에도 동참하거나 협력하기를 거부하고 있고, 또 처벌을 받는다.

한국전쟁 발발 직전인 1950년 3월이라면 이북이 한창 전쟁준비에 힘쓸 때인데, 이때 인민군에 징집된 안식교 청년들이 종교적 신념을 내세워 끝까지 집총을 거부하자 인민군 당국은 이들을 집으로 돌려보냈다. 전쟁이 발발하자 이들 중 일부는 재징집되었다. 전쟁 기간 중임에도 이들이 집총을 거부하자 총살시킨다고 위협을 가하기도 했지만, 인민군은 결국 이들을 비무장 병과인 피복창에 근무하도록 하거나 장애인들로 구성된 비무장 후방부대에 편입시켰다.

남쪽도 사정은 비슷했다. 대구 피난길에 징집된 안식교인은 집총을 거부해 9일 간 영창에 갇혔다가 지휘관의 배려로 집총훈련 없이 비무장요원으로 복무할 수 있었다. 물론 당시에 군형법의 기능을 수행한 국방경비법에도 최고 사형까지 시킬 수 있는 항명죄가 있었지만, 양심적 집총거부자들에게 적용되지는 않았다. 집총거부자들에 대한 처리 기준이 없다 보니 소대에서부터 연대까지 어떤 상급자나 지휘관을 만나느냐에 따라 처리가 천차만별이었다. 간혹 집총거부자들에 대해 이해심을 갖고 이들을 비무장요원으로 근무토록 배려해주는 지휘관들이 있었다. 그러나 "사람 만들어준다"며 살인적인 구타를 가하거나 한겨울에 얼음을 깨고 물통에 집어넣고, 실신했다가 깨어나면 다시 반복하고, 총살시킨다고 위협하는 것이 더 보편적이었다. 이러다 보니 집총거부자들 중에 너무 심하게 얻어맞아 의병제대하는 사람들이 속출했다. 삼육대 오만규 교수가 편집한 『집총거부와 안식일 준수의 신앙양심』에 실려 있는 안식교인들의 수기는 참으로 눈물겹다. "빨갱이보다 더 악질"인 '비국민'으로 몰려 무자비하게 얻어맞고, "나는 미쳤다"라고 외치면 모든 요구를 들어주겠다는 유혹이며, M1 소총을 거꾸로 입에 물고 30분 이상을 버티고, 4시간이 넘게 몽둥이 찜질을 당하고…. 이단의 종교에 빠져 미쳐버린 자들을 "사람 만들어준다"는 너무나 '인간적'인 방침에도 몽둥이를 쥔 자들이 규정한 '사람'이 되기를 거부하는 청년들이 계속 나오자, 군당국은 이들을 사법처리하기 시작했다.

결국 흔들리고 만 안식교회 지도부

양심에 따른 집총거부가 법적으로 처벌받기 시작한 것은 1950년대 후반부터다. 여호와의 증인들은 전쟁과 관련된 일체 행위에 가담하는 것을 거부하기 때문에 당연히 군에 입대하지 않았다. 따라서 이들은 전문용어로 완전거부자(complete objector)들이다. 반면 안식교인들은 군대에는 입대하지만 집총을 거부하고 비무장 병과에서 근무하기를 원하는 비전투원(noncombatant), 또는 양심적 협력자(consciencious cooperator)들이다. 징집 자체를 거부하는 여호와의 증인들은 민간법정에서 병역기피로 처벌받았다면, 안식교인들은 일단 군에 입대한 뒤 집총을 거부해 항명죄로 처벌받았다. 1956년에는 예비역 훈련에 소집된 안식교인들이 집총을 거부해 실형을 선고받았으나 70여 일 만에 석방됐다. 현역입대자가 집총을 거부해 항명죄로 처벌받기 시작한 것은 이보다 뒤인 1958년의 일이다. 논산훈련소에서 집총을 거부한 신학생 출신 안식교인 청년 2명이 6개월형을 선고받은 것을 시작으로 1년에 10여 명의 안식교 청년들이 처벌을 받았다. 그러나 당시의 형량은 길어야 1년 이내였다.

1950년대에는 안식교의 집총거부를 허용할 것인가가 논란이 되기도 했다. 결국 안식교인 청년들이 선고를 받기는 했지만 길어야 형량 1년 이내였다.

한편 정부에서도 안식교인들을 처벌 일변도로만 대한 것은 아니다. 1957년 4월 3일 국방부 장관 김용우는 장관 특명 '국방총제2288호'를 통해 각 군 참모총장에게 안식교인 병사들을 위생병 또는 기타 직접 무기를 휴대치 않는 병과에 가급적 배치할 것을 명령했다.

집총거부자들에 대한 처벌이 강화된 것은 5·16 군사반란으로 군사정부가 들어선 이후다. 총칼로 정권을 잡은 반란범들의 세상에서 집총거부자들에 대한 형량은 점차 늘어나 5년, 6년씩 징역이 선고됐다. 그런데 이렇게 장기 징역형을 때리다 보면 이들이 한번에 병역이 면제가 되어 재미가 없었던 모양이다. 그래서 당국은 이들을 1년 반에서 2년 정도의 징역을 선고하고, 형을 마치고 나오면 다시 훈련소로 보내 또 집총거부를 하게 해 징역을 보내는 식으로 세 번, 네 번씩 징역을 살렸다. 이 끔찍한 조치에 대해 대법원은 1965년 집총군사훈련을 받으라는 명령을 수 회 받고도 그때마다 이를 거부한 경우에는 명령횟수만큼 항명죄가 즉시 성립한다고 손을 들어주었다.

1963년에 처음 입대해 6년에 걸쳐 네 번 징역을 살고 나온 채의국 목사는 몸이 엄청나게 쇠약해진 상태였으나 다시 논산훈련소로 보내졌다. 그는 훈련소에 도착하자마자 쓰러졌는데, 그를 불쌍히 여긴 훈련소에서는 훈련소 5수생이 된 그를 한 달 간 입원시켜주었고, 그래서 다시 집총을 강요받지 않고 이등병을 달 수 있었다. 앞으로 또 어떤 시련이 벌어질지 조마조마한 마음으로 그는 자대에 배치됐는데, 연대장이 기록을 보고 깜짝 놀라며 "너같이 믿음이 굳은 놈은 처음 봤다. 내 부하가 2천 명인데 너 하나 못 봐주겠느냐"며 절대로 그를 건드리지 말라고 해 '무사히'(!) 병역을 마칠 수 있었다.

이런 와중에서 안식교회 지도부도 흔들리기 시작했다. 특히 외국 선교사들을 대신해 한국인 목사들이 교단의 지도부에 올라서고, 또 이들의 자제들이 군대에 갈 연령이 되자 안식교회의 상층부는 동요했다. 특히 1960년대 중반 한국군이 베트남에 파병된 이후, 한국사회의 군사화 경향은 눈에 띄게 나타났다. 1968년 1월21일 이북군 특수부대의 청와대 기습 사건을 시발로 푸에블로호 나포 사건, 향토예비군 설치, 울진·삼척지구의 무장공비 침투 사건, 주한미군 감축, 국가비상사태 선포, 고등학교와 대학에서의 군사훈련 실시, 유신체제의 확립으로 치달려간 역사 속에서 양심에 따른 병역거부가 설자리는 더욱 좁아진 것이다.

특정종교에 대한 특혜인가

1970년대에 교회 간부들과 삼육대 교수들은 훈련소에서 집총을 거부한 청년들을 찾아가 집총거부의 신념을 철회하도록 설득했다. 삼육대 오만규 교수는 안식교도로서 가장 오래 징역을 산 최방원씨가 1970년 12월 네 차례에 걸쳐 도합 7년 6개월 간 징역을 살고 출소했을 때 교회가 그의 석방소식을 교인들에게 전하지 않았다는 점을 지적하면서 "그 무엇이 시대의 변화를 이보다 더 극적으로 나타낼 수 있을까"라고 탄식한다. 1975년을 마지막으로 안식교회의 집총거부 전통은 오랜 기간 단절됐다가, 2002년 봄 한 청년이 집총거부를 선언해 실형을 선고받고 수감 중이다.

한편 1970년대에 들어와 박정희 정권은 병역기피 일소를 다짐하면서 모든 기피자들을 색출해 일단 군대로 끌고 갔다. 1974년부터는 병무청 직원들이 여호와의 증인들이 모임을 갖는 장소를 포위해 젊은 사람들은 다 군대로 끌고 갔다. 이렇게 되자 여호와의 증인들도 병역법 위반이 아닌 항명죄로 처벌받게 된 것이다. 군대나 학교에서 단체기합 받아본 사람들은 다 알지만, 매도 같이 맞아야 덜 아픈 법이다. 그런데 안식교도들이 집총거부를 포기하자 여호와의 증인들은 시쳇말로 '독박'을 쓰고 시범 케이스로 얻어맞게 되었다. 여호와의 증인들은 "공산괴뢰를 쳐부숴야 할" 중차대한 시기에 총을 잡으라는 국가의 명령을 거부할 뿐 아니라, 국기에 대한 경례도 거부하고, 자식이 죽어가도 수혈도 거부하는 존재로 비쳤다. 그러니 그들은 보수적인 기독교에 의해 이단으로 배척될 뿐 아니라, 우리 사회를 지배하는

양심적 병역거부권을 인정하지 않는 나라가 40여 개 국이지만, 우리나라처럼 가혹하게, 우리나라처럼 철저하게, 우리나라처럼 많은 인원을 처벌하는 나라도 없다. 양심적 병역거부 허용을 요구하는 젊은이들.

국가주의·가족주의·반공주의에 의해 철저히 왕따를 당하게 된 것이다.

양심에 따른 병역거부권에 반대하는 사람들이 펴는 주장의 하나는 이를 인정하는 것이 자칫 특정종교—그것도 이단—에 대한 특혜가 아닌가라는 것이다. 그러나 양심의 자유 문제는 특정종교 신도들

에 국한된 문제가 아니라 모든 종교신자, 나아가 모든 시민에게 해당되는 문제다. 정교분리를 원칙으로 삼는 근대국가에서 이단 문제는 종교 내부에서 풀어야 할 것이지, 국가가 개입할 문제는 아니다. 이 문제의 해결은 특정종교에 대한 특혜가 아니라 특정종교에 대한 국가권력의 부당한 박해와 차별을 중지하자는 것이다.

1970년대와 1980년대에 이 땅의 청년학생들은 '조국'의 민주화를 위해 감옥에 가는 것을 마다하지 않고 군사독재 정권에 맞서 싸웠으며, 기득권을 버리고 대중 속으로 달려갔다. 그러나 그토록 치열하게 반독재민주화운동을 벌여온 한국의 청년학생들 중 양심에 따라 병역을 거부한 사람은 나오지 않았다. 현재 양심에 따른 병역거부로 투옥된 1,500여 명의 젊은이들은 단 1명 나동혁씨를 제외하고 반독재민주화운동에 몸바친 투사들의 후배는 결코 아니다. 오직 여호와의 증인이라는 소수파 종교의 신자들만이 국가의 박해에도 양심에 따른 병역거부를 실천하여 감옥에 갔던 것이다.

쟁기를 벼려 칼을 만드는 십자군의 후예들

한국의 민주투사들이 양심에 따른 병역거부를 실천하지 못한 것은 한국에서 국가주의와 군사주의가 얼마나 강력한 영향력을 발휘해 왔는가를 보여준다. 어려서부터 군대야 당연히 가야 하는 것으로 배워온 한국의 청년학생들은 군대를 거부하는 것이 양심의 자유의 한 부분이라는 사실을 알지 못했다. 또한 청년학생들이 반정부 활동으로 인해 징역형을 선고받을 경우 대부분 병역이 면제되는 사실도 그들이 병역 문제에 대해 심각한 고민을 하는 것을 어렵게 만들었다. 민주화운동가들이 1980년대의 옥중에서 비전향 장기수들을 보며 사상의 자유가 무언지를 깨닫게 됐다면, 2000년대의 민주시민들은 옥중에 있는 여호와의 증인 청년들을 보며 양심을 지킨다는 것이 무엇을 의미하는가를 생각해봐야 할 것이다.

서구에서 양심에 따른 병역거부권이 실현돼온 역사는 기독교 평화주의의 역사라고 해도 과언이 아니다. 그런데 2001년 처음으로 우리 사회에서 양심적 병역거부 문제가 제기됐을 때 국방부보다 더 열심히 쌍지팡이를 들고 반대하고 나선 것은 이 땅의 주류 기독교였다. 한국전쟁이 한국 기독교가 폭발적으로 팽창하는 계기가 되었던 탓일까. 우리의 기독교인 대다수는 그리스도인이므로 무기를 들 수 없다고 죽음을 택한 막시밀리아누스 등 초기 기독교 순교자들의 후예라기보다는 칼을 쳐서 보습을 만드는 것이 아니라, 쟁기를 벼려 칼을 만드는 십자군의 후예들이다.

양심적 병역거부 토론회에서 만난 군목 출신의 한 목사님은 한때 군대가 1주일에 새로운 신자를 5천 명씩 만들어내던 복음전파의 '황금어장'이라고 말한다. 물론 초코파이는 그 미끼였고, 나도 그 미끼를 문 한 마리 붕어였다. 어떤 목사님은 한 발 더 나아가 "왜 교회 안 나갔냐" 하면 "시정하겠습니다"라고 답하는 군대는 '황금어장' 정도가 아니라 '가두리 양식장'이라고 말한다. 군사주의와 국가주의가 힘을 발휘하는 곳이 어디 기독교뿐이겠는가마는 한국 기독교는 정말 자기를 되돌아봐야 한다.

감리교신학대학장을 오래 지낸 홍현설 목사는 일찍이 1959년에 안식교나 여호와의 증인 청년들이 자신들의 종교적 양심 때문에 집 총거부를 한 것에 대해 비난해서는 안 된다라고 주장하며 양심적 비전론자들을 보호하는 법령이 제정되지 못하는 것을 "우리나라에 아

"총을 잡지 않는 것만 양심이고 총을 드는 것은 비양심적인 일인가"라는 식으로 논쟁을 끌고 가는 것은 바람직하지 않다.

직 그리스도교의 영향력이 부족하기 때문"이라고 '한탄'했다. 전체 국민의 4분의 1이 기독교인이고, 세계에서 손꼽히는 초대형 교회가 즐비한 우리나라에 아직도 기독교의 영향력이 부족한 것일까. 기독교 평화주의의 핵심적 실천과제인 양심적 병역거부는 언제까지 기독교인들에 의해 이단들의 짓거리로 교살돼야 하는가.

우리나라, 해도 너무한다

총을 잡지 않는 것만 양심이고 총을 드는 것은 비양심적인 일인가. 양심에 따른 병역거부권 실현을 위한 운동에 미력하나마 발을 담그고 있지만, 나 자신의 양심은 총을 잡는 것을 견디지 못할 만큼 여리고 예민하지는 않다. 아니, 독립군과 항일빨치산들의 무장투쟁을 전공하고 찬양해온 내가 무기를 드는 행동을 비양심적인 것으로 볼 수는 없지 않은가. 전쟁이라는 것이 없는 것이 제일 좋겠지만, 외적의 침략을 받았을 때 젊은이들이 나라를 지키기 위해 총을 잡고 전선으로 나가는 것 역시 필요하고 숭고한 일이다.

양심적 병역거부권을 인정하지 않는 나라가 40여 개 국이지만, 우리나라처럼 가혹하게, 우리나라처럼 철저하게, 우리나라처럼 많은 인원을 처벌하는 나라도 없다. 우리나라를 제외하고 전 세계에서 양심적 병역거부로 수감 중인 양심수는 200~300명에 불과한 것으로 알려져 있다. 그런데 우리는 1,600명이다. 과연 우리가 지켜야 할 나라가, 자신의 양심 때문에 도저히 총을 들지 못하겠다는 사람들을 엄벌해야만 하는 그런 그악스러운 나라여야 하는가.

| 5부 |

쇠사슬에 묶인 학원, 그리고 지식인

교육열이 한국사회의 보수화를 유지하는 기본적인 동력으로 작용할 수 있었던 것은 그래도 대학시험이 썩어빠진 한국사회에서 그나마 공정성을 유지해왔기 때문이다. 여러 차례의 입시문제 누출이나 부정입학으로 얼룩지기는 했으나, 입시 또는 고시는 그래도 한국사회에서 가장 공정성이 유지된 부분임에 틀림없다. 열심히 공부해서 좋은 대학에 가면 팔자가 필 수 있다는 신화, 바로 그 신화가 이 불합리한 교육열을 지탱해온 비결의 하나였다.

학교가 원래 니꺼였니?

_ '개인왕국'으로 전락한 비리사학의 역사적 뿌리

사립학교가 중·고등학교의 40%, 대학교육의 85%를 담당하는 우리 현실에서 한번도 사립학교를 다니지 않는다는 것은 기적에 가깝다. 그런데 사립학교들이 자고 일어나면 새로운 분규가 발생할 정도로 몸살을 앓고 있다. 이런 심각한 현실을 바로잡기 위해 사립학교법 개정이 도마 위에 올랐다. 헌법재판소 출범 이래 가장 많은 위헌심판이 청구된 법률의 하나이며, 1963년 제정된 이후 무려 38차례나 개정을 거듭한 이 법안의 개정을 둘러싸고 심각한 논란이 벌어지고 있다.

설립자, 정말 설립자인가

사립학교법의 기나긴 개악의 역사에서 특히 중요한 것은 1990년 개악과 1999년의 개악이다. 사립대학 이사장들의 모임인 한국대학법인협의회의 총력 로비 결과 국회에서 민자당 단독으로 날치기 통과된 1990년 개악은 대학 설립자 직계 존·비속의 총학장 임명 허용, 총장 권한이던 교수 및 직원 임면권의 이사회 이관 등의 내용을 담고 있었다. 그리고 1999년의 개악은 비리사학에 파견되는 임시이사 임기를 2년으로 제한하면서 비리관련자의 재단복귀 길을 터주었다. 그 직접적인 결과가 2001년에 발생한 상문고 사태와 덕성여대의 학원 분규이다.

현재 사립학교의 학교 운영비를 보면 중·고등학교의 경우 재단 부담금이 2%에 불과하고, 사립대학은 6%에 머물고 있다. 사립학교의 운영비가 실질적으로 등록금이나 시민들의 혈세에 의해 조달되고 있다는 사실은 사립학교들이 개인의 소유물로 간주되어서는 안 된다는 사실을 잘 보여준다. 그러나 우리 교육의 현실은 그렇지 못하다. 최근의 사립학교법 개정을 둘러싼 논쟁에서 잘 드러나듯이 사학재단 관계자들과 수구세력은 언필칭 시장경제의 원리에 따른 소유권의 절대성을 들먹인다. 그들은 사립학교법 개정안이 사학재단의 경영권을 빼앗는 전체주의적 발상으로 '홍위병에 의한 문화혁명' 또는 '인민위원회의 사학접수'라는 터무니없는 언사를 써가며 반발하고 있다.

설립자가 학교를 세우는 순간 학교는 설립자의 재산이라기보다 공익적인 학교법인의 재산이 된다. 민법 규정에 따르더라도 사학 이사진은 사학의 소유자가 아니라 관리자일 뿐이다. 백 보를 양보해서 사학재단을 사유재산으로 인정한다 하더라도 문제는 남는다. 특히 분규가 발생한 사학의 경우 현재 소유권을 주장하거나 설립자임을 자처하는 사람들이 정말로 거액의 사유재산을 출연하여 학교를 설립한 사람들인가 하는 점이다. 대부분의 분규사학에서 원설립자 문제, 소유권 문제를 둘러싼 심각한 의혹이 제기되고 있기 때문이다. 분규가 발생한 모든 사학이 그런 것은 아니지만 상당수의 분규사학에서 공통점을 발견할 수 있다. 숭고한 뜻을 갖고 출발하여 공공의 재산으로 출발한 사립학교가 개인의 사유물로 전락하여 온갖 부정과 비리의 온상이 되었다는 점이다.

총장님, 한 바퀴 더 돕시다!- 조선대

　지역의 교육발전을 위해 뜻있는 인사들의 모금으로 설립되었다가 개인의 소유물로 전락하여 온갖 사학비리의 온상이 되었던 학교로는, 지금은 정상화된 조선대를 들 수 있다. 조선대가 1947년 9월 미군정청으로부터 학교설립 인가를 받을 때의 설립주체는 조선대 설립동지회였다. 동지회에는 머슴에서 지주에 이르기까지 약 7만2천여 명의 회원들이 망라돼 있었다. 1988년 〈한겨레신문〉이 창간될 당시 4천여만 명의 국민 중에서 주주로 참여한 사람이 6만1천여 명이었음을 상기할 때, 전국인구가 1600만 명이던 1947년에 호남을 중심으로

'사학 코미디.' 시국선언을 막으려고 교수들을 아침 일찍 출근시켜 교정을 뛰게 했던 조선대 박철웅 총장.

7만2천여 명이 성금을 내어 도민대학으로 조선대를 건립하였다는 것은 놀라운 일이 아닐 수 없다. 이들은 해방이 되자 호남에 민립대학을 세우자는 취지에서 적게는 나무 한 짐, 쌀 한 말, 콩 한 말 등에서부터 많게는 수만 원의 현금이나 수천 평의 토지를 기부하여 학교설립에 필요한 재원과 토지를 마련하였다.

이렇게 해방 이후 민립대학으로 설립된 조선대는 얼마 지나지 않아 박철웅 일가의 사유물로 전락했다. 조선대 설립 당시 지역 원로들이 젊은 사람들이 일선에 나서야 한다고 하여 전라남도 운수과장으로 있던 박철웅이 설립동지회 회장을 맡았다. 학교설립 이후 학장, 총장에 취임한 박철웅은 자신의 측근으로 이사회를 구성하고, 자신에게 비판적인 인사들을 설립동지회 간부와 학교 이사진에서 배제하면서 전횡을 일삼았다. 자유당 국회의원이 된 박철웅은 독재권력의 비호 아래 조선대를 자신의 왕국으로 바꾸어갔다. 박철웅은 1960년대 중반부터는 아예 학교의 공식행사에서 학교연혁을 소개할 때 설립동지회에 관한 사항을 언급하지 않고 "설립자이며 총장이신 박철웅 선생의 혈루로 설립되고 운영되어온" 조선대라고 강조했다. 이런 식으로 조선대의 역사를 심각하게 왜곡해온 박철웅은 그동안 학교에 보관돼온 설립동지회에 관한 자료를 소각하여 자료의 인멸을 꾀했다.

이후 박철웅의 행각은 그야말로 온갖 사학비리의 종합선물세트라고 할 만했다. 부정입학, 교수 해임, 교수 및 학생들에 대한 폭언과 폭행, 공금 횡령 등에서부터 급기야 자신의 처남을 엉뚱하게 간첩으로 모는 데 이르기까지 박철웅의 개인왕국으로 전락한 조선대에서 벌어진 비리의 목록은 끝이 없다. 박철웅 왕국 조선대의 역사에서, 아니 크고 작은 개인왕국 천지인 한국의 사립학교 역사에서 최대의 희극이라 하기에는 너무 서글프고, 그렇다고 최대의 비극이라 하기에는 참으로 기막힌 일은 교수들의 아침조회 및 집단구보 사건이었다.

1986년 전국의 대학가가 교수들의 시국선언으로 들끓고 있을 때였다. 박철웅은 조선대 교수들의 시국선언을 방지하려고 매일 아침 7시에 전체 교수 및 교직원을 운동장으로 출근시켜 출석을 부르고 노교수, 여교수 할 것 없이 운동장을 두 바퀴씩 구보하게 한 다음 총장님께 올리는 충성서약을 하게 하고 30여 분 간 훈시를 했다. 일제강점기 도쿄도 학무국 관리였다는 박철웅의 훈화 한 구절. "시국이 혼란스러울수록 나서는 놈만 손해야. 일제 때 독립운동한다고 나대던 놈들 보라고. 이 박 총장처럼 잘된 놈 있어?" 운동장 한 켠에는 지각한 교수들이 벌받듯 서 있고, 노교수들은 가쁜 숨을 간신히 고르고 있는데, 어디선가 들려오는 아부 교수의 한마디. "총장님, 한 바퀴 더 돕시다!"

학교 쪽의 용공유인물 살포- 상지대

조선대를 사유화한 박철웅은 그래도 학교설립에서 주도적인 역할을 한 인물이었다. 그러나 상지대 김문기의 경우 학교설립과 아무런 관계도 없던 인물이 우연한 기회에 학교 임시이사진에 포함되었다가 학교를 가로채어 개인왕국을 건설한 대표적인 사례이다.

상지대도 조선대와 마찬가지로 지역의 뜻있는 인사들이 고향에 인재를 양성할 고등교육기관이 없는 것을 안타까이 여겨 재산을 출연하여 건립된 학교였다. 한국전쟁이 끝난 직후 원주 지역에서 원홍묵을 중심으로 한 지역인사들은 대학설립 기성회를 조직하여 1955년 6월10일 관서대의숙을 설립했다. 이들은 1962년 재단법인 청암학원을 설립하고 1963년에는 4년제 정규야간대학으로 원주대학을 세웠다. 그러나 청암학원의 자금난으로 원주대학의 경영이 어려워지자 문교부는 1972년 김문기 등을 관선이사로 파견하였다. 김문기는 1973년 12월 청암학원의 3대 이사장에 취임하고 이듬해 1월 이사회의 결정을 통해 학교법인의 명칭을 청암학원에서 상지학원으로 변경했다. 김문기가 청암학원 이사장으로 선출된 이후 취한 첫 번째 조치는 청암학원이 유지·경영하던 원주대학을 폐교하고 교직원을 대부분 해고한 뒤 상지대학을 설립한 것이다. 1970년대 이후 폐교된 4년제 대학이 원주대학뿐이라는 점에서 이 조치의 예외적인 성격을 짐작할 수 있다. 김문기는 1981년에는 상지학원의 정관을 변경하여 자신을 설립자로 기록했다.

1980년 교육여건 개선을 요구하는 학생들을 지지한 전조영 교수를 사상범으로 몰아 법정에 서게 했던 김문기는 1986년, 강사채용에 1천만 원을 요구한 사건으로 학생들의 시위가 이어지자 이번에는 학생들을 용공으로 조작하는 만행을 저질렀다. 그 해 10월14일 밤 상지대 본관 앞에는 "김일성 수령님", "가자, 북의 낙원으로!" 등등의 내용을 담은 매우 불온한 유인물이 살포되었다. 그런데 이 유인물은 학생들이 뿌린 것이 아니라 김문기의 사위인 기획실장의 주도 아래 교무처 직원들이 살포한 것이었다. 학교비리 진상규명에 대한 학생들의 요구가 거세지자 재단 쪽이 공권력을 끌어들여 학생들을 탄압하기 위해 이런 일을 꾸민 것이었다. 김문기 일가의 족벌경영 과정으로 인해 상지대는 도민대학으로 출발한 원래의 모습을 찾을 수 없게 되었다. 김문기는 이후 민자당 소속 국회의원으로 권력과 밀착되었으나, 1993년 김영삼 정권 출범 이후 단행된 사정개혁 당시 사학비리와

반사회적 범죄로 구속되었다. 그러나 1994년 8월 광복절 특사로 풀려난 김문기는 학원으로의 복귀를 꾀하고 있다.

쇠사슬에 묶인 학원- 덕성여대

조선대와 상지대에 이어 '사학비리의 종합선물세트'라는 불명예를 계승한 대학은 덕성여대이다. 원래 덕성여대는 독립운동가이고 여성운동가인 차미리사 여사가 건립하였으나, 차미리사 여사는 세상을 떠날 때 학교를 후배인 송금선에게 위임했다. 그런데 송금선은 덕성학원을 사유물로 취급하여 자신의 아들인 박원국에게 물려주었다. 박원국 지배하에 덕성여대는 가장 악질적으로 교수재임용제도를 악용하여 재단에 비판적인 교수들을 해직시켜왔다. 1991년 성낙돈 교수 재임용 탈락에 이어 1997년 한상권 교수의 재임용 탈락, 2001년 남동신 교수 등 5명의 재임용 탈락 등이 꼬리를 물고 발생한 것이다. 특히 박원국은 한상권 교수의 재임용 탈락 이후 전개된 학내 분규와 관련한 교육부의 감사에 의해 그동안의 비리 146건이 적발돼 이사장 승인이 취소되었으나 2001년 초 승인취소 과정에서의 절차상의 하자를 이유로 대법원으로부터 승인취소처분 취소 판결을 받아내 이사장으로 복귀했다. 박원국의 복귀로 덕성여대 민주화운동은 큰 타격을 입었고, 재단에 밉보인 비판적 교수 5명이 해직되는 사태로 이어진 것이다.

특히 흥미로운 것은 남동신 교수가 덕성여대의 원설립자인 차미리사 여사의 초상화 봉정식에 참석했다는 이유로 총장의 경고를 받았고, 이 문제가 해임의 중요한 사유가 되었다는 점이다. 이는 사립학교를 탈취한 자들이 학교 내의 역사 바로세우기에 얼마나 민감하게 반응하는가를 여실히 보여준 사례라 할 수 있다. 박원국에 의해 해직 당한 한상권 교수나 남동신 교수는 각각 한국학계에서 권위 있는 월봉저작상과 한국사상사학회의 '올해의 논문상'을 수상한 빼어난 학자들이다. 학교를 발전시키려면 삼고초려를 해서라도 초빙해와야 할 우수한 학자들을 거리로 내모는 것이 오늘의 비리사학의 현실이다. 박원국의 덕성여대는 학내 분규가 계속되고 학생들이 농성 과정에서 책걸상을 모아 바리케이드를 치자 아예 책걸상을 움직이지 못하게 용접을 하고 쇠사슬로 묶어버리기까지 했다.

규명되어야 할 학교인수 과정

이 밖에도 현재 학내 분규를 앓고 있는 학교들 가운데 현재의 학교 경영진이 학교를 인수하게 된 과정이 의혹에 싸여 있는 곳이 많다. 이중 1954년 미국 선교사들에 의해 설립된 계명대는 문제가 특히 심각하다. 1996년 이후에만도 신일희 현 총장은 본인이 고발한 것과 고소당한 것을 합해 모두 23건의 재판을 치렀다. 현 총장의 아버지로 설립자가 아니면서도 총장직을 아들에게 물려준 괴력을 발휘한 신태식 전 계명대 학장 역시 학원사유화 과정에서 계명대학의 설립자인 경북노회를 상대로 여러 차례의 재판을 치렀다. 현 총장을 비판하는 교수들은 신씨 일가가 미국 장로교 선교부와 경북노회가 설립한 계명대, 계성고, 신명여고 등 8개 학교를 설립자로부터 빼앗아 37년 이상을 한 집안이 독점운영하고 있다고 주장한다. 신일희는 2000년 1월 대법원으로부터 학원을 사유물화하고 있다는 판결을 받았으며, 2001년 3월에는 횡령 등으로 유죄가 인정돼 집행유예 판결을 받았다. 학교를 사유물화하려는 신일희에 대해 1996년부터 학내에서 총장퇴진운동이 일어났고, 이 과정에서 총장과 재단은 한철순 교수 등 10여 명의 교수들을 해직하였다.

경희대의 경우 심각한 학내 분규를 겪지는 않았으나 조영식 일가의 학교인수 과정과 관련하여 끊임없이 의혹이 제기되고 있다. 경희대의 전신은 독립운동의 요람이었던 신흥무관학교를 세운 6형제 중 유일하게 살아 돌아온 성재 이시영 선생(초대 부통령)이 세운 신흥대학으로, 학원의 이름도 성재학원이었다. 그러나 한국전쟁의 혼란과 이승만 독재권력의 이시영 선생에 대한 견제 과정에서 신흥대학은 불투명한 과정을 거쳐 조영식에게 넘어갔다. 조영식은 단지 학교의 연혁을 숨기고 있는 정도가 아니라 항일독립운동의 정신을 계승한 신흥이라는 이름이 "너무 속되고 대중적이어서 길거리에서 볼 수 있는 상호로나 쓰이는 이름이기 때문에, 천한 느낌마저 들어 심오한 학리를 연구하는 최고학부의 이름으로서는 부적당하다"라면서 경희대학교로 개명했다.

사학의 이사회 구조 변화와 권한의 분산 없이 교육개혁은 공염불이 될 것이다. 정부종합청사 앞에서 1인시위하는 덕성여대 남동신 교수(위)와 상지대 농성현장(아래).

인하대는 원래 대한제국 시기 인천항을 출발하여 하와이로 이민을 간 재미동포들이 돈을 모아 1950년대에 인천에 건립한 학교이다. 이 학교 설립자는 하와이에 연고를 갖고 있

던 이승만으로 되어 있었다. 그런데 박정희는 이 학교를 자신의 베트남 파병정책에 적극 협조한 한진그룹의 조중훈에게 불하했다. 이후 인하대 총장에는 한진그룹과 깊은 관계를 맺을 수밖에 없는 교통부 고위관료 출신들이 많이 임명되었다. 현재 노건일 총장도 교통부 차관 출신으로 인하대 총장이 되었는데, 2000년 교수협의회의 중간평가에서 낙제점을 받았다. 그 이후 인하대는 교수협의회 의장인 김영규 교수를 이사장과 총장의 명예를 훼손하고 노동운동에 개입하여 교수로서의 품위를 손상했다는 이유로 해직했다.

이 밖에 포항 시민의 대학으로 출발했으나 신동아그룹의 후원을 받는 기독교인들의 대학이 되어 지역사회와 심각한 갈등을 겪고 있는 한동대도 원래의 건학이념이 변질된 경우로 현재 법정분쟁 중이다. 사립고등학교 비리의 대명사인 상문고등학교도 원래 황희 정승에 버금가는 명재상으로 이름이 높은 명종 때 영의정 상진(尙震)의 후손인 목천 상씨 문중이 세운 학교였으나, 상춘식 일가가 학교를 사유물화하여 법정분쟁을 겪었고 상춘식 일가는 문중에서 영구제명되었다.

이처럼 한국의 대표적인 분규사학들은 현 경영진의 '소유권' 획득 과정에서부터 심각한 의혹이 제기되고 있다. 흥미 있는 것은 이런 식으로 학교를 자기 것으로 만든 사람들일수록 자신들의 업적을 과장하고 학교의 '소유권'에 더 집착한다는 것이다. 박철웅이 건재하던 시절 조선대에서 발행한 보고서의 한 구절을 보자. "설립자님의 부인이신 정애리시 전 이사장님께서는 의과대학에서 해부학의 교재인 인골을 구하기가 극히 어려울 때에 서울시립 행려병사자 장의사로부터 연락을 받고 서울시 망우리 공동묘지에 직접 가셔서 6·25 때 묻힌 주인 없는 묘를 서울특별시 불도저로 밀어서 길을 낼 때에, 그 불도저 앞에서 뼈를 우선 치마에 주워 담아서 푸대에 옮겨 가지고 오신 뒤 교실에서 표본을 만들게 하셨으며…" 가히 '엽기적인 그녀'보다 더 엽기적으로 학교발전을 위해 노력해왔다는 것이다.

이사 두세 명이 나쁜 마음을 먹으면 학교의 설립자를 바꿔치고, 재단의 '소유권'마저 가로채는 판에 횡령이나 공금 유용쯤은 식은 죽 먹기다. 감옥 갈 각오하고 서류를 빼앗아보지 않는 한 들여다볼 길이 없는 것이 사학재단의 운영이다. 〈한겨레신문〉이 만들어질 때보다 훨씬 어려운 시기에 더 많은 사람들이 돈을 내어 설립한 조선대가 너무 손쉽게 박씨 일가의 개인왕국으로 전락한 사실을 상기해보자. 기업이야 주주총회가 최후의 보루일 수 있으나 사학재단에는 그런 것도 없다. 족벌사학의 부패와 비리는 고스란히 우리 아이들의 피해로 돌아온다. 한창 배움에 힘써야 할 학생들, 연구에 매진해야 할 교수들이 땡볕에서 비리재단에 맞서 농성해야 하는 현실. 이사회 구조의 변화와 권한의 분산 없이 교육개혁은 공염불이 될 것이다.

이젠 개천에서 용 안 난다

_대학입시, 갈수록 약화되는 계층 이동의 기능

해마다 겨울철이 되면 온 나라를 들었다 놨다 하는 것이 대학입시이다. 입시 문제를 해결하는 사람이라면 대통령은 따놓은 당상이라는 말이 생겨난 지도 십수 년은 되건만, 불행히도 그런 사람이 나올 것 같지는 않다.

전통시대 향교의 붕괴

수십 년 째 해마다 한바탕 난리를 치르는 입시를 보면, 우리 역사에서 찾을 수 있는 나쁜 패턴이 자꾸 되풀이되는 것이 아닌가 하는 우려를 하지 않을 수 없다. 그 하나는 혼탁한 우리 사회에서 나름대로 공평성을 유지해온 대학입시가 점점 더 가진 자들, 배운 자들의 잔치로 흘러가고 있다는 점이고, 다른 하나는 대학입시의 혼탁과 과열화가 공교육의 붕괴를 수반하고 있다는 점이다.

먼저 전통사회에서 공교육의 붕괴현상을 살펴보자. 우리의 역사를 보면 고려시대에는 국자감이 있었고, 조선시대에는 성균관이 있어 공교육의 최고기관으로 기능했다. 그러나 고려시대에 이미 최충

(崔冲)의 문헌공도(文憲公徒) 등 12공도가 융성하였고, 조선 중기 이후에는 서원이 전국 방방곡곡에 설립되면서 중심적인 교육기관으로 등장하였다. 조선시대의 공교육 기관인 향교는 지방관이 파견되는 1고을당 1개씩 모두 329개 소가 설립된 반면, 서원은 고종대에 이르면 무려 1173개 소에 달할 정도로 전국적으로 널리 설립되어 있었다. 조선 초기에만 하더라도 건국의 주체들은 모든 민을 교육시킨다는 포부를 갖고 관학교육(官學敎育) 진흥정책을 폈다. 그러나 향교를 통해 교육받은 평민들이 적지 않게 배출되는 상황에서, 이들에게 내줄 사회적 지위나 대우는 준비되지 않았다. 하층계급이나 신분으로부터 재주 있는 사람들을 적당하게 받아들이는 것은 신분제도의 골간을 유지하는 중요한 방편이지만, 평민층을 대대적으로 교육시킨다면 이는 또한 신분제 자체를 동요시킬 가능성이 매우 컸다. 이 때문에 조선의 엘리트들은 향교교육을 내실화하는 데에 극히 소극적이 되었고, 향교의 교수나 교관의 파견도 점차 흐지부지되다가 임진왜란 이후에는 완전히 중단되었다.

영남지방은 그래도 향교의 기능이 늦게까지 유지되었지만, 경기와 충청지방에서는 향교의 쇠퇴가 급속히 이루어져 양반으로서 향교의 교생이 되는 사례는 찾아보기 힘들게 되었다. 양반 유생들이 향교를 떠나 서원으로 몰리자 향교의 질은 더욱 떨어지고, 교생(校生)의 신분도 더욱 하락하게 되었다. 이제 향교의 주된 기능은 공자와 맹자에 대한 제사와 교육기능에서 지방의 부유한 농민들이 군역(軍役)을 회피하는 수단이요, 지방관에게는 이들 피역자들을 통해 치부하는 수단이 되고만 것이다. 지방의 향교에 정원 외의 학생으로 대부분 군역을 회피할 목적으로 적을 둔 액외교생(額外校生)이 1읍당 적게는 수백 명에서 많게는 1천 명이나 되었다 하니, 향교가 얼마만큼 군역 기피자들의 온상 역할을 하였는가를 짐작해볼 수 있다.

한편 과거제도가 원래의 취지와는 달리 집안과 지위를 가진 자들의 잔치로 전락해간 것 역시 오늘의 현실과 유사점이 있다. 혈통이 아니라 능력본위로 인재를 구하려는 것은 국왕에게는 언제나 절실한 문제였다. 전통시대의 과거제도는 바로 유교적 이상에 따라 인재를 구해 나라를 다스리려는 이념의 표현이었다. 그런데 이런 이상은 늘 혈통과 뼈대를 내세우며 자신들의 기득권을 유지하려는 귀족이나 양반세력에 의해 침해되곤 했다.

과거 급제자, 몇몇 씨족에만 집중되다

우리나라의 지배 엘리트들은 유난히 뼈대를 중시했다. 신라의 골품제도란 말에서 보듯 우리의 지배 엘리트에 혈통의 상징은 곧 뼈대였다. 지금도 뼈대 있는 집안이란 말이 자주 쓰이고, 심지어 멸치가 문어에게 자기네는 뼈대 있는 집안이라고 큰소리친다는 우스갯소리까지 있을 정도이다. 골품제란 뼈대, 즉 출생에 의해 모든 것이 결정되는 반면, 과거제는 이 뼈대 대신 개인의 능력을 기준으로 인재를 선발한다는 제도이다.

과거제도의 기본적인 전제는 문호개방과 기회균등이라는 공개경쟁의 시험절차를 통해 사회계층적 신분이나 출신 지역에 상관없이 인재를 구한다는 것이다. 과거제도가 점차 뿌리를 내려가면서 지배 엘리트 내에서도 조상의 음덕으로 벼슬을 얻는 음서제도보다는 공개적인 경쟁인 과거제를 통해 자신의 교양과 능력을 인정받음으로써 벼슬을 구하는 것을 더 명예롭게 여기는 현상이 생겨났다. 조선시대

수능시험장의 풍경. 입시제도는 "모든 사람에게 불평등해질 수 있는 공평한 기회를 제공한다"는 신화에 기초하여 사회적 불평등을 정당화하고 있다.

에도 문음제(門蔭制), 또는 음서제(蔭敍制)가 광범위하게 실시되었지만, 정승이 되기 위해서는 점차 문과의 급제가 필수적인 요소가 되었다. 이는 자타가 공인하는 지배층의 일원이 되기 위해서는 좋은 가문에서의 출생이라는 귀속적 요인뿐 아니라, 과거의 급제라는 성취요인 또한 요구되게 되었다는 것을 의미한다.

이 같은 경향은 한편으로는 유교적 이념과 이상주의의 전파에 따라 능력본위의 과거제가 정착해가는 것을 의미하는 것이기도 하지만, 다른 한편에서는 과거제가 천하의 인재를 널리 구한다는 본래의 취지를 잃고 기존 지배층의 사회진출을 추인하는 수단으로 전락하게 되었다는 것을 의미한다. 즉 지배층이 자신들의 물질적 부와 문화적으로 우월한 지위를 이용하여 과거제에서도 절대적인 우위를 점하게 되었다는 것이다. 실제로 조선시대 500년을 통해 문과에 합격한 1만5천여 명을 분석해보면, 조선 후기로 갈수록 이런 경향이 두드러지게 나타남을 알 수 있다. 조선시대에 문과 급제자를 배출한 씨족은 모두 750개로 적지 않은 숫자이다. 그러나 이중 하위 560개 씨족이 배출한 급제자 수를 합해야 전체의 10% 정도일 뿐, 상위 36개 씨족이 전체 급제자의 50%를 차지할 정도로 과거 급제자는 몇몇 개의 특정 씨족에 집중되어 있었다.

조선시대 과거 급제자 수를 본관별로 보면 왕실의 후예인 전주 이씨가 873명인 것을 비롯해 안동 권씨 359명, 파평 윤씨 332명, 남양 홍씨 329명, 안동 김씨 315명, 청주 한씨 287명, 광산 김씨 265명, 밀양 박씨 261명, 연안 이씨 250명, 여흥 민씨 244명, 진주 강씨 221명, 반남 박씨 215명, 경주 김씨 202명, 동래 정씨 198명 등 200명 이상의 대규모 급제자를 낸 씨족이 적지 않다. 그러나 중국 명·청시대를 보면 우리나라의 대과에 해당하는 진사(進士) 급제자 5만1,695명 중 40명 이상의 합격자를 배출한 씨족은 거의 없는 형편이다. 반면 조선의 경우 씨족 전체가 아니라 한 개인의 후손에서 문과 급제자가 50명 이상 배출된 경우도 드물지 않다.

왜 임시과거가 정규과거보다 더 많았나

과거시험이 갈수록 서울의 특권층에 유리하게 운영되었던 또 다른 증거는 정규과거보다 임시특설의 과거가 오히려 더 자주 시행되었다는 점이다. 중국의 진사과나 조선의 문과는 모두 3년마다 한 차례씩 시험을 치르는 식년시(式年試)를 기본으로 하고 있었다. 그런데 중국의 경우 정기시험인 식년시 이외의 특설과가 거의 시행되지 않았던 반면, 조선의 경우는 500년 간 식년시가 163회, 증광시(增廣試), 별시(別試), 알성시(謁聖試) 등 각종 명목으로 비정기적으로 치러진 문과는 모두 581회나 되었다. 이는 정규시험인 식년시가 전체 과거의 22%인 반면, 비정규적으로 실시된 과거가 78%였고, 급제자 수로 보면 정기 과거가 41%, 비정기 과거가 59%의 합격자를 배출한 것이 된다. 비정기적인 과거가 자주 시행되었다 함은 지방의 선비들에게는 극히 불리한 것이었다. 이들 임시과거들은 지역별 향시(鄕試)를 치르지 않고 처음부터 서울에서 1차와 2차, 또는 1차만의 시험으로 급제자를 가렸기 때문에 시골 선비들에게는 과거에 응시할 기회 자체가 충분히 부여되지 않았던 것이다.

중국과 달리 조선의 과거시험이 원래의 기능을 상실하고 특권 지배층에 후광을 더해주는 역할로 전락한 이유는 조선의 왕권이 중국 천자의 권한만큼 강하지 못했다는 점을 들 수 있다. 중국의 경우는 요

창경궁에서 재현된 과거시험. 조선시대 과거제가 본래 취지와 달리 가진 자들의 잔치로 전락해간 것은 오늘의 현실과 유사성이 있다.

(遼), 금(金), 원(元), 청(淸) 등 북방으로부터의 정복왕조가 들어서면서 기존의 특권 귀족층이 뿌리부터 잘려나가는 숙청을 당했다. 그런 반면 우리는 후기 신라 이래의 귀족 엘리트들이 나말여초, 여말선초의 전환기를 거치면서 살아남아 세를 유지하였다. 이들 엘리트 집단은 조선시대에 유교이념이 전면화되면서 유교적 이념에 기초한 과거제를 적극 수용하여 과거 골품제 시기의 귀족들과는 달리 귀족적 성격과 관료적 성격을 공유하는 존재가 되었다. 세월이 흐르면서 이들은 양반층의 특권을 강화해 나갔다. 조선의 왕권은 양반 사족층의 귀족화 경향을 억제할 만큼 충분히 강하지 못했고, 따라서 천하의 인재를 공평히 구한다는 명분하에 권문세가의 성장을 억제하는 데 중

요한 기능을 했던 과거제는 조선에서는 오히려 양반들의 귀족화를 추인하는 장치가 되고만 것이다.

해방 이후 교육은 우리 사회에서 인격연마의 장이기 이전에 사회적 계층 이동의 통로였다. 특히 8·15 이후 교육열이 폭발하면서, 부모들은 모든 곤란을 무릅쓰고 자식들을 교육시키려고 했다. 이런 교육수요에 따라 학생 수와 학교 수 역시 급증했다. 1945~60년 기간 중 중·고등학생 수는 10배 이상, 대학생 수는 13배 증가했는데, 이같은 급성장은 세계적으로 유례를 찾을 수 없는 것이었다. 1961년 당시 총인구대비 대학생 수는 프랑스에는 뒤지지만 영국을 앞설 정도였으니, 당시 우리나라는 국민소득은 최후진국이나 교육의 규모만큼은 선진국 수준에 육박했던 것이다.

한국사회 교육열의 뒷면

지난 수십 년 간 한번도 식은 적이 없는 교육열을 두고 어떤 사람들은 한국경제 성장의 원동력이라고 높이 평가한다. 전혀 일리 없는 이야기라 할 수는 없지만, 이 교육열의 뒷면을 우리는 기억해야 한다. 교육이 계층상승의 주된 통로였다고 하지만 모든 사람이 좋은 교육을 받을 수 있었던 것도 아니고, 같은 형제자매 내에서도 딸들은 오빠이든 동생이든 큰아들을 위해 희생되어 가정부로, 버스 안내원으로, 여공으로 돈벌러 가야 했던 것이다.

당시 많은 사람들이 교육을 마치 자신의 장래를 해결해줄 수 있는 만병통치약인 것처럼 인식한 것은 분명한 사실이지만, 교육열이 교육을 받고자 하는 개인들의 욕구 때문에 두드러지게 나타난 것이라고만은 할 수 없다. 영국의 사회사학자인 도어(Dore)에 따르면 후발

국일수록, 근대화의 속도가 빠를수록 교육열이 뜨거우며, 부족한 인적 자원의 충원을 위해 학교교육의 중요성이 커진다는 것이다. 도어의 연구는 일본을 대상으로 한 것이지만, 우리 사회의 교육열에 대해서도 어느 정도의 설명력을 지니고 있다.

    필자의 생각에 한국에서의 대학입시는 학생선발 기능 이상의 의미를 지니고 있다. 이는 단지 극단적인 학벌주의 아래서 한 차례 시험으로 결정되는 운명이 평생을 신분처럼 따라다니게 된다는 의미에서만은 아니다. 입시제도는 능력본위주의라는 이데올로기에 따라 개개인들이 같은 기간 연마한 실력을 똑같은 문제를 풀어 시험받고, 그 결과에 따라 상이한 대우를 받아들여야 한다고 강요한다. 즉 이 제도는 "모든 사람에게 불평등해질 수 있는 공평한 기회를 제공한다"는 신화에 기초하여 사회적 불평등을 정당화하고 있다. 또 입시제도만큼 우리 사회의 기성질서 유지에 기여하고 있는 제도도 없을 것이다. 이북 공산집단의 남침위협이 국민들의 생활에 영향을 끼쳤다고 하지만 실제 사람들에게 더 규정적으로 작용한 것은 입시제도다. 어찌 오지 않는 늑대에 대한 두려움이 한 가정의 생활패턴을 바꾸어 모든 생활을 고3 위주로 하게끔 할 수 있으며, 멀쩡한 사모님을 파출부로 내몰며, 10년 뒤의 과외비 충당을 위해 유치원 때부터 적금을 들게 만들 수 있을까? 미국의 경우는 기성제도의 유지에 크게 기여하는 방법의 하나가 좋은 차와 집을 미리 주고, 이를 갚게 하는 할부금 제도라고 할 수 있을 것이다. 할부금을 갚지 못하면 사람들은 할부금의 노예가 되어 딴 생각 못하고 이를 갚아나가는 데 급급할 수밖에 없다. 미국과 같은 풍부한 물질적 바탕을 갖고서 사람들을 포섭할 수 없었던 우리 사회에서 입학시험은 일반인들을 기존 질서에 순응하게 만드는 가장 중요한 장치였다. 한국사회를 지배하는 과외열풍으로 대표되는 교육열은 피지배계급이 지배체제를 수용하고 나름대로 생존전략을 모색하는 적응방식이기도 하다.

교육열이 한국사회의 보수화를 유지하는 기본적인 동력으로 작용할 수 있었던 것은 썩어빠진 한국사회에서 대학시험이 그나마 공정성을 유지해왔기 때문이다. 여러 차례의 입시 문제 누출이나 부정입학으로 얼룩지기는 했으나, 입시, 또는 고시는 한국사회에서 가장 공정성이 유지된 부분임에 틀림없다. 열심히 공부해서 좋은 대학에 가면 팔자를 고칠 수 있다는 신화, 바로 그 신화가 이 불합리한 교육열을 지탱해온 비결의 하나였다.

시골에서 좋은 대학 가는 건 어려워지고…

그러나 시간이 갈수록 이 신화는 위협받고 있다. 공부를 잘하기 위해서는 과외를 받아야 하고, 과외를 받으려면 엄청난 돈이 든다. 입시제도는 능력본위주의라는 신화에 기초하여 출발했지만, 여기서 능력이란 개인의 학습능력만이 아니라 부모의 경제적 능력까지를 포함하는 개념이 되어버렸다. 과거에는 개천에서 용났다는 말을 흔히 들을 수 있었다. 그러나 요즘 개천은 오염이 심해서인지 미꾸라지도 살기 힘들어져버렸다. 이제 시골에서, 가난한 집에서 좋은 대학 가는 것은 점점 어려워지고 있다. 과거 1980년대에 명문대학에서 민중지향적 학생운동이 성행한 것도 실제로 학생들 중 상당수가 바로 기층 민중 출신들이었고, 이들이 학내 문화를 주도했기 때문이었다. 그러나 요즈음 명문대학에서 가난한 집 출신들을 보는 것은 20년 전에 비해 쉬운 일이 아니다.

1954년 3월 연희대 입시장 모습. 해방 직후 교육열이 폭발하면서
1945~60년 기간 중 대학생 수는 13배 이상 증가했다.(대한민국정부 기록사진집)

지배층이 아무리 자신들의 지배를 정당화하려 해도 신분제 사회에서 능력 있는 사람들이 어찌 지배층에서만 나올 수 있을까? 조선시대에도 후기로 갈수록 중인층이나 서얼들의 성장이 눈부셨다. 한 사회가 똑똑하고 능력 있는 사람들을 배제할 때, 그 사람들은 한을 품고 그 사회에 등을 돌리게 된다. 조선이 망해갈 때 많은 사람들이 나라가 망함을 슬퍼했지만, 자신들을 억압해온 낡은 인습과 사회제도가 무너지는 것을 환영한 사람들도 적지 않았음을 우리는 기억해야 한다. 개화파와 독립협회를 거쳐 친일의 길로 나아간 재주 있는 사람들이 유달리 많은 사실을 우리는 어떻게 설명해야 할까? 우리 사회에서 교육은 계층 이동의 주요한 통로였다. 그러나 해가 갈수록 대학입시의 결과는 교육의 계층 이동의 기능이 약화되고 있음을 보여준다. 계층 이동의 가능성이 막히는 사회는 죽은 사회이다. 21세기의 한국사회는 교육을 대신하여 어떤 통로를 준비할 것인가?

자기성찰, 하려면 조용히 하자

_반성의 계보학, 그 요란함에 대하여

〈조선일보〉는 부산 미 문화원 방화 사건의 주역이자 시인인 문부식의 '치열한 자기 성찰'이 담긴 인터뷰를 크게 싣고, 사설을 통해서까지 문부식의 반성을 높이 평가했다. 〈조선일보〉를 통해 행한 문부식의 반성은 진보적 지식인 사회에서 한동안 유쾌하지 않은 화제가 되었고, 몇몇 사람들은 지면을 통해 문부식을 비판했다. 필자도 온라인상에서 짧은 글을 통해 문부식을 비판한 바 있다. 필자는 운동 진영 내부의 논쟁에 대해서는 개입하려 하지 않았다. 그럴 시간과 정력이 있으면 우리보다 강대한 힘을 갖고 있는 수구세력과의 싸움에 쏟아야 한다고 믿어왔기 때문이다. 그런데도 필자가 굳이 이 문제에 참견했고, 다시 여기서 재론하려는 것은 지난 10여 년 간 우리 현대사에 등장한 몇 차례의 소란스러운 반성에 어떤 공통점이 있다고 생각했기 때문이다.

때로는 아픔으로, 때로는 비수로!

계기도, 배경도, 형태도 각각 달랐지만 문부식 이전에도 어떤 반성은 세상을 떠들썩하게 했다. 김지하, 박노해, 김영환 등등 모두 나름대로 한 시대를 풍미한 인물들의 반성은 때론 충격으로, 때론 상처

'젊은 벗들'에게 비수를 꽂았던 1991년 5월 5일치 〈조선일보〉 칼럼.

로 선후배·동료들에게 다가왔다. 이들 가운데 완전히 자신의 동료들을 팔아버리고 공안기관의 품에 안긴 김영환은 달리 취급해야겠지만, 세상을 떠들썩하게 한 반성에는 많은 공통점이 있다. 김지하, 박노해, 문부식. 이들은 한 시대의 운동을 대표하는 상징이었으며, 그 대가로 국가권력에 의해 사형을 선고받거나 구형받고 오랜 기간 독방에 갇혀 지낸 시인들이었다. 많은 사람들의 존경과 사랑을 받은 그들의 반성은 때로는 아픔으로, 때로는 우리 정수리에 들이붓는 한 동이 찬물로, 때로는 비수로와 아프게 꽂혔다.

우리가 겪고 있는 현대사회는 반성에 익숙하지 않은 사회다. 조선시대의 전통적 지식인들에게 자성을 통해 자신의 몸가짐을 바로잡는 일이란 일상생활의 한 부분이지만, 모든 게 '빨리빨리'의 구호 밑에 진행되는 우리의 근대화 과정에서 자기 반성은 어느새 생소하기 짝이 없는 것이 되어버렸다. 그렇다고 우리 사회에 반성이 없는 것은 아니었다. 학교 다니면서 반성문 안 써본 사람이 어디 있겠는가? 시위하다 잡혀가도 잘 하면 각서, 웬만하면 반성문 한 장은 써야 훈방이 된다. 툭하면 일을 치는 검찰은 여론의 집중포화를 맞을 때마다 뼈를 깎는 반성을 한다는 말을 애용했는데, 그때마다 정말 뼈를 깎았으면 아마 지금은 더 이상 깎을 뼈도 남아 있지 않았을 것이다. 그러나 이런 식의 요란한 '강제된 반성'이 얼마나 효과가 있었을까?

어떤 경우에는 '강요된 반성'조차 끌어내지 못했다. 그 숱한 부일 협력자나 친일파 가운데서 자기 반성을 한 사람은 손으로 꼽을 정도다. 친일잔재 청산하자고 주장하는 사람들은 말 많은 빨갱이로 몰려 버렸다. 이런 상황에서 자기 잘못을 반성하고 고백하는 사람들은 오히려 바보가 된다. 학살의 책임자이며 수천억 원의 돈을 부정축재한 전두환은 반성 대신 이른바 골목성명으로 버텼다.

너무나 무거운 짐을 졌던 김지하

이런 처지에서 지식인들이, 그것도 누구보다 치열하게 격동의 시대, 암흑의 시대를 살아낸 사람들이 반성을 했다. 그들보다 비교할 수 없을 정도로 훨씬 죄 많은 자들, 이를테면 민족 반역자들이, 학살의 원흉들이, 반란의 괴수들이, 부정축재의 돈다발 위에 올라앉은 자들이 뭐가 잘못되었느냐고 큰소리칠 때 이들은 함께 질풍노도의 시대를 살아온 동료들, 후배들, 친구들을 향해 아픈 말문을 열었다.

김지하. 지금의 젊은 독자들 가운데는 김지하가 누군지 잘 모르는 사람도 많겠지만, 1970년대를 산 사람들에게 그의 이름은 아무런 설명도 수식도 필요없다. 많이도 아니고 아주 조금만 과장해서 말한다면 1970년대의 민주화운동에서 김지하는 절반을 차지한다. 그만큼 1980년대보다 1970년대의 민주화운동은 폭이 좁았다. 한국전쟁 전후의 민간인 학살이 이 땅의 양심세력을 쓸어버린 뒤, 4·19혁명을 통해 민주세력이 되살아나고, 우여곡절을 거치면서 1970년대로 들어

1975년 2월 '오적' 필화 사건으로 구속됐다 석방되던 날 재야인사들에 둘러싸여 헹가래받던 김지하.

설 때 청년 김지하는 분명 그 대열의 선두에 서 있었다. "시를 쓰되 좀스럽게 쓰지 말고 똑 이렇게 쓰다"라며 시작하는 '오적'을 비롯해 '비어' '구리 이순신' '앵적가' 등 그의 담시와 희곡들은 예리한 독설과 풍자로 한 시대를 풍미했다.

그런 김지하를 그가 지목한 다섯 도둑의 무리들은 가만두지 않았다. 수배와 투옥이 이어졌고, 마침내 긴급조치가 내려진 뒤 그는 사형선고를 받았다. 최종심에서 무기징역으로 감형될 때까지 몇 달 간 그는 사형수였다. 민청학련 관련자들이 풀려났을 때 그도 풀려났다. 그러나 김지하는 당시에는 상당 정도 비판적인 기능을 수행하고 있는 〈동아일보〉에 옥중기를 실어 인혁당 사건에 대한 고문조작을 거침없이 폭로했다. 그리고 그는 다시 투옥되어 인혁당 관련자 8명의 처형소식을 감옥에서 들어야 했다. 중앙정보부의 밀실에서 서대문형무소의 독방에서 그는 "못 돌아가리/ 한번 딛어 여기 잠들면 육신 깊이 내린 잠/ 저 잠의 저 하연 방 저 밑 모를 어지러움"에 빠져들며 시의 제목처럼 '불귀'의 나날을 보냈다.

우리의 민주화운동이 어린 탓이지만, 김지하의 두 어깨에는 너무 무거운 짐이 지워져 있었다. 그것은 김지하에게도 우리 시대에게도 모두 불행한 일이었다. 1980년 광주의 뜨거움이 지나고 김지하는 우리 곁으로 돌아왔다. 학살의 원흉 전두환은 1970년대 저항의 상징이던 김지하를 풀어줌으로써 학살의 피문은 손을 감추려 했다. 김지하가 옥문을 나섰을 때 세상은 참 많이 변해 있었다. 광주를 경험한 후배들은 1970년대의 선배들을 낭만적이라고 몰아붙였다. 김지하의 '타는 목마름'이나 '새' 같은 절창은 학생들의 애창곡이 되었지만, 김지하는 과거의 시인일 뿐 새롭게 전개되는 민중운동의 상징일 수는 없었다. 김지하가 '애린'을 발표했을 때 많은 사람들은 김지하가 "맛이 갔다"며 수군대기도 했다.

잊혀져가던 김지하는 1991년 5월 '젊은 벗들' 앞에 〈조선일보〉 지면을 통해 요란하게 돌아왔다. "죽음의 굿판을 당장 걷어치워라"라고 호령하면서. 강경대가 죽고, 김귀정이 죽고, 박승희가 죽고…. 정말 하룻밤 자고 나면 새로운 죽음이 우리를 기다렸다. 김지하는 말했다. "젊은 벗들! 나는 너스레를 좋아하지 않는다. 잘라 말하겠다. 지금 곧 죽음의 찬미를 중지하라. 그리고 그 굿판을 당장 걷어치워라. 당신들은 잘못 들어서고 있다. 그것도 크게!" 좀스러운 시를 쓰지 않는 김지하답게 그는 단도직입으로 말했다. 그러나 당시의 분위기에서 경대 친구들(열사들의 죽음을 추모하던 당시의 학생들)에게 〈조선일보〉에 실린 김지하의 그 발언은 죽음의 행렬을 멈춰보려는 생명사상가의 말이 아니라 "우리보고 다 죽어버리라고 해"라는 저주의 말로 들릴 수밖에 없었다. 차라리 〈조선일보〉 극우 논객들의 말이었으면, 당시에 갑자기 스타로 떠오른 박홍 같은 사람의 입에서 나온 말이었으면, 집어던지면 그뿐이지 경대 친구들이 상처받지는 않았을 것이다.

사람만이 희망이다, 박노해만 몰랐다?

상처받기는 경대 친구들뿐이 아니었다. 필자를 포함해 김지하의 고통으로부터 지적 자양분을 받으며 자란 모두에게 김지하의 말은 우리의 등에 꽂힌 비수였다. 어쨌든 김지하가 바란 대로 죽음의 행렬은 멈춰섰다. 김기설의 분신 이후 유서대필 사건이라는 희대의 조작 사건으로 세상은 시끄러워졌고, 우리는 아무것도 바꾸지 못한 채 패배했다.

그로부터 10년여가 흘러 김지하는 1999년 〈말〉 9월호나 2001년 〈실천문학〉 여름호를 통해 "그 당시 말썽 많은 〈조선일보〉에 발표하게 되어 매체 선택을 잘한 것 같지 않다"면서 자신도 귀신 소리가 밤마다 들릴 정도로 흥분한 상태에서 너무 날카롭게 말이 나갔고, "그때의 상처가 젊은이들의 가슴에 생각보다 아프게 새겨진 것 같아 유구무언"일 뿐이라며 사과의 뜻을 밝혔다. 그 10년은 김지하에게도 고통스러운 10년이었다. 1970년대 세대들은 그의 반성을 대체로 반갑게 받아들이는 것 같다. 그러나 그의 반성을 '그때 상처받은 젊은이들'은 어떻게 받아들였을까? 어려운 여건 속에서 묵묵히 일하는 시민단체 활동가들 가운데는 유독 그 뜨거운 분신정국을 살아낸 경대 친구들이 많다. 이 글을 준비하면서 몇몇에게 김지하의 반성을 어떻게 생각하느냐고 물어보았다. "그랬나요?" 하는 짧은 대답 속에 하던 일을 계속한다.

얼굴 없는 시인이라 불리던 박노해. 그의 등장은 문학사적인 사건이었다. 1980년대를 살아온 사람들은 『노동의 새벽』을 읽으며 느꼈던 전율을 기억할 것이다. 그리고 사람들은 얼굴 없는 시인의 얼굴을 처음 본 순간도 기억할 것이다. 체포될 때의 이글거리던 눈빛, 성난 호랑이처럼 포효하던 혁명가의 얼굴을.

김지하와는 달리 박노해는 여러 매체를 통해 옥살이의 고통을 많이 표현했다. 사실 옥살이에 대해서는 일부 낭만적 관념이 있다. 필자와 아주 가까운 선배도 힘든 옥살이를

1991년 3월 검거 직후의 박노해.

했지만 어떤 글에서 "징역이 독재정권이 가하는 유형이라면 징집은 삼 년 간에 걸친 태형"이라고 표현했다. 감옥에서는 책이라도 볼 수 있기에 사람들은 감옥을 대학원으로 부르기도 했다. 감옥 구경은 못 해 본 채 그런 낭만적인 생각을 어느 정도 갖고 있던 필자는 "20대의 길에 사랑하는 사람들과 아프게 헤어지며 수배의 길에 들어가 40이 넘어야 세상 밖으로 돌아온" 박노해가 출옥 뒤에 쓴 글을 보며 얼굴이 화끈거렸다. "막막한 혼돈 속에 손잡아 줄 사람 아무도 없다는 절

망적인 고독감"에 빠질 수밖에 없는 감옥생활이란 시간이 흐를수록 하루하루가 무섭게 인간의 몸과 정신과 감성을 망가뜨린다.

무기징역이란 평생을 감옥에 가둬둔다는 말이다. 사형을 선고받았다가 최종심에서 무기징역을 받은 김지하나 사형을 구형받았다가 무기징역을 받은 박노해는 평생을 감옥에 가둔다는 무기징역형을 받고도 축하인사를 받아야 했던 슬픈 시대의 상징이다. 죽음의 언저리까지 갔다가 "무덤 속 같은 독방 벽에 갇혀서 뼈아픈 패배에 절망하며 침묵과 성찰의 시간을 살아내야 했던" 김지하나 박노해. 더구나 김지하는 옆 방을 비워놓은 독방에서 사람 냄새조차 맡을 수 없는 그런 호된 징역살이를 해야 했다. 너무나 사람이 그리웠을 것이다.

출옥 뒤의 박노해는 어떤 친구의 표현에 따르면 도사의 반열에 올랐다. 그가 출옥 인사에서 "사람만이 희망이다"라는 말을 했을 때, 그 말을 반기면서도 어느 장난기 많은 친구는 "박노해만 몰랐다"라고 우스갯소리를 했다. 언제 우리 운동이 다른 무엇을 가진 적이 있었는가? 자본주의 사회의 신이라는 돈은 애초 없었고, 단단한 이념도, 철의 규율에 따른다는 조직도 한갓 신기루였다. 처음부터 우리에게 부비고 기댈 언덕이라고는 사람밖에 없었다. 수배, 투옥, 단절, 그 오랜 세월 속에서 박노해가 사람만이 희망이란 것을 발견한 것은 반가운 일이다.

문부식과 〈조선일보〉의 아이러니

박노해가 변했다고, 그의 얼굴이 변했다고 하지만, 박노해 자신은 원래의 자기 얼굴로 돌아왔을 뿐이라고 답한다. 짐승의 시간을 인간의 시간으로 되살리기 위해 성난 얼굴로 싸울 수밖에 없었다는 것이다. 세상이 변하면 사람도 변한다. 1990년대 또는 21세기의 상황에서 1970년대의 김지하, 1980년대의 박노해가 그대로 있기를 바라는 것은 너무나 잘못된 일이다. 세상이 바뀐다고 옛것을 모두 버리고 돌아서서 침을 뱉고 달려가는 사람들이나, 세상이 바뀌었는데 아직도 옛 노래만 불러대는 사람들이나 모두 잘못된 것이라는 점은 분명하지만, 그 중간에서 길을 찾는 것은 참으로 어려운 일이다.

문부식의 '성찰'을 담은 〈조선일보〉 2002년 7월12일치 인터뷰 기사. 〈조선일보〉는 사설을 통해서까지 그를 높이 평가했다.

박노해가 얘기한 짐승의 시대, 그 시절 우리는 모두 독수리 오형제가 되어야 했다. "민족중흥의 역사적 사명을 안고 이 땅에 태어나" 그렇게 교육받고 자란 우리는 독재자들의 바람과는 정반대편에 섰지만, 민족과 민중을 위해 한 몸을 바치는 것을 당연하게 여겼다. 그 시대에 김지하나 박노해는 누구와도 비교하기 힘든 무거운 짐을 졌으며, 충실하게 그 역할을 수행했다.

문부식, 그 역시 마찬가지였다. 시적인 성취에서 김지하나 박노해가 도달한 경지에 문부식이 근접했다고 보기는 어렵지만, "어디 핀들 꽃이 아니랴/ (…)/ 짐승처럼 갇혀도/ 우리들 아직 인간으로 남아/ 오늘 하루 웃으면서 견딜 수 있음을/ 어디 핀들 꽃이 아니랴"는 그의 절창은 가슴에 와 꽂힌다. 부산 미 문화원 방화 사건. 의도한 것은 아니지만 사람이 죽었다. 그 사건이 일어났을 때 문부식의 나이는 겨우 스

1982년 부산 미 문화원 방화 사건 현장검증 당시의 문부식(앞줄 왼쪽).
(격동의 80년대)

물 셋이었다. 그와 동갑인 필자는 군대에서 훈련을 나갔다가 며칠 지난 찢어진 신문에서 그 소식을 읽고 "혹시 간첩이 저지른 일 아닌가" 하고 겁에 질렸다.

그가 홀로 일으킨 사건은 아니지만, 사람들은 주범만을 기억한다. 그 엄청난 사건의 무게는 어린 문부식에게 평생을 짊어져야 할 멍에가 되었다. 그런 그가 역시 많은 인명피해를 낸 동의대 사건의 민주화운동 인정에 대해 남다른 느낌을 갖고서 비판을 했다는 것은 그의 평가에 동의하지는 않지만, 충분히 이해할 수 있는 일이다. 다만 〈조선일보〉가 어떤 매체이고, 그가 일하는 〈당대비평〉의 작업에 대해 어떤 이유로 극진한 관심을 기울여왔는지 충분히 알 만한 그가 〈조선일보〉와 인터뷰하면서 '자기성찰'을 했다는 것은 불행한 일이다. 더구나 문부식은 아무 탈 없이 거리를 활보하는 간첩 김영환을 도운 이유로 '간첩방조죄'라는 죄명을 쓰고 옥에 갇혀 있는 김경환의 옥중서간집의 발문을 쓴 바 있다. 김영환 사건에 대해 내가 하고 싶은 이야기는 거기 다 들어 있다 해도 지나친 말이 아닐 정도로 생각이 비슷했다. 그런 그가, 국정원에서 반성문을 써 〈조선일보〉에 게재한 김영환을 비판한 문부식이, 〈조선일보〉를 통해 자기 성찰을 발표한 사실은 나를 더욱 슬프게 한다.

김지하, 박노해, 문부식. 그들은 우리의 현대사에서 어느 한순간의 주역이었다. 단 그들이 주역이 되었던 사건과 시간은 그들 개인의 것이 아니라 이미 역사의 것이다. 일부에서는 그들이 "맛이 갔다"고 하지만 그런 말은 함부로 할 수 있는 게 아니다. 그런 말을 즐겨 하던 사람들이 정말 돌이킬 수 없게 누구보다도 먼저 맛이 간 경우를 우리는 흔히 볼 수 있다. 누구보다도 힘들게 역사의 무거운 짐을 져야 했고, 독방의 고독 속에 갇혀야 했던 그들에게 우리 모두는 빚을 지고 있다. 이제 그들이 고된 몸과 마음을 쉬려 한다면 누가 무어라 할 수 있겠는가? 박노해는 '해거리' 라는 시에서 이렇게 노래했다. "감나무도 산목숨이어서/ 작년에 뿌리가 너무 힘을 많이 써부러서/ 올해는 꽃도 열매도 피우지 않고/ 시방 뿌리 힘을 키우는 중이란다."

훌쩍 가버린 김남주가 그립다

문부식이 김경환을 평한 것처럼 지나간 과거를 진심으로 반성하는 사람에게는 함부로 무시할 수 없는 아름다운 고투의 흔적이 있다. 온몸을 내던졌던 사람만이 느낄 수 있는 깊은 고뇌의 흔적, 더구나 그들은 무딘 사람들도 아니고 시인으로서의 여리고 예민한 감수성을 지닌 이들이다. 다만 바라고 싶은 것은 반성을 독방에서 혼자 하지 말되 자기 성찰을 하려면 조용히 하자는 것이다. 휴식과 자기 성찰을 하나의 운동인 양 큰소리로 외치면 너무나 소란스럽게 되고 성찰의 귀한 내용도 전해질 수 없다. 한 시대의 독수리 오형제의 맏형으로 자기 시대의 짐을 홀로 져야 했던 불행한 시대의 주역이었던 이들의 조용한 성찰이 아름다운 울림으로 와 닿았으면 한다.

 한 시대를 대표하는 투사로, 그리고 뛰어난 시인으로, 오랜 세월을 독방에서 보낸 고독한 인간이라는 공통점을 지닌 이들을 보면서 나는 똑같은 공통점을 가졌던 김남주가 그립다. 그가 속한 남민전은 김남주의 운동자금 마련을 위한 강도행각이 단서가 되어 발각되지 않았던가? 그도 쓰라린 패배에서 반성할 점이 많았을 것이다. 그러나 김남주의 반성은 달랐다. 그는 요란한 반성을 하지 않았고, 한때 자기를 믿고 따르던 후배들에게 절망을 가져다주지도 않았다. 사람만이 희망인 것처럼 때로, 아니 언제나 절망은 사람에게서 온다. 그 혹독한 세월을 투사로, 시인으로, 고독한 인간으로 살면서 우리를 실망시키지 않고 훌쩍 가버린 김남주가 그립다. 몹시 그립다.

일제시대엔 떼먹고 변명 안 했다
_만주동포 의연금 부정 사건과 숨겨진 야담들

1999년 3월 거의 10년 가까운 미국생활을 마치고 귀국한 직후의 일이다. 그동안 나온 책들도 보고 강의에 필요한 자료를 구하려고 광화문 지하도에 들어섰는데 벽면에 부착한 큰 광고가 눈에 띄었다. "할말은 하는 신문!" 순간 나는 잠시 헷갈렸다. "아니, 〈한겨레〉가 저런 촌스러운 광고를 다 하나?" 그러나 몇 발 더 다가가자 〈조선일보〉라는 글씨가 눈에 들어왔다. 세상에! 그때는 1998년 말부터 〈조선일보〉가 시작한 최장집 교수 죽이기 사상검증의 여진이 아직 끝나지 않고 있던 때였다. 할말을 하는 게 아니라 못할 말을 막 해대는 신문이 할말을 하는 신문이라고 호소하다니. 나는 할말을 잃었다.

재정상태 열악했던 1930년대의 〈조선일보〉

그러나 〈조선일보〉 때문에 할말을 잃은 사람이 어디 필자뿐이겠는가? 국세청이 발표한 엄청난 탈세액수에 모두가 할말을 잃고 있다. 얼마 전 경쟁지 〈중앙일보〉의 사주가 탈세혐의로 구속되었을 때 언론사 사주도 납세의 의무에서 예외일 수 없다고 힘주어 말하던 〈조선일보〉는 세무조사가 비판적 언론에 재갈을 물리기 위한 언론탄압이라고 핏대를 올리고 있다. 세무조사를 언론탄압이라고 주장하는 방씨 일가의 족벌신문〈조선일보〉의 행태를 보면서 생각나는 것은 '밤의 대통령'이라 불리는〈조선일보〉사주 방일영의 양할아버지 방응모 선생이〈조선일보〉를 인수하는 과정이다.

    방응모가〈조선일보〉를 인수하게 된 것은 일제가 1932년 3월3일〈조선일보〉의 안재홍(安在鴻) 사장과 이승복(李昇馥) 영업국장을 만주동포에 대한 의연금 중 7천여 원을 회사 운영비로 부정사용했다는 혐의로 구속하면서 조선일보사가 극심한 혼돈에 빠진 데에서 비롯되

1940년의〈조선일보〉편집국. 방응모가〈조선일보〉를 인수하게 된 것은 1932년 3월 만주동포 의연금 부정사용 사건으로 조선일보사가 극심한 혼란에 빠지면서였다.〈조선일보와 45년〉

었다. 당시 일제가 〈조선일보〉를 눈엣가시로 여기는 것이야 현 정권이 〈조선일보〉 등 보수언론을 보는 시각보다 더하면 더했지 결코 덜하지는 않았을 것이다. 그러나 당시 아무도 이를 언론탄압으로 보지는 않았다. 불행히도 만주동포 의연금 일부가 경영난에 빠진 〈조선일보〉의 경비로 사용된 것은 부인할 수 없는 사실이었기 때문이다.

오늘의 〈조선일보〉는 막강한 자금력을 자랑하고 있지만 1930년대 초반까지 〈조선일보〉의 재정상태는 극히 열악했다. 3·1운동 이후 조선총독부 당국은 이른바 문화정치를 실시하면서 1920년 봄 〈조선일보〉와 〈동아일보〉 등 조선어 신문 2개의 발행을 허가했다. 〈동아일보〉는 민족주의 계열의 청년들이 발간의 주축을 이룬 반면, 〈조선일보〉는 대정친목회(大正親睦會)라는, 이름부터 친일 냄새가 물씬 풍기는 단체가 주축이 되어 출발했다. 창립 당시 〈조선일보〉는 실업신문을 표방했으나 그 무렵 조선의 경제발전은 매우 열악했기 때문에 실업신문의 기반은 극히 취약했다. 친일적인 사람들은 일본인들을 대상으로 발간되는 〈경성일보〉나 총독부 기관지 〈매일신문〉을 주로 구독했고, 일반 지식대중은 민족주의자들이 만든 〈동아일보〉를 구독하였기 때문에 〈조선일보〉는 창간 초기부터 경영이 튼실하지 못했다. 결국 〈조선일보〉는 다음해 이완용과 쌍벽을 이루는 친일파 송병준(宋秉畯)에게 넘어갔으나 역시 경영난을 극복하지 못했다. 당시 언론계 사정을 소개한 〈삼천리〉나 〈비판〉 같은 잡지를 보면 송병준이 처음에는 남궁훈 등 대리 사장을 내세웠다가 자신이 직접 사장에 취임했다고 하는데, 〈조선일보〉 쪽의 공식 기록에는 송병준이 사장을 지냈다는 이야기는 빠져 있다.

경영난을 극복하지 못한 송병준은 1924년 상하이 임시정부의 교통총장을 지낸 젊은 민족주의자 신석우(申錫雨)에게 8만5천 원에 〈조선일보〉를 양도했다. 한말에 경무사를 지낸 거부 신태휴(申泰休)의 아들인 신석우는 월남 이상재를 사장으로 추대하고 자신은 부사장에 취임했다. 신석우가 〈조선일보〉를 인수하면서 〈조선일보〉는 크게 발전했다. 먼저 〈조선일보〉는 일제와 타협적인 태도를 취해가는 〈동아일보〉에 비해 진보적이고 오히려 더 민족적인 색채를 분명히 했다. 현재의 〈조선일보〉는 진보세력에 대해 극대의 적대감을 갖고 있지만, 아이로니컬하게도 당시 〈조선일보〉에는 박헌영, 조봉암, 김단야, 임원근, 김준연, 양명, 신일용, 홍덕유, 홍남표, 홍증식, 배성룡 등 초기 공산주의 운동의 주역들이 기자 또는 논설반원으로 포진해 있었다.

그러나 이들 중 상당수는 1925년 9월 총독부가 〈조선일보〉에 대한 무기정간 해제의 조건으로 '불령선인'들에 대한 해직을 요구함에 따라 한국언론사 최초의 대량 해직사태로 신문사를 떠나게 되었다. 일부 민족주의 계열의 기자를 포함하여 모두 17명이 해직된 이 사태는 당시에는 1975년의 언론인 학살처럼 크게 문제가 되지 않았다. 〈조선일보〉의 지방조직을 통해 자기 세력을 키운 화요회 계열의 공산주의자들이 조직의 재가동을 위해서는 무기정간의 해제가 필수적이라는 사실을 인식하고 총독부의 요구를 받아들여 순순히 물러났기 때문이다. 그 뒤 〈시대일보〉가 문을 닫게 되면서 〈시대일보〉에 있던 비타협 민족주의자들이 대거 〈조선일보〉로 자리를 옮겨 〈조선일보〉의 진보적 논조는 그대로 유지되었다.

편집국장 집에 드러누운 설렁탕집 할머니

이런 우여곡절을 거쳤지만 신석우가 〈조선일보〉를 인수한 1924년부터 1932년까지는 〈조선일보〉의 황금기였다. 그러나 경영면에서 〈조선일보〉는 김성수의 탄탄한 재력을 바탕으로 한 〈동아일보〉와는 비교가 되지 않을 정도로 열악했다. 〈조선일보〉는 방만한 경영에다 1928년 5월9일부터 장기간 정간을 당하면서 경영난이 극도로 악화되었다. 당시 〈조선일보〉의 간부진들은 1927년의 신간회 창립을 주도하였는데, 총독부는 〈조선일보〉 간부들의 신간회 간부직 사임을 무기정간 해제의 조건으로 내걸었고, 〈조선일보〉의 '비타협' 민족주의자들은 경영난 때문에 총독부와 '타협'하지 않을 수 없었다. 〈조선일보〉는 9월 19일 133일 간의 정간에서 풀려났지만 이때의 타격은 재정적으로 〈조선일보〉의 경영을 더욱 압박했다. 더구나 신석우의 자금도 떨어져갔고, 기자와 사원들의 월급이 몇 달씩 밀리는 것은 다반사가 되었다.

만주동포 의연금 유용 사건은 이런 분위기에서 발생했다. 일제에 당당하게 맞서기 위해서는 일제에 트집잡힐 일을 하지 않았어야 했는데 〈조선일보〉 간부들은 그러지 못했던 것이다(당시 필자의 할아버지가 〈조선일보〉의 편집국장으로 재직하고 있었기 때문에 개인적으로 이 문제를 언급하기가 몹시 껄끄럽지만, 요즈음의 언론탄압 논란과 직결되는 사안이기에 어색함을 무릅쓰고 이 문제를 다루기로 한다). 사장과 영업국장이 구속된 상황에서 편집국장이 빚더미에 올라앉은 신문경영을 떠맡게 되었는데, 신문용지를 공급하던 화신의 박흥식은 꼭 맞돈을 주어야 종이를 내주어 간부들이 시계를 전당포에 잡히고 간신히 돈을 구해 신문을 찍었다고 한다.

그러던 차에 큰일이 터졌다. 전에 영업국장을 맡았던 이가 경영난 때문에 총독부에 가까운 고리대금업자 임경래에게 〈조선일보〉의 판권을 맡기고 거금 2만 원을 빌렸는데, 임경래가 총독부를 등에 업고

판권의 명의를 이전한 것이다. 사원들은 애써 키운 〈조선일보〉가 친일고리대금업자에게 넘어가는 것을 막기 위해 임경래의 견지동 사옥 출입을 봉쇄하였고, 밀려난 임경래는 명치정(지금의 명동)에 〈조선일보〉 간판을 내걸고 따로 신문을 발행하여 일시적으로 〈조선일보〉 이름의 신문이 두 개가 발행되었다. 견지동의 정통 〈조선일보〉는 비록 기자와 사원들에게 월급은 못 주더라도 점심은 먹여야 일을 할 수 있는 처지였다. 단골인 이문설렁탕집에 편집국장 명의로 매일 수십 그릇씩 설렁탕을 배달시키다가 외상값을 갚지 못해 설렁탕집 주인 할머니가 집에 와 안방을 차지하고 드러눕고, 더 이상 외상 설렁탕을 시켜먹지 못하게 되자 편집국장 등 간부들의 집에서 밥하고 김치를 해다가 먹이면서 신문을 발행하고…. 이러기를 몇 달 간, 결국 필자의 할아버지는 신경쇠약으로 쓰러지고, 집과 조금 있던 전답은 남의 손에 넘어갔다고 한다. 이런 꼴을 당했지만, 당시 〈조선일보〉 간부나 사원들은 사장 등의 구속을 언론탄압으로 부르지는 않았다. 왜냐하면 재만동포 원호금 유용은 사실이었기 때문에.

'밤의 대통령'은 기생집에서 붙여진 이름

광산으로 떼돈을 번 방응모가 〈조선일보〉를 인수한 것은 바로 이런 상황에서였다. 역사에 가정은 허용되지 않지만, 당시 〈조선일보〉 간부들이 재만동포 원호금을 신문사 운영비로 유용하지 않았다면 오늘날의 족벌신문 〈조선일보〉는 없었을 것이라는 부질없는 생각을 해본다. 방응모의 〈조선일보〉 인수 이후 〈조선일보〉의 친일행각에 대해 이런저런 비판이 많지만, 현재의 방일영, 방우영 형제가 양할아버지 방응모의 반의반만큼의 금도라도 있었으면 〈조선일보〉가 지금처럼 망가지지는 않았을 것이다.

　〈조선일보〉의 방일영 고문을 흔히 '밤의 대통령'이라 부른다. 이 말은 1992년 11월 방일영 당시 〈조선일보〉 회장의 고희연에서 사원대표인 〈스포츠조선〉 신동호가 "낮의 대통령은 그동안 여러 분이 계셨지만 밤의 대통령은 오로지 회장님 한 분이셨다"라고 말한 것을 〈조선일보〉 사보가 보도한 것을 〈기자협회보〉가 다시 보도하여 널리 알려지게 되었다. '밤의 대통령'이란 말은 〈조선일보〉의 권력을 상징하는 표현이 되었지만, 이는 신동호의 조어가 아니다. 이 말을 만들어낸 사람은 실은 '낮의 대통령' 박정희였다.

　잘 알려진 것처럼 방일영은 박정희의 가까운 술동무였다. 군사반란으로 갑자기 정권을 잡은 박정희가 요정에 가보면 방일영은 화술로나 주량으로나 늘 좌중을 휘어잡았다. 박정희가 보기에 자기에 대한 마담이나 기생들의

방일영, 방우영 형제(위)와 그의 양할아버지 방응모(아래). 두 형제가 방응모의 반의반만큼의 금도라도 있었으면 〈조선일보〉가 지금처럼 망가지지는 않았을 것이다.(격랑 육십년)

대접은 깍듯하기는 해도 거리감이 있었지만, 방일영에에게는 대접이 극진하면서도 정감이 넘쳐났다. 하긴 방일영은 술이 거나해지면 동석자들의 지갑까지 털어 기생들에게 듬뿍 돈을 쥐어주었다니 누군들 마다했을까? 나이는 박정희가 다섯 살 위였지만 술집 출입의 경력으로 보나 여자들 다루는 솜씨로 보나 방일영은 '촌놈' 박정희보다 한참 위였다. 박정희는 자신을 '대통령 형님'이라 부르는 방일영을 "우리나라에서 제일 팔자가 좋은 사람"이라며 부러워했다. 그러면서 하는 말이 "낮에는 내가 대통령이지만 밤에는 임자가 대통령이구먼"이라는 것이었다고 한다. 좋게 이야기하면 당대의 풍류객이라는 것이고, 좀 진하게 이야기하면 최고의 'X입대장'이라는 것이다. 조선일보사가 펴낸 방일영의 전기에 "권번(券番) 출신 기생의 머리를 제일 많이 얹어준" 사람이 바로 방일영이란 이야기까지 버젓이 나오는 것을 보면 박정희가 방일영을 그렇게 부른 것도 무리가 아니다.

'밤의 대통령', 암흑가의 황제를 연상케 하는 이 말은 처음에는 부러움과 장난기가 뒤섞인 박정희의 표현이었지만, 〈조선일보〉는 특유의 말 비틀기로 이 말에 전혀 다른 뜻을 부여했다. 〈한겨레21〉에선 "기발한 재주로 독자 홀려라"라고 〈조선일보〉의 기교를 비판했지만, 원래의 말뜻을 비틀어 자기네에게 유리하게 바꾼 최고의 기교는 역시 술집에서 분위기를 휘어잡는다는 뜻에 권력을 부여한 재주가 아닐까 한다.

편집국장 최석채의 탄식

한국의 언론자유를 침해하는 최대의 공적으로 경영주를 지목한 첫 사례로 많은 사람들이 김중배 선생이 1991년 〈동아일보〉 편집국장을 사임하면서 한 이임사를 들지만, 이보다 훨씬 전인 1969년에 〈조선일보〉 주필이었던 최석채 선생이 이 문제를 지적했다. 1968년 11월 하순 월간지 〈신동아〉가 정부의 차관도입의 내막을 파헤쳤는데, 이 기사가 문제가 되어 천관우(千寬宇) 〈동아일보〉 주필 등 편집국장급 이상 간부 3명이 중앙정보부에 끌려가 곤욕을 치른 뒤 회사에서 퇴직당했다. 이런 언론탄압이야 곡절 많은 한국언론사에서 병가지상사였으나 문제는 당사자인 〈동아일보〉를 포함한 신문들의 태도였다. 지방지들이 한결같이 이를 톱기사 또는 3단 이상의 비중 있는 기사로 취급한 반면 중앙일간지 8개는 마치 약속이나 한 듯이 일주일이 지나서야 1단 단신으로 간단히 취급하거나 아예 묵살했다.

이 사건이 국회에서 크게 문제가 되었을 때도 마찬가지였다. 당시 〈기자협회보〉 편집인이었던 한 언론인의 표현에 따르면 "정작 이 꼴을 만들고 나서야 신문인들은 스스로의 비굴함에 놀랄 지경"이 되어 "갑자기 신문의 자가반성이 대두"하였다. 편집인협회 회장을 맡고 있던 최석채의 발언이 나온 것도 이런 상황에서였다.

최석채는 〈기자협회보〉에 투고한 글에서 "어째서 이런 시련이 우리에게 닥쳐왔는가"라고 자문하고는 "한마디로 말하면 신문이 편집인과 기자의 손에서 떠났기 때문이다. 한국의 언론은 우리가 의식하고 있는 이상으로 경영주의 손에 의해서 움직이고 있다"고 말했다. 최석채는 "나는 언론의 자유가 외부로부터 침해를 받는다는 사실은 제2차적인 문제로 다루어져야 할 것으로 본다"면서 언론이 스스로 단결하여 싸우지 못하고 "성문을 열어 외적을 불러들인다면 누구에게 구원을 청할 것인가"라고 탄식했다. 그는 언론이란 성 안에 경영주와 편집인, 기자가 공존하는데 이대로 가다가는 성 안에서 반란이

상반된 두 인물. 1969년 주필이었던 최석채(위)는 김중배보다 먼저 경영주의 언론자유 침해를 비판했다. 이에 반해 선우휘(아래)는 〈조선일보〉 해직언론인들의 재판에서 서슴없이 "언론자유운동은 주제넘은 짓"이라고 말했다.(조선일보와 45년)

일어나 성주를 향해 주민들이 선전포고를 하는 사태가 오지 않을까 우려된다고 말했다. 그러나 그는 이 위기를 뚫고 나갈 방법이 전혀 없는 것은 아니라면서 이 위기를 돌파할 방법은 노조의 결성에 있다고 강조했다.

또 '홍박'이라는 애칭으로 불리던 영원한 현역 홍종인은 서울의 이른바 대신문들이 자살, 자멸의 길을 스스로 택하고 있다고 질타하면서 "있는 것을 없는 것같이 만드는 사람들이, 없는 일을 있는 것같이, 또 있어서는 아니될 일을 있을 수 있는 것처럼 아니 말하리라고 누가 보장하겠는가"라며 '할말은 하는 신문' 〈조선일보〉의 앞날을 정확히 예측했다. 홍종인은 1950년대 말에서 1960년대 초의 격동기에 〈조선일보〉 회장을 지낸 인물이었다. 최석채나 홍종인의 자세가 바로 '밤의 대통령'에 의해 망가지기 전 조선일보인의 모습이었다. 비록 이 두 분도 올곧은 입장을 끝까지 견지하지는 못했지만….

홍종인이 이 땅의 언론자유가 죽느냐 사느냐의 기로에 서 있다고 우려하던 때는 바로 신문으로서의 〈조선일보〉는 죽어가고 있었지만, 신문기업으로서의 조선일보사는 도약의 발판을 마련하던 시점이었다. 조선일보사는 1969년 한·일 국교정상화 이후 최초의 민간차관으로 일본의 이토추상사(伊藤忠商社: 한일 간의 유착의 핵심인물인 세지마가 대표로 있던 회사)로부터 거금 400만달러를 연리 6%에 들여왔다. 사채금리가 50%에 육박하고 은행금리도 25% 내외이던 시절에 이런 조건은 거저나 마찬가지였다.

이 돈으로 〈조선일보〉는 코리아나호텔을 지었다. 외국인이 머물 수 있던 호텔이라야 낡디낡은 반도호텔과 조선호텔밖에 없던 시절에 최신식 호텔을 선점한 것은 큰돈을 벌 수 있는 기회였다. 1970년대 초반 한국에 오는 외국관광객은 누구였을까? 코리아나호텔은 박정희 정권의 실력자들이 최고의 외화벌이 일꾼으로 치켜세웠던 기생들을 찾아오는 일본인들로 늘 북적거렸다.

〈조선일보〉의 현직 주필이요 신문편집인협회 회장인 최석채는 노조에 희망을 걸었지만, 현재 〈조선일보〉 기자들의 태도를 보면 그의 기대는 좀 순진했던 것 같다. 성주에 대한 주민들의 반란 대신 〈조선일보〉 기자들은 정부의 언론탄압에 맞서 결연히 싸우겠다고 주먹을 불끈 쥔다. 아니, 최석채가 예견한 것과 비슷한 사태는 1975년에 있었다. 이때는 주민들의 반란이 아니라 성주의 일방적인 주민 학살이었다.

체면 때문에 언론자유선언을 하라?

1973년 10월 〈동아일보〉 기자들이 언론자유수호선언을 발표하자, 〈동아일보〉와 경쟁관계에 있던 〈조선일보〉는 신문사의 체면 때문에 2등은 해야 한다면서 기자들을 부추겼다. 이때 나선 사람이 최석채의 뒤를 이어 〈조선일보〉 주필이 된 선우휘였다. 그는 후배 기자들을 불러 "동아와 한국에서는 기자들이 언론자유선언을 했는데 〈조선일보〉 기자들은 왜 아무 움직임이 없느냐"고 말했다. 선우휘는 방일영의 보통학교 동창으로 당시 〈조선일보〉의 실세였다. 꼭 선우휘의 얘기 때문은 아니더라도 언론자유실천은 기자들의 소망이자 생명이었다. 〈조선일보〉 기자들도 곧 이 운동에 동참했다. 〈동아일보〉 기자들은 이어 1974년 11월 이번에는 말로만의 수호결의가 아닌 언론자유실천선언에 들어가고, 이에 다른 신문사들 대부분이 동조했다. 이에 당황한 박정희 정권이 〈동아일보〉의 광고주들에게 압력을 넣어 광고를 해약하게 만드는 악랄한 수법을 동원하자, 〈조선일보〉는 선수를 쳐서 유신지지 발언을 게재한 편집국장에게 항의하는 기자 두 명을 하극상이라는 군대식 표현을 써가며 해직했다.

당연히 〈조선일보〉 기자들은 해직당한 동료 두 명의 복직을 요구했고, 회사가 약속된 복직시한을 어기자 농성에 들어갔다. 이 무렵 방우영 당시 사장은 두 기자의 복직을 요구하는 기자들에게 "〈동아일보〉도 김병익(당시 기자협회장으로 언론자유실천선언을 주도)이를 복직 못 시키는데 내가 어떻게 그들을 받아들여? 나는 김상만 사장보다 세지 못해"라고 말했다. 아직 방우영보다 훨씬 센 방일영이 박정희가 말한 식의 밤의 대통령이었을 뿐 오늘날의 의미의 밤의 대통령과는 거리가 멀었던 시절의 일이다. 그러나 방우영은 언론자유실천운동의 진원지가 된 〈동아일보〉에 비해 화끈하고 신속하게 움직였다. 기자 30여 명을 해고한 것이다. 이에 뒤질세라 〈동아일보〉는 무려 160여 명의 기자를 잘랐다. 이렇게 해직된 두 신문의 기자들은 각각 동아와 조선 자유언론수호투쟁위원회를 결성하여 언론민주화운동에 나서게 된다.

1970년대 초반까지 신문기자들의 처우는 기가 막힐 정도로 열악했다. 초임기자의 월급은 갑근세 면세점 이하이고, 10년 경력의 부장급이 되어야 겨우 도시근로자 평균소득 정도의 월급을 받았다. 그러던 것이 1970년대 중반 대량 해직사태 이후 월급이 폭등하기 시작했다. 그리고 1980년대 중반이 되자 초임기자의 월급이 웬만한 다른 좋은 직장 월급의 두 배 정도로 껑충 뛰었다. 1960~70년대 한국 기자들의 월급은 비정상적으로 낮았지만 1980년대 한국 기자들의 월급은 비정상적으로 높아졌다. 비판적 지식인들을 돈으로 매수하려는 독재정권 쪽의 계산과, 정권과 야합하여 재정을 튼튼히 한 신문재벌과 재벌신문의 자금력이 이를 가능케 한 것이다.

현재의 〈조선일보〉에는 김대중이 있지만 당시에는 선우휘가 있었다. 현재의 조선일보사 쪽에 의해서도 그렇고, 〈조선일보〉에 비판적인 해직언론인이나 언론학자 양쪽 모두에서 오늘의 〈조선일보〉를 있게 한 장본인이라는 평을 듣는 선우휘는 〈조선일보〉 해직언론인들의 재판에 증인으로 소환되었다. 이때 그는 왜 후배 기자들에게 가만히 있느냐고 말했냐는 해직기자 쪽 변호사의 질문에 자유언론수호선언이 "옳은 일이니까 해야 한다기보다는 〈조선일보〉의 체면을 위해 남이 하는 만큼은 해야 한다고 말했을 뿐"이라고 답했다. 이어 그는 〈조선일보〉 기자들이 언론자유실천을 위해 기자협회 분회의 회보를 발간하였는데 이를 어떻게 생각하느냐는 질문에 "신문제작을 하는 일도 벅찬데 그런 것까지 한다는 것은 주제넘은 짓이다"라고 말했다. 변호인이 다시 "들어가야 할 기사가 빠지든 깎이든 기자는 기사만 써내라 이 말인가"라고 묻자 선우휘는 "그렇다"라고 명쾌하게 답변했다. 변호인이 선우휘의 글을 인용하여 "언론이 병들어 빈사상태"에 놓여도 "모든 것을 사장에게 맡기고 가만 있어야 하는가"라고 되묻자 선우휘는 "물론이다"라고 잘라 말했다. 변호인도 할말을 잃은 듯 증언녹취록은 여기서 끝나고 있다.

선우휘의 당당한 '소신'

〈조선일보〉 편집국이 들어서 있던 코리아나호텔. 1970년대 이곳은 박정희 정권의 실력자들이 최고의 외화벌이 일꾼으로 치켜세웠던 기생들을 찾는 일본인들로 늘 북적거렸다.(조선일보 칠십년사)

1989년 '조선노조투쟁지지·해직언론인원상회복쟁취대회'를 마친 〈조선일보〉 해직 기자들이 신문사 앞으로 가서 방우영 사장의 공개사과와 복직을 요구하자 젊은 기자들은 방우영 사장의 "저항세력은 척결하겠다"는 공갈에도 신문사 앞으로 나와 선배들을 맞이하고 기념촬영을 했다. 김대중 주필은 자기가 아직도 〈조선일보〉에 있느냐는 소리를 듣는다는 칼럼을 썼지만, 필자는 전혀 다른 각도에서 그때 그 젊은 기자들에게 묻고 싶다. 아직도 〈조선일보〉에 있긴 하냐고.

박정희가 가고 아직은 상황이 유동적이었던 1980년 봄 선우휘는 일본의 극우보수지 〈산케이신문〉과 인터뷰를 가졌다. 이때 그는 "언론규제는 없는 것이 낫다. 하지만 한국에서 언론의 제약이 가해져도 하는 수 없는 상황이 있다 4·19에서 5·16까지의 1년은 어떠했는가. 언론의 자유와 책임이 전혀 양립되어 있지를 않았다. 하룻밤 새 모든 신문이 정부에 대해 비판적으로 나서게 되고 1년 내내 연일 조석간을 통틀어 정부를 두들겨 팼다"라고 말했다. 그는 쿠데타를 일으키게 한 사회적 분위기를 만든 것이 언론이었는데, "그 사태를 한국의 언론이 심각하게 반성하지 않고 5·16에 의해 언론규제를 받게 되자 이번에는 언론의 자유를 붙잡고 '슬픈 노래'를 부른다

"아직도 〈조선일보〉에 계십니까?" 1989년 6월 조선투위 위원들이 조선일보사 앞에서 공개사과와 복직을 요구하는 시위를 하자 젊은 기자들이 나와 선배들을 맞이하고 기념촬영을 했다.(자유언론, 내릴 수 없는 깃발)

는 것은 너무도 감상적인 처사"라고 비난했다.

자유언론을 외치던 기자들을 내쫓고, 한번도 이를 반성하지 않은 밤의 대통령의 완벽한 지배하에 있는 〈조선일보〉. 불편부당이라는 사시와 달리 극우수구세력의 대변지로 전락한 〈조선일보〉. 그 〈조선일보〉는 지금 언론자유를 외치는 마당에 선우휘의 발언을 보면 어떤 생각을 할까? 한국의 독자들은 〈동아일보〉는 백지광고 사태 때 봇물터지듯 밀려온 격려광고에서 보듯이 신문이 언론탄압을 받으면 발벗고 나서서 언론자유를 지키기 위해 싸운 아름다운 전통이 있다. 그런 한국의 독자들 절대다수는 지금 언론자유를 외치는 사주들의 아우성을 무시하고 언론개혁에 박수를 보내고 있다. 이를 보고 "자업자득"이라는 내 말에 옆에 있던 친구는 고개를 설레설레 저으며 말한다. "아니야, 자승자박이야."

| 6부 |

역사를 통한 세상읽기

의열단원들은 언제나 멋진 스포츠형의 양복을 입었고 어떤 경우에도 결벽할 정도로 아주 깨끗이 차려입었다. 이 멋진 젊은이들과 무기 역시 대량살상력을 가지게 된 요즈음의 테러리스트들의 차이는 무엇일까? 우리가 의열투쟁이라 불렀던 테러는 언제 어떤 경우에 정당화될 수 있는 것일까? 한번도 본토를 공격당한 적이 없는 미국한테서 자신을 죽이려 했던 예양의 의리에 눈물을 흘린 조양자와 같은 태도를 기대하는 것은 연목구어와도 같은 일일 것이다. 그러나 나도 당할 수 있다라는 자각이 미운놈과 더불어 사는 지혜와 관용을 가져오는 것은 불가능한 일일까?

노병은 죽지도 사라지지도 않는다

_나이에 관한 역사적 명상

박정희의 장기집권을 위한 3선개헌안 국민투표가 통과된 직후인 1969년 11월8일, 신민당 원내총무였던 43살의 김영삼은 남산의 외교구락부에서 기자회견을 열고 대통령 후보 지명전에 출마하겠다고 선언했다. 이어 김대중도 1970년 1월24일 기자회견을 열고 대통령 후보 지명전에 뛰어들겠다고 선언했다. 김대중은 당시 두드러진 의정활동을 보이고 있던 3선의원이었다. 그러나 그는 5대 의원의 경우 보궐선거에서 당선된 뒤 이틀 만에 5·16 군사반란이 일어나 의사당에 등원도 못해보고 끝났기 때문에 사실상 재선의원이었고 주요 당직이라고는 대변인밖에 지낸 적이 없었다. 이어 5·16 뒤의 정치규제에 묶여 있다가 뒤늦게 신민당에 입당한 1922년생의 이철승(李哲承) 역시 후보 지명전에 출마할 것을 선언했다.

1970년, 40대 대통령 후보들의 각축

40대 기수론은 당시로서는 아주 파격적인 것이었지만, 위계질서가 엄격한 전통야당의 세대교체를 강제하는 몇 가지 요인이 있었다. 먼저 1971년 선거에서 신민당의 대통령 후보로 당연시되던 유진오

"귀거래사는 없다." 40대 기수론의 주역들은 오늘날 노인정치의 주역이 되어 건강을 뽐내고 있다.(격동 한반도 새지평)

(兪鎭午) 당수는 3선개헌안이 국민투표에서 통과되고 얼마 뒤 뇌일혈로 쓰러졌다. 1956년 대통령선거에서 신익희(申翼熙) 후보가 급서하고, 1960년 선거에서는 조병옥(趙炳玉) 후보가 또다시 사망한 데 이어 대통령선거를 앞두고 야당의 유력후보가 발병하는 불행한 징크스가 재현된 것이다. 당시 신민당 내 실력자는 부총재 유진산(柳珍山)이었는데, 그는 1964년 이른바 진산 파동을 통해 왕사쿠라의 별명을 얻은 인물로서, 도저히 대통령선거에 후보로 내세울 수 있는 인물이 아니었다.

또한 박정희의 공화당은 상대적으로 야당인 신민당에 비해 젊었다. 먼저 1917년생인 박정희는 당시 53살이었고, 당과 정권의 주요

이제 '전직 대통령'이 된 김영삼과 김대중.

인물들도 대개 40대에서 50대였으며, 이동원(李東元) 등 30대를 장관에 발탁하기도 했다. 이런 상태에서 야당이 유진산처럼 나이도 많고—유진산은 1969년 '겨우' 65살로 한나라당 총재였던 이회창보다 두 살이나 아래이다—이미지도 안 좋은 사람을 후보로 낼 수는 없었던 것이다. 비단 공화당뿐 아니라 사회도 젊어지고 있었다. 지금도 마찬가지지만 인구 비율로 40대 미만이 전체의 80%를 넘었고, 사회의 주요 부문에서 40대의 진출이 두드러졌다. 젊은 야당의원 시절 김대중은 40대 기수론을 정당화하면서 "가장 보수적이라는 천주교조차 40대의 김수환씨가 불과 2년 안에 많은 연상 선배를 제치고 신부에서 주교, 대주교, 그리고 세계 최연소의 추기경 전하에까지 대진출"한 사례를 들었다.

　40대의 김영삼, 김대중, 이철승 등이 40대 기수론을 부르짖으며 대통령 후보 지명전 출마를 선언하자 당 원로와 중진들의 반응은 냉랭했다. 특히 세대교체의 대상으로 지목된 유진산은 구상유취(口尙乳臭), 즉 아직도 입에서 젖비린내나는 어린 것들이 무슨 대통령이냐며 "대통령 후보를 세대 문제와 결부시키려 한다면 그것은 정치적 미성년자의 사고로 묵과할 수 없다"며 펄펄 뛰었지만, 일반 당원들과 국민들은 변화를 바라고 있었다. 결국 1970년 9월29일 열린 신민당의 대통령 후보지명 전당대회는 40대 후보 3인의 각축으로 이루어졌다. 우여곡절 끝에 유진산의 지지를 얻은 김영삼이 느긋하게 후보지명 수락 연설문을 다듬고 있는 동안 김대중은 일반 대의원들을 만나 지지를 호소했다. 9월29일 전당대회에서 김영삼은 1차 투표에서 1위를 차지하긴 했으나 지명에 필요한 과반수 득표에는 실패했다. 대역전극은 2차 투표에서 일어났다. 김대중의 후보지명 획득이었다. 김대중은 1971년 선거에서 바람을 일으키며 선전했으나 지역감정과 금권, 관권을 동원한 박정희에게 94만 표 차이로 아깝게 졌다. 그로부터 30년, 세대교체를 부르짖으며 등장했던 40대 기수들은 그들이 교체하려 했던 노장층의 나이를 10여 살 이상 넘기고도 80살을 바라보며 아직도 현역으로 뛰고 있다.

김종필, 50대 초반에 정풍의 표적이 되다

　이른바 3김 시대 또 하나의 주역인 김종필은 JP 대망론을 자가발전하면서 '왕기'가 서린 땅으로 부모의 묘지를 이장했다. 김종필은 1926년생, 1961년 군사반란 당시 36살의 청년이었다. 김종필의 이름이 세상에 처음 알려진 것은 1960년 그가 군부 내의 정군(整軍)운동과 이른바 하극상 사건을 주도하면서부터였다. 이 사건으로 김종필은 군복을 벗었지만 송요찬(宋堯讚), 백선엽(白善燁), 최영희(崔榮

'영원한 2인자' 였던 김종필(격동 한반도 새지평)

喜) 등 군 수뇌부 역시 퇴진했다.

당시 김종필 등 육사 8기는 육사 1기와 기수로 차이가 많이 나지만 교육을 받기 시작한 날짜를 기준으로는 채 3년의 차이도 나지 않았다. 그들보다 3~4살 많은 사람들이 별을 주렁주렁 달고 육군참모총장이다 연합참모총장이다 하는 요직을 차지하고 있을 때 8기생들은 대개 육군 중령으로 극심한 인사정체를 겪고 있었다. 5·16 군사반란에 가담하여 최고회의 의장을 지내다가 뒤에 축출된 장도영(張

都暎)만 하더라도 38살에 육군참모총장이 되었으나 4살 아래인 김종필로서는 언제 별을 달지 기약조차 할 수 없는 터였다. 물론 5·16 군사반란의 원인을 이런 인사불만으로만 돌릴 수는 없지만 인사적체에 대한 불만이 주요한 요인의 하나였음은 부인할 수 없다.

김종필 등이 군사반란에 성공하자 당연히 급격한 세대교체가 이루어졌다. 5·16 당시 박정희가 45살, 김종필이 36살이었는데, 최일남(崔一男) 선생의 표현을 빌자자면 5·16으로 정권을 잡은 사람들은 "자기들 늙는 줄은 모르고 50살 넘은 사람들을 '밖에 나가 놀라'고 고려장 치르듯 내몰았다." 그리고 이렇게 나이든 사람들을 몰아내고 권력을 잡은 젊은 군인들은 중앙정보부를 만들고, 4대 의혹 사건을 일으키며 박력 있고 통 크게 해먹기 시작했다. '구악일소'(舊惡一掃)를 명분으로 내건 반란의 주역들이 '구악'과는 양과 질에서 비교가 되지 않는 '신악'(新惡)의 주역으로 등장하는 데는 그리 오랜 시간이 걸리지 않았다. 그래서 구관이 명관이란 말도 나오고 배부른 늙은 늑대와 사는 것이 배고픈 젊은 이리와 사는 것보다 훨씬 낫다는 말도 나오게 되었다.

인생사는 돌고 도는 것이라지만 정군과 하극상으로 일어선 청년 김종필은 채 40살이 되기 전에 신악의 주역이 되고, 50대 초반의 나이에는 그가 만든 공화당 내에서 정풍운동의 표적이 되었다. 그랬던 김종필이 이제 80살을 바라보는 나이까지 살아남아 "노목(老木)을 건드리면 신의 노여움을 탄다"고 몽니를 부리고 요즘 유행하는 말로 "이 가뭄에" 골프를 치며 골프 못 쳐 병이 나면 누가 책임지겠느냐고 눈을 부라리고 있다. 기억하는가? 그가 몰아내고자 한 기성세대, 예컨대 송요찬, 최영희, 백선엽 등의 나이는 40대 초반에 불과했다.

우리 사회는 예로부터 장유유서의 질서가 엄격한 사회로 알려져 왔다. 그러나 조선시대만 하더라도 장유유서의 질서를 유지하기 위한 나름대로의 지혜와 장치가 있었다. 한 예로 지금은 1년만 차이가 나도 선후배를 깍듯이 따지지만, 전통사회에서는 노론(老論)은 8년, 소론(少論)은 9년 하는 식으로 거의 10년 터울이면 친구로 지내는 평교(平交)를 맺었다. 이는 나이 어린 사람이 나이든 사람에게 맞먹어도 좋다는 것이 아니라 아랫사람을 함부로 대해서는 안 된다는 의미였다. 근 10년 사이에 평교가 허락되다 보니 재미있는 일도 많았다. 일제강점기만 하더라도 홍명희(洪命熹) 선생은 장가를 일찍 들어 큰아들 홍기문(洪起文)과는 열 여덟 살 차이였다. 그래서 홍명희와 말을 트고 지내는 친구가 홍기문과도 말을 놓고 지내 여럿이 모인 자리에 가면 부자지간에 다 친구들이었다고 한다. 이런 분위기는 적어도 1950년대까지 이어져 당시 회고록을 보면 6~7살 차이가 나는 사람들을 친구로 부르는 경우를 쉽게 찾아볼 수 있다.

조선시대, 10년 터울도 말을 텄다

조선시대는 엄격한 유교질서가 잡힌 사회였지만 젊은 층의 진출과 활동이 오히려 지금보다 더 활발했다고 할 수 있다. "사나이 20에 나라를 평정하지 못하면 뒷날 누가 대장부라 부르리오"(男兒二十未平國 後世誰稱大丈夫)라는 시를 남겨 스무 살 안팎 수험생들의 기를 팍팍 죽게 만드는 남이(南怡) 장군은 28살에 병조판서가 되었고, 조광조(趙光祖)도 30대에 지금의 감사원장 격인 대사헌(大司憲)이 되었다. 물론 이들의 지나친 출세와 급격한 세대교체 요구는 기성세대의 반발을 사 죽음으로 이어졌지만, 조선시대 젊은이들에게 나라의 중요한 일을 맡겨 성과를 본 사례는 무수히 많다. 한 예로 오성과 한음의 이야기로 잘 알려진 이항복(李恒福)과 이덕형(李德馨)은 조선시대에 영의정보다 더 권위 있는 벼슬로 학문적 성취의 상징인 대제학(大提學)을 30대 초반에 지냈다. 1961년에 김옥길(金玉吉)은 갓 마흔에 이화여대 총장이 되었지만 현재 그 나이는 인문학분야 초임교수의 나이이다. 열 여섯 춘향의 사랑은 우리 고전의 자랑이 되었지만 동갑내기 '빨간 마후라'는 철부지 어린아이의 도덕적 타락으로 낙인 찍혔다.

또 조선시대에는 치사(致仕)와 기로소(耆老所)라는 제도가 있었다. 치사란 나이가 70살이 되면 벼슬에서 자원해서 물러나는 것인데, 지금의 정년제도처럼 하위직에는 엄격하고 고위직에서는 좀 융통성이 있었다. 70살이 되면 모두 벼슬에서 쫓아내는 것은 아니었지만 그 나이가 되면 물러나는 것이 도리였고, 자리에 연연하여 물러나지 않으면 염치없는 사람으로 손가락질을 받았다. 즉 치사를 하면 치사(致仕)하신 원로대신으로 존중을 받지만, 자리에 연연하면 노추를 부리는 '치사'한 놈으로 경멸의 대상이 되었던 것이다. 그러나 이수광(李粹光)의 『지봉유설』(芝峰類說)이나 이익(李翼)의 『성호사설』(星湖僿說)에 나이가 많다고 벼슬에서 물러나는 예가 드물다고 탄식하고 있는 것을 보면 치사제도가 그렇게 잘 지켜진 것만은 아니다. 기로소제도는 과거에 급제한 문신으로 관직은 장관급인 정2품 실직을 지낸 자 중에서 70살이 되면 기로소에 들게 하여 우대한 제도였다. 그러나 기로소에 들었다고 모두 물러나지 않은 것은 마찬가지였다. 그래도 이런 제도를 둔 것은 나이든 사람들을 높이면서도 젊은 층의 진출을 위한 것이었다고 할 수 있다. 조선시대에는 나이가 70살이 되면 실제

물러나지 않더라도 사직소를 올려 물러나는 시늉은 해야 했다.

일제시대 3대 일간지 편집국장은 모두 20대

개화기나 일제강점기는 민족의 암흑시대였지만 어떤 의미에서는 젊은이의 양지였다. 갑신정변 당시 김옥균은 34살, 박영효는 24살, 서재필은 19살이었다. 갑오개혁의 주역 유길준은 40살이었고, 독립협회 당시 서재필, 윤치호, 이상재 등은 30대 초반이나 중반이었다. 독립운동의 주역들은 말할 것도 없이 청년층이었다. 임시정부가 수립될 당시 대통령 이승만은 45살, 각료들도 대개 그 또래였다. 민족 진영의 활동, 특히 지식인들의 유일한 출구였던 언론계는 더욱 젊었다. 한말 신채호가 필명을 드높이던 시절 그는 20대 후반이었고, 최남선은 10대의 마지막 해에 잡지 〈소년〉을 창간하고 출판사 신문관(新文館)을 열었다. 1920년 〈동아일보〉가 창간될 때 그 동인들은 다 20대였다. 지금으로서는 수습기자 되기도 힘든 20대 초반에 〈동아일보〉 편집 겸 발행인을 지낸 이도 있고, 당시 3대 일간지의 편집국장은 거의 20대 후반이었다. 이광수가 32살에 〈동아일보〉 편집국장이 된 것은 오히려 당시로서는 늦었다고 할 수 있다.

해방 이후에도 언론계는 역시 젊었다. 35살에 한국은행 부총재를 지낸 장기영은 37살에 〈조선일보〉 사장, 39살에 〈한국일보〉 사장이 되었다. 일제강점기 같지는 않았지만 1960년대까지 주요 일간지의 편집국장은 다 40대 초반이 지냈다. 군은 더 젊어서 정일권이나 백선엽이 별 서너 개를 달고 3군총사령관이요 참모총장이요 하는 자리를 차지한 것은 30을 갓 넘긴 때였다. 개화기 이래 이런 젊은이의 전성시대는 분명 비정상적인 것이었다. 전통교육을 받은 세대는 제국주

벽초 홍명희(위)와 그의 아들 홍기문(아래).
10년 사이에 평교가 되다 보니 홍명희와 말을 트고 지내는
친구가 홍기문과 말을 놓는 경우도 있었다고 한다.

의의 격랑에 휩쓸려 사라졌고 신교육을 받은 홍안의 소년들은 자신의 역량보다 버거운 짐을 져야 했다.

중국의 시인 도연명(陶淵明)이 '귀거래사'(歸去來辭)를 쓴 것은 그의 나이 불과 41살 때였다. 그런데 그보다 거의 곱절이나 나이를 더 먹은 우리나라 정치인들은 '귀거래사'가 아니라 '출사표'(出師表)를 던지며 신발끈을 조여맨다. 40대 기수론의 주역들은 오늘날 노인정치의 주역이 되어 건강을 뽐내고 있다. 1999년 정부가 교원 정년을 65살에서 62살로 단축하는 정책을 강행하여 논란이 벌어졌을 때, 70대 후반의 대통령과 총리(김종필)가 그들보다 더 나이가 든 당대표(서영훈)와 함께 정년 단축의 정당성을 역설하는 모습은 그 정책에 찬성하는 필자가 보기에도 서글픈 코미디였다. 흔히 우리 사회에 존경할 만한 원로가 없다고 하지만 80살이 되도록 다 진흙탕에서 현역으로 뛰는데, 한 발 물러나 경륜과 온축된 지혜를 전해주는 원로를 어디서 찾을 수 있을까?

1997년 대통령선거 당시의 한 신문은 김대중 후보의 지지자가 참담한 심경을 고백하는 글을 실었다. 그는 1971년 대통령선거 당시 대학생으로 김대중 후보의 운동원으로 뛰었던 사람이었다. 이제 며느리를 본 반백의 처지에서 며느리에게 왜 김대중 선생이 대통령이 되

어야 하는가를 역설해야 하는 자신의 모습이 꽉 막힌 한국 현대사의 축소판 같아 그렇게 서럽더라고 그는 토로했다. 전혀 세대교체를 하지 못한 한국의 정당들은 선거 때만 되면 무슨 흡혈귀 마냥 "새 피! 새 피!" 하며 혈안이 되곤 한다.

세대교체가 능사는 아니겠지만…

나이만으로 세대교체를 강제할 수는 없다. 이 땅의 젊은 세대 역시 권위주의와 위계문화에 길들여져 있다. 같이 늙어가는 처지임에도 선후배를 따지고 기수를 따지는 행태는 패거리문화, 지역주의, 학벌주의와 함께 날로 심해지고 있다. 20년 전 필자의 대학 시절보다 현재의 대학가에서 선후배관계는 더 엄격하고, 1990년대에는 1970~80년대에 상상도 하지 못했던 선배의 후배 얼차려 주기까지 발생했다. 20대 초반에도 처음 만나면 "주민증 까봐"가 유행이고, 우스개 겠지만 복무기간이 짧은 방위는 오전 입대냐 오후 입대냐를 따지기까지 했다고 한다. 아랫기수가 총장이 되면 선배는 물론 동기들까지 옷을 벗는 것이 오랜 관례가 된 검찰조직을 보면 세대교체가 능사가 아니라는 생각이 절로 들 수밖에 없다. 또 이른바 386 정치인들도 다 그런 것은 아니지만 대통령에게 큰절을 올리고, 술자리에서 '가방모찌'라고 비난하던 사람들의 '가방모찌'가 되지 못해 안달해 우리를 아연하게 만든다.

세대교체는 때로 필요하지만 너무 급격한 세대교체는 오히려 역효과가 날 수 있다. 너무 젊은 사람들, 그것도 나이만 젊었지 마음은 젊지 않은 사람들이 윗자리를 차지하고 그대로 뭉개고 앉아 건강을 뽐내면 대책이 없다. 그들의 건강과 장수야 본인과 그 가족에게는 더

할 수 없는 행복이겠으나 전체 사회를 위해서는 대체로 큰 불행인 경우가 많았다. 그리고 젊은 사람들이 꼬부라지도록 자리를 지키고 있는 사회야말로 권위주의의 온상이 된다. 기 한번 펴보지 못하고 실직의 공포에 시달리는 이 땅의 40대들, 그리고 젊은 사람들은 젊은 사람들대로 나이든 사람들은 나이든 사람들대로 다들 자기 나이를 잊고, 나이에 걸맞은 역할을 못하며 살고 있는 듯하다. 죽지도 사라지지도 않은 노병들의 전성시대가 낳은 비극이 아닐까?

'자객열전'에서 배운다

_조양자의 눈물을 미국에 기대할 수 있을까

21세기를 맞을 때 밀레니엄 버그 때문에 대혼란이 일어날 것이란 우려로 세상이 떠들썩했다. 다행히 밀레니엄 버그는 큰 문제를 일으키지 않았고, 새 천년은 조용히 시작되는 듯싶었다. 적어도 9월11일까지는. 할리우드의 상상력을 훌쩍 뛰어넘는 전대미문의 테러가 세상을 뒤흔들었다. 야만의 20세기에 이어 우리의 21세기는 이렇게 충격적으로 시작되었다.

"내가 조심해서 그를 피하면 된다"

언젠가 한 개인의 삶이나 역사적 사건이 보는 관점에 따라 달라질 수 있다는 이야기를 하면서 안중근이 의사인가 테러리스트인가라는 질문을 던진 적이 있다. 비단 안중근 의사뿐이겠는가? 우리의 독립운동사에서 의열투쟁이란 하나의 중요한 갈래였으며, 총과 폭탄을 들고 자신의 목숨을 바친 숱한 의사가 배출되었다. 그리고 그분들은 모두 독립유공자로 서훈되어 추앙을 받고 있다. 이와 같은 사실은 테러리즘이라는 것에 대한 평가가 간단치 않음을 보여준다. 역사학의 고전 중의 고전으로 꼽히는 사마천의 『사기』는 역사 속의 수많은 인간

『자객열전』을 쓴 사마천. 약자들의 무기로서의
테러에 공감했던 그는 '자객'들을 동정적으로 서술했다.

들의 면면을 보여주고 있다. 그중에서 사마천이 가장 짠한 마음을 갖고 썼음직한 부분이 바로 오늘날의 암살자나 테러리스트에 해당하는 사람들의 의리와 죽음의 이야기인『자객열전』이다.

진(晉)나라에 예양(豫讓)이란 사람이 있었다. 그는 처음에는 다른 사람 밑에 있다가 지백(智伯)을 섬기면서 중용되었다. 지백이 조양자(趙襄子)를 쳤다가 패하여 그 후손까지 모두 죽임을 당했다. 예양은 자신을 알아준 지백을 위해 복수를 결심하고 궁중에 접근하기 위해 죄수로 가장하고 궁중 변소의 벽을 바르는 일을 하며 틈을 보았다. 조양자가 변소에 갔다가 느낌이 이상하여 심문하여보니 예양의 품에서 비수가 나왔다. 주위에서 그를 극형에 처해야 한다고 하였으나, 조양자는 "그는 의로운 사람이다. 내가 조심해서 그를 피하면 된다. 지백이 죽고 그의 후손도 없는데도 그 신하로서 원수를 갚으려 하니 이 사람이야말로 천하의 어진 사람이다"라며 풀어주었다.

예양은 이번에는 몸에 옻칠을 한 채 나환자로 가장하고 숯을 먹고 반벙어리가 되어 시장에서 걸식을 하면서 기회를 노렸다. 예양은 조양자가 지나는 길목의 다리 밑에 숨어 있었는데, 이번에는 조양자의 말이 무엇엔가 놀라자 조양자가 "또 예양이 있음에 틀림없다"고 말했다. 사람을 시켜 잡아 심문하니 과연 예양이었다. 조양자는 그대가 전에 섬기던 사람들을 모두 지백이 멸했는데, 그때는 오히려 지백의 신하가 되었는데, 왜 지백을 위해 나에게만 유독 집요하게 원수를 갚으려 하는가 하고 물었다. 그러자 예양은 그 전에 섬긴 이들은 자신을 여느 사람과 같이 대했기 때문에 자신도 여느 사람들처럼 그들에게 보답했지만, 지백은 자신을 국사(國士)로 대접했기 때문에 자신도 국사로서 그에게 보답하고자 한다고 말했다.

조양자가 울면서 이제 당신을 더는 풀어줄 수 없다고 하자, 예양은 자신이 사형을 달게 받겠지만, 조양자의 의복이라도 주면 그것을 베어 원수를 갚는 뜻을 이루고자 한다고 말했다. 조양자가 이를 의롭게 여겨 사람을 시켜 자신의 의복을 가져다주자 예양은 이를 세 번 뛰어오르며 칼로 내리치고는 마침내 칼에 엎어져 스스로 목숨을 끊었다. 주군의 원수를 갚기 위해 숯을 먹어 몸을 혹사한 예양도 예양이지만, 집요하게 자신을 죽이려던 암살자의 의리에 감동하여 눈물을 흘린 조양자 역시 보통인물은 아니었다.

사마천은 왜 자객들을 높게 평가했는가

그로부터 약 300년이 지나 위(衛)나라 사람으로 형가(荊軻)란 인물이 있었다. 그는 연(燕)나라로 가서 살았는데 그때 진(秦)나라가 크게 세력을 떨치며 연을 위협했다. 연의 태자 단(丹)이 형가에게 뒤에 진시황이 되는 진나라 왕을 암살할 것을 부탁했다. 이때 진나라 장군 번어기(樊於期)가 진왕에게 죄를 짓고 연나라로 도망 와 있었는데, 형가는 진왕에게 접근하려면 번어기의 목과 연나라의 옥토인 독항의 지도가 있어야 한다고 말했다. 그러나 태자 단은 번어기는 망명하여 연나라에 몸을 맡긴 사람인데 어찌 그의 목을 벨 수 있냐며 거절했다. 그러자 형가는 번어기를 찾아가 자신의 계획을 말하자 번어기는 진왕에게 복수할 기회를 얻었다며 스스로 목을 찔러 자결했다. 형가는 번어기의 목을 상자에 넣고 독을 묻힌 예리한 비수를 지도에 말아 감추고는 길을 떠났다. 태자 단과 형가의 친구 고점리 등 몇몇 사람이 상복을 입고 형가를 전송하러 역수(易水)까지 나왔다. 고점리가 켜는 악기에 맞추어 형가는 노래를 불렀다. "바람은 쓸쓸히 부는데 역수의 물이 차구나. 장사가 한번 떠나니 다시 돌아오지 않으리!"(風蕭蕭兮易水寒 壯士一去兮不復還) 그리고는 수레를 타고 뒤를 돌아보지 않고 떠났다.

진왕은 번어기의 목을 받고는 매우 기뻐하고는 지도를 보고자 했다. 두루마리 지도를 펴서 비수가 나오자 형가는 왼손으로 진왕의 옷소매를 부여잡고 오른손에 비수를 쥐고 진왕을 찔렀으나 몸에 닿지 않았다. 진왕이 몸을 빼어 달아나자 형가는 뒤를 쫓고 진왕은 기둥을 뱅뱅 돌며 어찌할 바를 몰랐다. 여러 신하들이 맨손으로 달려들어 형가를 쳤고, 손이 떨려 긴 칼을 뽑지 못하던 진왕은 그제야 칼을 뽑아 형가를 내리쳤다. 형가는 마지막으로 비수를 진왕에게 던졌으나 그마저 빗나갔다. 형가의 사건으로 대로한 진왕은 군사를 일으켜 연을 쳐서 마침내 연을 멸망시켰다. 사마천은 형가를 비롯한 자객들은 뜻을 이루기도 하고 혹은 뜻을 이루지 못했지만, 그들은 모두 뜻을 분명히 세웠고 그 의지에 충실하였기 때문에 후세에 이름을 남긴 것이니 그들을 어찌 비난할 수 있겠느냐고 평했다.

사마천이 자객들에 대해 매우 동정적으로 서술한 것은 암살이라는 그들의 행위를 약자들의 무기로 보았기 때문일 것이다. 특히 결과나 수단보다는 목적과 동기를 중시했던 고대인의 사유방식 속에서 자신의 목숨을 내던지며 뜻을 이루려 했던 자객들은 높은 평가를 받왔다. 즉 무고한 희생자를 내지 않고 나름대로 테러를 당할 만한 이유가 있는 개인을 대상으로 한 것이었기에, 사마천도 약자들의 무기로서의 테러에 공감했을 것이다.

우리의 독립운동에서도 테러의 대상은 극히 제한적이었다. 테러를 독립운동의 주요 수단으로 삼은 대표적인 단체로는 김원봉이 이끈 의열단을 들 수 있다. 의열단은 '칠가살'(七可殺)이라 하여 조선총독 이하 고관, 군부 수뇌, 대만 총독, 매국적 친일파 거두, 적탐, 반민족적 토호열신 등으로 암살대상을 명확히 했다. 반면 임시정부가 정한 '칠가살'에는 '적의 관리된 자, 애국 의연금 횡령자 등 불량배, 모반자' 등이 포함되어 있어 의열단의 규정에 비해 훨씬 포괄적이었다.

사회주의의 발전, 테러활동의 축소

독립운동 선상에서 테러행위가 각광을 받던 시기의 분위기는 단재 신채호의 명문인 '조선혁명선언'에 잘 나타나 있다. 단재는 "양병 십만이 일척(一擲)의 작탄만 못하며 억천 장 신문·잡지가 일 회 폭동만 못할지니라"라고 하면서 이렇게 말했다. "현재 조선민중은 오직 민중적 폭력으로 신조선(新朝鮮) 건설의 장애인 강도 일본 세력을 파괴할 것뿐인 줄을 알진대, 조선민중이 한편이 되고 일본 강도가 한편이 되어, 네가 망하지 아니하면 내가 망하게 된 '외나무다리 위'에 선 줄을 알진대, 우리 2천만 민중은 일치로 폭력 파괴의 길로 나아갈지니라. 민중은 우리 혁명의 대본영(大本營)이다. 폭력은 우리 혁명의 유일 무기이다. 우리는 민중 속에 가서 민중과 휴수하여 부절하는 폭력 - 암살·파괴·폭동으로 강도 일본의 통치를 타도하고, 우리 생활에 불합리한 일체 제도를 개조하여 인류로서 인류를 압박치 못하며,

"기쁜 얼굴의 테러리스트." 1931년 일황 저격을 위해 상하이로 떠나기 앞서 폭탄 2개를 들고 기념사진을 찍은 이봉창(위). 윤봉길도 '거사'를 앞두고 김구와 함께 기념사진을 찍었다(아래).

사회로서 사회를 박삭(剝削)하지 못하는 이상적 조선을 건설할지니라."

마지막 조선의용대원으로 유명한 김학철은 1920년대와 1930년대에 중국으로 망명한 조선혁명자들의 대부분은 테러 분자였다면서 이렇게 썼다. "그들은 거의 종교적인 열광으로 테러활동을 숭상하였다. 그들은 죽음을 두려워하지 않는 소수 용사들의 모험적인 행동으로 능히 일본제국주의의 식민지적 통치를 뒤엎을 수 있다고 굳게 믿었고, 망국의 치욕을 자기들의 피로 능히 씻을 수 있다고 굳게 믿었다. 하여 그들은 적의 요인을 암살하고 특무와 반역자들을 처단하는 것을 자기들의 주요한 행동강령으로 삼았다."

1970년대 들어와서는 서구나 일본에서 좌익들도 테러를 투쟁수단으로 채택했지만, 1920년대 전반기를 풍미했던 테러활동이 독립운동에서의 주요 수단의 위치를 내준 데에는 역설적으로 사회주의의 발전이 크게 작용했다. 의열단 내에서도 테러활동이 성공보다는 실패가 많았고, 희생에 비해 성과가 크지 못하였다는 평가가 지배적이었다. 단원들 내에서도 사회주의에 공명하는 사람들이 점차 증가한 것이다. 『아리랑』의 김산은 의열단이 분열하게 된 이유를 한국 자체의 대중운동이 상당한 수준까지 솟구쳐 오르고 대중운동이 공산주의 이데올로기로 기울어진 데서 찾았다. 정치활동을 가능케 하는 대중운동의 발전으로 개인적인 테러의 필요성이 감소하고 마르크스주의의 정당성을 새로이 증명해주었기 때문이라는 것이다. 김산은 1924년까지 의열단원으로 일제에 희생된 사람이 300명에 가까웠으며, 성과도 없이 희생만 늘어나자 단원들의 사기도 저하되었다고 회고했다. 남아 있는 의열단원의 태반은 공산주의 대열에 합류하였고, 또 그 대부분은 1927년의 광둥봉기에 목숨을 바쳤다.

"안중근식이 옳은가, 이준식이 옳은가"

의열단의 노선에 가장 치열한 비판을 가한 집단은 의열단에서 이탈한 윤자영 등이 조직한 상하이청년동맹이었다. 1924년 상하이청년동맹은 "파괴의 목적물이 개인 또는 건물에 있지 않고, 정치상·경제상 기타 각 방면의 현상 제도·조직, 그 이민족의 통치권을 파괴하는 데 있다"면서 "개인의 암살과 건물의 파괴는 이를 계속 보편화할 때 사회를 암흑된 상태로 빠뜨린다"고 경고했다. 그러나 이들도 폭력의 사용을 배척한 것은 결코 아니었다. 이들은 '공포론' 즉 테러활동론의 폐단을 지적하는 것은 "폭력 부인의 소극적 생각을 뜻하는 것이 아니고, 개인적 공포주의 만능론을 배척하려는 것"이라고 밝혔다.

이런 우여곡절 끝에 의열단은 1927년 5월에 발표한 선언문을 통해 암살파괴운동을 종결짓고 무장군사운동으로 나아가게 된다. 이제

1909년 10월26일 만주 하얼빈역 앞에서 이토 히로부미를 저격하고 체포되는 안중근. 우리의 독립운동사에서 테러는 하나의 중요한 갈래였다.

개인적 테러가 아닌 조직된 군중에 의한 무장투쟁의 시대로 이행하게 되는 것이다. 뒷날 무장유격대를 이끈 김일성도 자신의 소년 시절이었던 1920년대 후반 중국 지린에 있을 때 조선청년들 속에서 이준 열사식의 외교론적 방법이 옳은가, 안중근식의 방법이 옳은가 하는 문제를 놓고 늘 격렬한 논쟁을 벌였다고 회고했다. 김일성은 자신의 중학교 선생님이던 중국인 공산주의자 샹유에(尚越)에게 안중근의 투쟁방법에 대한 견해를 물었더니 그는 안중근의 행동은 물론 애국적이지만, 투쟁방법은 모험주의적이었다고 답했다고 한다. 김일성은 일제에 반대하는 투쟁은 "결코 군벌의 앞잡이 한두 명을 처단하는 테러적 방법으로는 승리할 수 없으며, 반드시 인민대중을 교양하고 각성시켜 전 인민을 궐기시킬 때에만 목적을 달성할 수 있다"고 생각하게 되었다고 주장했다. 이처럼 우리의 독립운동, 아니 전세계의 민족해방운동 내부에서 테러에 대한 논쟁은 서구 언론에서처럼 테러라는 행위 자체가 비도덕적이고 비열한 것이라는 점을 둘러싸고 전개된 것이 아니었다. 논쟁의 초점은 테러라는 방법을 통해 독립을 달성할 수 있느냐 여부였다.

   독립운동 선상에서 테러는 무정부주의자나 급진과격파들의 전유물은 아니었다. 과거 테러활동의 용사들이 노선전환을 한 이후인 1930년대 초반 백범 김구는 임시정부의 외곽에 애국단을 조직하여 세상을 진동시킨 두 차례의 테러활동을 감행했다. 1932년 1월 일본 도쿄에서 일황 히로히토(裕仁)에게 폭탄을 던진 이봉창 의사의 의거와 같은 해 4월 상하이 홍구공원에서 일본 침략군 수뇌에게 폭탄을 던진 윤봉길 의사의 의거가 바로 그것이다. 당시 임시정부는 경제적으로 대단히 곤궁한 처지에 놓여 있었다. 오죽했으면 히로히토의 목숨과 자신의 목숨을 맞바꾸겠다고 나선 청년 이봉창에게 생활비도 쥐어주지 못해 그가 노동을 해서 생계를 꾸리며 그 돈으로 백범 등에게 술과 고기를 대접해야 했을까? 젊은 나이에 이미 인생의 여러 가지 쾌락을 맛보았으니 이제 영원한 쾌락을 얻겠다고 나선 이봉창을 사지로 떠나보내며 백범은 작별의 사진을 같이 찍었다. 이때 백범의 안색이 처참함을 보고 이봉창은 "우리는 대사를 성취할 터인데 기쁜 낯으로 박읍시다"라며 위로했다고 한다. 그때 이봉창 의사는 2천여 년 전 형가가 역수를 건널 때 남긴 노래와 같은 심정이 아니었을까? 이봉창 의사가 던진 폭탄은 히로히토가 탄 마차가 아니라 다른 마차를 맞히는 바람에 히로히토는 목숨을 건졌다. 그런데 중국의 일부 신문은 이를 '불행부중'(不幸不中) 즉 불행히 맞지 않았다라고 크게 보도했다. 그리고 석 달 뒤 윤봉길은 상하이 홍구공원에서 히로히토의 생일인 천장절 기념식장에 폭탄을 던져 시라가와(白川) 대장과 일본 거류민단장을 폭살시키고, 뒤에 관동군 사령관을 지낸 우에다(植田) 등 일제의 군관 요인 다수에게 중상을 입혔다. 이 두 사건으로 상하이 임시정부에 대한 중국 쪽의 태도는 현격히 달라져 침체와 극심한 재정적 곤궁상태에 놓여 있던 임시정부는 재기의 발판을 마련하게 되었다.

의열단과 비행기 테러

김산은 상하이 시절의 의열단원들을 이렇게 묘사했다. "이 젊은이들은 독서도 하였고 쾌활함을 유지하고 자기네들의 특별한 임무에 알맞은 심리상태를 유지하기 위하여 오락도 하였다. 그들의 생활은 명랑함과 심각함이 기묘하게 혼합된 것이었다. 언제나 죽음을 눈앞에 두고 있었으므로 생명이 지속되는 한 마음껏 생활하였던 것이다. 그들은 놀라울 정도로 멋진 친구들이었다. 의열단원들은 언제나 멋진 스포츠형의 양복을 입었고 어떤 경우에도 결벽할 정도로 아주 깨끗이 차려입었다. 그들은 사진 찍기를 아주 좋아하였으며- 언제나 이번이 죽기 전에 마지막으로 찍은 것이라 생각했다."

이 멋진 젊은이들과 테러집단의 무기 역시 대량살상력을 가지게 된 요즈음의 테러리스트들의 차이는 어떤 것일까? 최근의 테러는 꼭 적의 수뇌부를 겨냥하는 것이 아니라 불특정 다수를 대상으로 하는 경향이 있다. 윤봉길 의사의 의거 직후 수많은 독립운동단체가 저마다 자기네가 주도한 의거라고 나섰던 것과는 달리 이번 항공기 테러의 경우 아무도 "우리가 했소"라고 나서지 않는다. "너도 한번 당해봐라"라는 증오와 원한의 피눈물이 짙게 배어나는 이 테러가 우리에게 던지는 의미는 무엇일까? 우리가 의열투쟁이라 불렀던 테러는 언제 어떤 경우에 정당화될 수 있는 것일까?

한번도 본토를 공격당한 적이 없는 미국한테서 자신을 죽이려 했던 예양의 의리에 눈물을 흘린 조양자와 같은 태도를 기대하는 것은 연목구어와도 같은 일일 것이다. 그러나 나도 당할 수 있다라는 자각이 미운 놈과 더불어 사는 지혜와 관용을 가져오는 것은 불가능한 일일까?

신문고는 원래 '폼'이었다

_군대 시절 소원수리 떠올리게 하는 청와대 앞 대고각

2002년 5월8일 오전, 청와대 분수대 앞에서는 희한한 일이 벌어졌다. 우리 사회가 오랜 군사독재를 벗어나 문민정권이 들어선 것을 기념하기 위해 김영삼 정권 시절에 조선시대의 신문고를 본떠 청와대 앞에 큰 북을 걸어놓고 대고각(大鼓閣)이란 것을 세웠는데, 이 북을 치려고 하던 사람들이 경찰과 청와대 경호원들에 의해 연행된 것이다. 민족화해자주통일협의회, 평화와 통일을 여는 사람들 소속 회원들은 말도 많고 탈도 많은 차세대 전투기 사업에서 곧 단종된다는 F-15K 기종이 선정되는 것에 반대하는 뜻을 전하기 위해 북을 치려다 체포되었다고 한다.

'신문고' 다룬 학술논문 딱 한 편뿐

외국인 관광객들이 한가롭게 청와대 앞의 봄 풍경을 즐기고 있던 오전 10시께, 한 여성회원이 북을 치기 위해 관광객 사이를 뚫고 대고각으로 돌진했지만 입구에서 경찰에 저지당했다. 잠시 뒤 또 다른 여성회원이 대고각에 올라 "F-15K 반대한다. 김대중 대통령은 F-15K 재가를 거부하라"고 외치며 주먹으로 북을 두 번 두드리는 데 성공했지만 사지가 들린 채 경찰에 의해 끌려갔다. 2분 뒤 남자 한 명이 다시 북을 두드리며 "F-15K 반대한다"고 외치고는 또 사지가 들려 끌려갔다. 30여 분 뒤에 다시 4명의 회원이 북을 치려 했으나 강화된 경찰력에 의해 북을 치지도 못하고 모두 체포되었다고 한다. 이렇게 30분 사이에 모두 여덟 명이 겨우 4번 북을 두드리고 끌려갔다는 것이다. 이들이 현대판 신문고를 치려다 끌려가는 모습은 〈오마이뉴스〉 등 인터넷 신문에서 뜨거운 화제가 되었고, 문화방송의 〈아주 특별한 아침〉에서 보도해 널리 알려졌다. 또 청와대 게시판은

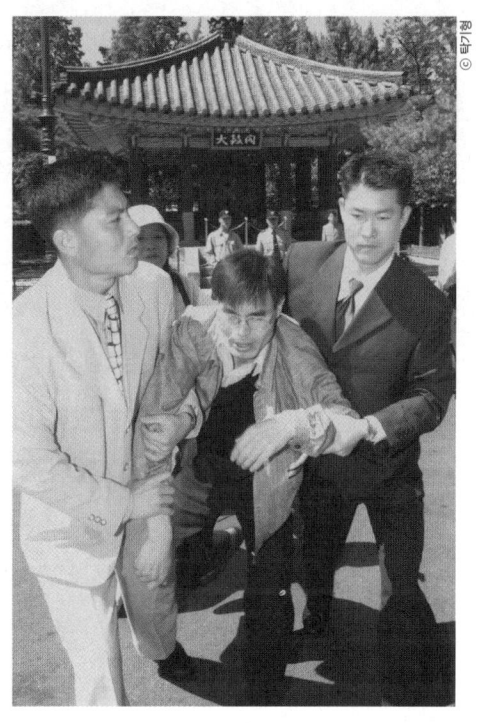

"전시물 건드린 죄." F-15K 선정 반대의 뜻을 전하기 위해 신문고를 치려다 경찰과 청와대 경호원들에 의해 연행되는 시민단체 회원.

이들의 강제연행을 비난하는 글들로 뒤덮이다시피 했다.

신문고. 우리는 초등학교 사회시간에 조선왕조시대의 민의 상달을 위한 장치라고 배운 이 제도에 묘한 향수가 있다. 인터넷 인구가 2천만 명에 육박한다는 21세기 정보화 시대에 사이버 공간에는 신문고란 이름의 각종 고발 사이트가 연이어 새롭게 생겨나고 있다. 청와대 대통령 비서실이 운영하는 '인터넷신문고'(http://www.sinmoongo.go.kr/)를 필두로 여러 지방자치단체가 운영하는 '환경신문고', 법제처가 운영하는 '법령신문고' 등이 그 대표적인 예다. 정부기관이나 지방자치단체 외에 여러 시민단체에서도 각각 신문고란 이름 아래 고발을 받는

코너를 운영하고 있다. 일부 학교에서는 교장이 직접 학생들에게서 애로사항을 듣는 신문고 코너를 학교 홈페이지를 통해 운영하기도 한다. 이렇게 왕조시대의 신문고는 민주주의와 정보화 시대에 화려하게 부활하였다.

조선시대에 신문고는 어떻게 설치, 운영되었을까? 그런데 흥미로운 점은 신문고를 표제로 삼은 전문적인 학술논문은 1956년에 한우근 선생이 쓴 논문 한 편밖에 없다는 사실이다. 이는 신문고에 대한 일반적인 관심과는 달리 이 제도가 상대적으로 한국사 연구자들의 관심을 별로 끌지 못했다는 점을 말해준다. 이렇게 신문고에 관한 연구가 별로 나오지 않은 것은 신문고가 화려한 명성과는 달리 별로 활성화되지 못했다는 사실을 반영하는 것이다.

신문고는 지금으로부터 600여 년 전인 태종 원년(1401)에 설치되었다. 처음에 설치될 때는 중국 송나라 제도의 이름을 따서 등문고(登聞鼓)라 하였는데, 곧 신문고로 이름을 바꾸었다. 신문고는 임금된 자는 마땅히 정치의 득실과 일반 백성들의 고통과 억울함을 잘 알아야 할 위치에 있어야 한다는 유교의 왕도정치 이념을 반영하고 있다. 백성들이 억울한 일이 있을 때 왕에게 직소할 수 있는 장치가 바로 신문고인 것이다. 조선 초기에는 백성들이 억울한 일을 당해 왕이 행차할 때 어가 앞에 나와 탄원하는 것을 금하여 탄원하는 이들을 옥에 가두고, 주모자를 처벌하는 등 강압적으로 대응하였기 때문에 어떤 방식으로든 백성의 불만을 수용하려는 장치를 마련해야 했다.

상층부 이용… 민초는 엄두도 못 내

그런데 신문고가 설치되는 데는 유교정치 이념만이 아니라 왕권

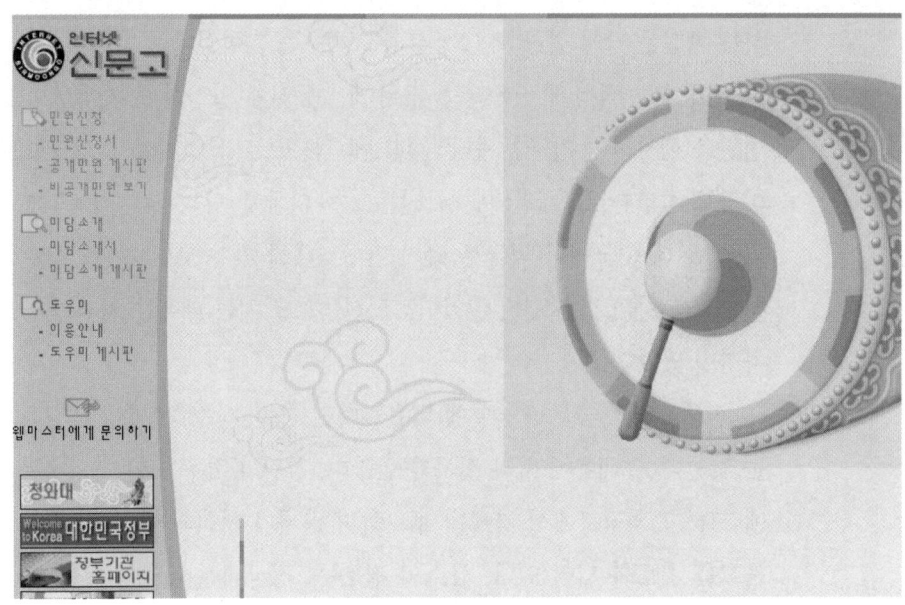

청와대 비서실의 '인터넷신문고'. 사이트를 열면 북이 자동으로 세 번 울리지만 현실에서 북을 치는 일은 대단히 힘들다.

과 궁궐의 경계 강화라는 현실적인 문제도 작용했다. 고려 말 조선 초기의 혼란기에는 각 종친과 대신들이 저마다 사병(私兵)을 두었고, 궁궐에 출입할 때도 사병을 거느리고 위무도 당당하게 입궐했다. 이렇게 궁궐 출입에 대한 통제가 지금으로서는 상상하기 어려울 정도로 허술하다 보니 전·현직 관료나 부녀자들까지 무시로 궁궐을 드나들면서 작은 소송이라도 국왕에게 직소하는 일이 잦았다. 이에 태종은 사병을 혁파하여 병권을 통일하는 한편, 궁금(宮禁), 즉 궁궐의 출입에 대한 통제를 강화하여 절차를 밟지 않고 고소하는 월소(越訴)를 금하였다. 이처럼 신문고의 설치는 한편으로는 시정의 득실을 살피거나 원정(冤情), 곧 억울한 사정을 듣기 위한 장치를 마련하는 것인 동시에, 임의로 궁궐에 출입하여 절차를 무시하고 왕에게 직접 고

하는 폐단을 막기 위한 제도적 장치를 세우는 것이었다.

신문고는 국왕에 직속되는 근위대인 동시에 일정한 범위에서 사법권을 행사하는 기구인 순군(巡軍)에 처음으로 설치되었다. 순군이 의금부(義禁府)로 개편되면서 신문고는 의금부 당직청에 설치되었다. 그런데 순군이나 의금부 당직청이 궐내에 있다 보니 일반인들이 신문고를 치는 것은 쉽지 않았다. 또 신문고를 치는 데에는 엄격한 절차까지 있었다.

신문고의 기능은 오늘날에 비유한다면 청원, 상소, 고발에 해당하는 것인데 그 내용에 따라 절차가 달랐다. 청원의 경우는 먼저 의정부에 고하고 의정부에서 왕에게 보고하지 않거나 처리되지 않을 때 신문고를 치도록 되어 있다. 상소의 경우는 『경국대전』에는 "원통하고 억울한 일을 호소하려는 자는 서울은 주장관(主掌官·주무관서)에게 올리고, 지방은 관찰사에게 올린다. 그렇게 한 뒤에도 억울한 일이 있으면 사헌부에 고하고 그러고 나서도 억울한 일이 있으면 신문고를 두드린다"라고 규정되어 있다. 한편 신문고를 통한 고발은 역모의 고발에 국한된 것으로 이때에는 별도의 사전조치 없이 즉각 신문고를 칠 수 있었다.

초기에 신문고를 울린 사안들에서 중심적인 것은 노비변정(奴婢辨正)의 문제였다. 노비변정이란 고려 말기 권문세가의 횡포로 노비가 된 양인들의 구제나 권세가에게 노비를 빼앗긴 사람들한테 원래의 소유권을 찾아주는 일들을 말한다. 신문고를 통해 하의의 상달을 꾀하려는 원래 취지와는 달리 노비 문제가 신문고를 통한 호소의 주조를 이루자, 정부는 여러 차례 노비 문제를 신문고를 통해 직소하는 것을 금하기도 하였다. 그런데 여기서 노비 문제와 관련하여 신문고를 친 사람은 양인으로서 노비로 떨어진 압량위천(壓良爲賤)의 경우는 없고, 노비 소유주들인 양반 관료들 간의 분쟁을 호소하는 것이 전부였다고 할 수 있다. 또 신문고를 친 사람들의 거주 지역도 실제로는 서울에 국한되었다. 따라서 신문고는 취지와는 달리 서울 거주 문무 관료 등 상층부에 속한 자들만 이용하였고, 일반 백성이나 노비 등의 처지에 있던 사람들에게는 큰 쓸모가 없었다. 어떤 노비는 신문고를 쳐서 자신의 억울한 사정을 알리려다가 관헌의 제지로 치지 못하자 광화문 앞에 걸려 있는 종을 치고 처벌을 받기도 했다. 한우근 교수는 신문고가 민의창달이라는 관념적인 아름다운 뜻에 부합했다기보다는 태종 초에 왕권을 강화하는 과정에서 특수신분층에 은총을 베푸는 한편, 관료의 발호를 억제하는 효용만 있었다고 평가했다.

신문고의 위대한 후예, 소원수리

유교정치의 화려한 수사와는 달리 실제로 민(民)의 의사가 공론으로 정치에 반영되기를 기대하기는 힘들었다. 그러나 실제로 민의 의사가 반영되지는 못한다고 하더라도 왕이나 관료들이 이러한 관념을 표방하였다는 사실은 진일보한 현상임에는 틀림없다. 이는 고려시대보다 일반 민의 지위가 상승하였기 때문이다. 그러나 민의 지위 상승이 곧 적극적인 정치참여권이 넓어진 것을 뜻하지는 않는다. 단 소극적인 의미에서 민이 억울한 일을 당했을 때 재판을 청구할 권리는 더욱 커지고 있었다. 여기서 주목할 것은 수령이 민에게 행하는 불법에 대하여 민이 재판을 청구할 수 있는지의 여부를 놓고 논쟁이 벌어졌다는 점이다. 3권이 분리된 오늘날과는 달리 왕의 대리인이자 지배층의 이해관계를 일차적으로 대변하는 수령은 행정권뿐 아니라 사법권도 장악하고 있었다. 일반 민이 재판과정에서 억울함을 느끼는 것은 수령의 판결이 부당하게 내려졌다고 생각할 때다. 수령의 판결에 민이 불만이 있을 때 그에 저항하여 항고하는 권리를 인정할 것인가 여부는 당시에 중요한 정치적 쟁점이었다. 신문고를 통해서 민이 억울한 사정을 해소하기 위해서는 수령에 대한 고소가 가능해야 했기 때문이다.

그러나 당시 지배층은 피지배층인 민이 수령을 고소하는 것을 허용하지 않으려고 했다. 그 결과 제정된 것이 부민고소금지법(部民告訴禁止法)이다. 당시 조선은 고려 말의 혼란을 겪으면서 일반 백성을 보호하기 위해서는 향리·품관(品官)·토호들의 중간수탈을 배제하고 일원화된 행정체제가 필요하다는 입장에서 수령권의 강화를 모색했다. 그 결과 수령과 지방 토호 간에는 이해의 충돌이 불가피했다. 부민고소금지법에는 이러한 상황에서 품관이나 토호들이 수령을 고소하는 것을 막으려는 의도가 담겨 있었다.

그러나 지방자치제 부활 이후 임기말의 지방자치단체장들이 줄줄이 부정행위로 구속되는 사례에서도 증명되지만, 수령권의 강화는 수령의 부정을 확대하게 마련이었다. 세종 초의 재상 허조(許稠)는 수령과 부민의 관계는 부자의 관계인데 아비가 잘못이 있다고 아들이 아비를 고소할 수 없는 것처럼 수령이 잘못이 있다 해서 부민이 수령을 고소하는 것을 금하여 풍속을 두텁게 해야 한다고 주장했다. 일부에서는 부민이 수령을 고소하지 못하면 탐오한 관리들이 거리낌없이 토색질을 일삼아 백성들이 피폐해질 것이라고 우려하였다. 그러나 조정 신료들은 '강상의 법을 능멸할 수 있는' 부민의 수령 고소 허용에 반대했다. 이에 따라 부민이 수령을 고소할 경우 장 100대를 치고 3천 리 밖으로 유배 보낸다는 엄한 형을 주기로 했고, 마찬가지로 노비가 주인을 고소할 경우 같은 벌을 주는 방침을 정하였다. 백성이 수령을 고소한다는 것은 신문고를 만들 때는 예상치 못한 상황이었다. 왕이나 유신(儒臣)들은 아주 '폼나는' 제도로 하의상달이라는 미명 아래 신문고를 설치하였지만 민들은 이렇게 폼만 재는 제도를 용납하지 않고 그 틈을 파고들었고, 그 결과 왕과 유신들은 부민들의 수령에 대한 고소를 금함으로써 신문고가 실질적으로 기능할 수 있는 소지를 스스로 없애버렸던 것이다.

상언과 격쟁 용납한 정조의 노력

조선 초기 신문고는 특정 신분, 특정 지역에 그 이용이 국한되고, 또한 북을 쳐 억울함을 호소하는 데도 각종 제약을 가함에 따라 민들의 억울함을 풀 수 있는 수단으로 기능하지 못하고 유명무실해졌다. 이에 민들은 자신들의 억울함을 호소할 수 있는 새로운 수단을 모색하기 시작했다. 그 결과 등장한 것이 상언(上言)과 격쟁(擊錚)이다. 상언이라 함은 아랫사람이 국왕에게 올리는 글을 말하는 것으로 문서로 억울한 사정을 알리는 것이라면, 격쟁은 왕이 행차할 때 연도나 궁궐 주위에서 징이나 꽹과리, 또는 북을 울려 이목을 집중시킨 다음 억울한 사정을 국왕에게 호소하는 것이다. 『명종실록』에 "근래 궐내에 격쟁의 소리가 끊이지 않는다"란 말이 나오는 것으로 볼 때 신문고가 유명무실화된 이후 격쟁이 새로운 소원(訴冤)수단으로 확고하게 자리잡았음을 알 수 있다.

격쟁과 상언이 빈발하자 정부는 자기가 형벌을 받는 일, 아비와 아들의 관계를 밝히는 일, 본부인과 첩의 관계를 가리는 일, 양인과 노비를 판별하는 일 등 네 가지 일에 한해서만 상언이나 격쟁을 할 수 있도록 규제했다. 그러나 이런 규제조치가 봇물처럼 쏟아지는 민소(民訴)를 막을 수는 없었다. 18세기 들어와서는 그동안 폐지된 신문고가 부활하고, 격쟁이나 상언할 수 있는 일도 '자손이 조상을 위한 일', '부인이 남편을 위한 일', '동생이 형을 위한 일', '노비가 상전을 위한 일' 등으로 확대되었다. 이같은 변화는 자신의 억울함만을 호소할 수 있도록 한 조선 초기의 규정에서 벗어나 주변의 억울한 일도 대신 호소할 수 있게 된 것을 뜻했다.

특히 정조(正祖)는 민의가 상달될 수 있는 통로를 개방하는 데 적극적이었다. 그는 국왕과 백성이 함께 나라를 다스린다는 군민공치(君民共治)의 이념을 실현하기 위해 노력했다. 일부 학자들은 정조대의 이런 노력이 중세의 민본정치에서 한 걸음 더 나아가 민권을 존중하는 근대적 공화정으로 나아갈 수 있는 가능성을 보여준 것으로 평가하기도 한다. 필자는 이 평가가 지나치게 관대한 것이라고 생각하지만, 재위기간 3207건의 상언과 1298건의 격쟁을 용납한 정조의 노력은 높이 평가되어야 한다고 생각한다. 정조대는 언로가 열린 민소의 시대였다면, 19세기는 그런 언로가 막히면서 민중의 불만이 폭력적으로 표출된 민란의 시대였기 때문이다.

제도란 것이 아무리 좋아도 운영을 잘못하면 전혀 소용이 없다. 여러 조직에서는 하의상달(下意上達)을 위한 장치를 마련하는데, 군대에는 소원수리라는 게 있다. 군대에 갔다온 사람들이라면 다 알겠지만, 훈련소에서 훈련을 마친 다음이나 아니면 상급부대에서 검열을 나올 때면 빠지지 않고 시행되는 것이 바로 소원수리다. 신문고의 위대한 후예인 소원수리가 실시될 무렵이면 훈련소에서는 기간병들에 의해 일반 부대에서는 고참이나 간부들에 의해, 특별교육이 집중적으로 실시된다. 엉뚱한 소리를 썼다간 모두가 고달프게 되니(군대 말로는 뺑이치게 되니) 알아서 하라는 것이 사전교육의 주요 내용임은 물론이다. 대개의 경우 이 교육에는 경고뿐 아니라 협박이 따른다. 소원수리가 무기명이라지만, 나중에 누가 무슨 내용을 썼는지 다 알게 되어 있으니 쓸데없는 소리 쓰지 말라는 것이다. 누가 무슨 내용을 썼는지 어떻게 아느냐고? 소원수리 용지를 나눠주면 전체 내무반원들이 부동자세로 가만히 있는데 볼펜 들고 끼적이는 사람이 쓴 것임을 누가 모르리오!

신문고인 줄 알았더니 자명고

청와대 앞에 대고각이 설치된 것은 오랜 군사독재를 벗어나면서 대중의 억눌린 언로를 튼다는 상징적인 의미가 있는 '폼나는' 조치였다. 그러나 '폼나는' 조치가 일회성으로 끝나지 않고 지속적으로 '폼'을 유지하기 위해서는 끊임없는 노력이 필요하다. 이번에 자주통일협의회 등의 회원들이 청와대 앞의 현대판 신문고를 친 것은 시민의 여론을 구중궁궐과도 같은 깊은 곳에 있는 대통령에게 알리기 위한 상징적인 조치였다. 청와대 경비단은 '전시용'으로 달아놓은 북을 치면 어떻게 하느냐며, 이 북은 김영삼 정권 시절에 달아놓은 것이라며 볼멘소리를 하지만, 이렇게 '미친 척하고' 북을 두드리는 행동들이 모여서 제도의 허점과 형식성을 까발리면서 역사는 발전하는 것이다. 조선시대의 신문고가 민들의 항소권 확대에 기여한 것처럼.

2001년 10월31일에는 경남도청에서 대통령이 지역인사들과 간담회를 하는 자리에서 초청인사인 전국농민회 경상남도연맹 강기갑 의

장이 예정에 없이 "드릴 말씀이 있다"며 발언하려다가 입을 틀어막힌 채 끌려나가는 불상사가 있었다. 이런 예정 없는 발언에서 용비어천가가 나올 리는 없으니 경호원들은 대통령이 듣기에 불편한 말을 사전에 막으려 한 것이다. 이같은 행동은 전두환 정권 시절의 경호실장이던 장세동이 경호실은 대통령의 육체뿐 아니라 '심기'도 경호해야 한다고 강조한 것에서 한 발짝도 못 나간 일이다.

이 글을 준비하면서 들어가본 청와대의 '인터넷신문고'는 접속하자마자 둥둥둥 스스로 북을 울리고 있다. 신문고인 줄 알고 접속해보았더니 자명고(自鳴鼓)였던 것이다. 그러나 시민들의 의견은 받아들이지 못하면서 엉뚱한 북소리만 울리는 자명고라면 무슨 필요가 있겠는가? 그런 의미에서 대고각의 북을 울리려다 끌려간 시민단체 회원들은 자명고를 찢은 우리 시대의 낙랑공주였다.

서울, 40년 전부터 만원이었다

_서울 변천사에 대한 서울 토박이의 넋두리

모든 게 차고 넘치는 서울에서 가장 찾기 힘든 건 서울 토박이다. 친가·외가 모두 3대 이상 서울에서 살아온 순종 서울 토박이는 다들 이민이라도 가버렸는지 찾아보기 힘들다. 민족의 대이동이 시작되는 추석날 아직도 서울에 남아 있는 사람들은 크게 두 부류로 나뉜다. 집에 못 가 풀이 죽은 사람들과 텅 빈 서울의 쾌적함을 보며 '늘 오늘만 같아라'라고 시골 사람들의 풍요와는 사뭇 다른 이유로 추석을 반기는 사람들. 서울 토박이는 대개 뒷부류에 속할 것이다.

'적의 사정거리 위치'에 부담을 느끼다

모든 게 빨리빨리 이뤄진 우리의 근·현대사에서 공룡 서울의 팽창만큼 빨리 이뤄진 것도 드물다. 600여 년 전 인구 1만 명 정도로 제법 큰 고을이던 한양은 조선왕조의 수도가 된 이후 인구 10만 명의 당시로서는 세계적으로 규모가 큰 도시가 되었다. 이렇게 신도시로 출발한 한양은 1910년 일제에 강제병합될 당시 인구가 25만 명으로 조선왕조 500년을 통해 겨우 2.5배 늘어났을 뿐이다. 해방 당시 서울

한일합방 초기의 남대문통. 오른쪽 멀리 명동성당이 보인다.

의 인구는 90만 명. 이 인구가 10배 이상 늘어나는 데는 40년이 채 걸리지 않았다. 1800년에 인구 100만 명이 된 런던이 인구 800만 명을 넘어서는 데 걸린 시간은 거의 140년. 서울은 그 4분의 1 정도의 기간에 엄청난 공룡 도시로 탈바꿈한 것이다.

2002년 12월의 대통령선거에서 노무현 후보는 행정수도의 충청권 이전을 공약으로 내세웠다. 한나라당 이회창 후보 쪽이 이에 반대해 행정수도 문제가 선거 막판의 최대 쟁점이 된 것이야 아직도 독자들의 기억에 생생할 테니 여기서 굳이 설명할 필요는 없을 것이다. 그런데 행정수도 문제는 노무현 진영에서 먼저 제기한 것이 아니라 이미 35년 전 서울 인구가 '겨우' 700만 명에 지나지 않을 때 박정희가 제안한 문제였다.

1977년 2월10일 박정희는 서울시 연두순시―지금은 없어졌지만 박정희는 해마다 연초에는 중앙부처, 서울시청과 각 도청을 연두순시라는 명목으로 방문하였다―에서 통일될 때까지 임시행정수도를 건설하는 문제를 구상 중이라고 밝혔다. 박정희는 적의 지상포화 사정거리 안에 인구 700만 명의 수도 서울이 위치하고 있다는 것은 큰 부담이 아닐 수 없다면서 서울의 인구억제를 위해서라도 고속도로나 전철로 한 시간 내지 한 시간 반 정도 걸리는 곳이 새 행정수도로 적당할 것이라고 덧붙였다. 박정희가 지적한 것같이 행정수도를 정하는 문제는 한국전쟁 직후에 실행돼야 할 문제였다. 그러나 "수도를 옮기면 후퇴가 아니냐는 정치적·심리적 영향 때문"에 서울의 인구가 700만 명을 넘도록 거론되지 못한 것이었다. 박정희는 우리의 국력이 "북괴와의 대결시 자신이 있고 모든 면에서 힘의 우위"를 점하게 되었기 때문에 2~3년 전부터 구상해온 이 문제를 거론하는 것이라고 설명했다. 당시 야당인 신민당도 행정수도 건설에 찬성했다. 신민당은 행정수도 건설이 자기 당이 종전부터 주장해온 것이라면서 뒤늦은 감이 있으나 다행스럽게 생각한다는 성명을 발표했다.

청와대 중화학추진위원회와 무임소장관실이 행정수도에 관한 문제를 맡기로 했지만, 임시행정수도 추진은 절대권력자의 공개적인 언명임에도 힘이 실리지 않았다. 가시적 조치래봐야 1977년 6월에 '임시행정수도 건설에 관한 특별조치법'이 국회를 통과한 것과 그 해 말에 1978년 예산으로 입지조사용역비와 관계 공무원의 출장비로 3,900만 원이 책정된 것이 전부였다. 특별조치법에서 특기할 만한 내용은 땅값이 올라도 그 수용가는 이 법의 공포일인 1977년 7월1일을 기준으로 한다는 것이었다(이 조항은 1997년 법개정으로 삭제되었지만 특별조치법은 아직도 살아 있다). 그러나 이런 법이 있음에도 행정수도가 들어설 것으로 유력시되던 유성이나 연기군 일대 땅값은 적어도 3배, 웬만하면 수십 배씩 뛰어올랐다. 박정희는 1977년 12월7일에 대법원장 등 사법부 요인들을 접견한 자리에서 행정수도가 건설되면 사법부도 옮겨갈 것이니 서울에 새로운 대법원 청사를 지을 필요가 없을 것이라면서, 정부가 몇 군데 후보지를 선정했으나 자신이 직접 후보지를 둘러보면 땅값이 오를까봐 가보지 못하고 있다고 말했다. 그로부터 그가 죽을 때까지 1년 10개월 간 박정희는 행정수도 문제를 공개적으로 언급하지 않았다.

수렁처럼, 시궁창처럼 빠져들던 공간

행정수도 문제가 백지화된 것은 전두환이 집권한 5공화국 초기였다. 1982년 3월5일 국회에서 당시 국무총리 유창순은 "행정수도 건설을 위한 단일계획이 없다"라고 밝혀 정부가 행정수도 건설 구상을 사실상 백지화했음을 밝혔다. 사실 이미 1977년 말부터 행정수도가 들어설 곳으로 예상된 지역에서의 부동산 거래는 거의 중단되어 있었다. 빚을 내어 막차를 타고 땅을 산 사람들은 행정수도 계획이 지지부진하자 울상이 된 상태였다. 또 1981년 제5차 5개년 경제개발계획이 입안될 때 행정수도 건설에 대한 언급이 전혀 없었기 때문에 유창순의 발언은 별다른 놀라움을 불러오지도 않았다. 한때 흥분과 기대에 부동산 투기과열까지 불러온 행정수도 건설계획은 조용한 죽음을 맞이한 것이다. 박정희가 살아 있을 때 이미 뇌사상태에 빠진 이 계획이 박정희의 죽음 이후 공식적인 사망진단을 받았을 뿐이다.

지금은 더 심해졌지만, 박정희가 행정수도 계획을 발표할 당시 서울은 이미 만원이었다. 아니, 그보다 10여 년 전인 1966년에 이호철의 소설『서울은 만원이다』는 베스트셀러가 되었을 정도로 서울은 몸살을 앓고 있었다. 1966년의 서울 인구는 370만 명으로 행정수도 구상이 나온 1977년의 딱 절반이었다. 이호철이 "서울은 만원이다"라고 선언했을 때 서울은 어떤 상황이었을까. 서울 4대문 안인 사직동 우리 집 앞으로는 심심치 않게 소달구지가 다녔고, 옆집은 동네에 몇 집 남지 않은 초가집이었다. 이호철의 소설이 나오기 1년쯤 전에 김승옥은 이전 소설과는 전혀 다른 문법과 감수성으로『서울, 1964년 겨울』을 내놓았다. 이호철의 서울은 온갖 사람들이 시골에서 모여들어 수렁처럼, 시궁창처럼 빠져드는 그런 공간이었다. 뿌리 뽑힌 자들이 모여드는 곳, 그러나 결코 뿌리내릴 수 없는 곳이 서울이었다. 1960년대에 이미 서울은 만원이었다. 공동묘지까지.

김승옥에게 서울은 서로 소통을 절실히 바라는 사람들이 만나 이야기를 나눠도 서로 교류할 수 없는 곳이었다.『서울, 1964년 겨울』에서는 포장마차에서 우연히 만난 사람들이 평화시장 앞에 줄지어 선 가로등 가운데서 동쪽으로부터 여덟 번째 등은 불이 들어오지 않는다거나, 화신백화점 6층 창들 가운데는 세 개만 불빛이 나오고 있다거나 하는 대화를 주고받는다. 세 사내가 시합하듯 이런 자잘한 기억을 주고받는 모습을 통해 김승옥은 모든 욕망의 집결지 서울에서 소외된 자들의 비애를 섬세하게 포착하고 있다.

지금 행정수도 건설을 반대한 사람들은 인구 겨우 370만 명에 도심에는 전차가 다니고, 전찻길을 조금 벗어나 골목으로 들어서면 아직도 초가집이 있는 서울을 두고 작가들이 엄살을 떨었다고 말할지 모른다. 1960년대 중반의 서울에서는 지하철의 기계음이 아닌 땡땡거리는 전차 소리를 들을 수 있고, 최대의 사창가는 서울 중심의 종삼(종로 3가)에 있었고, 4차선 도로가 아니면 웬만한 길에서는 다 공을 차고 놀 수 있었다. 그 뒤 공룡 도시로 변해버린 서울과 견줘볼 때 작가들이 엄살을 떤 것으로 보일지 모르지만, 작가들이 작품을 쓰기 10년 전의 서울과 견줘본다면 서울은 틀림없이 만원이었다. 한국전쟁을 거치면서 100만 명 이하로 떨어진 서울의 인구는 1954년 124만 명, 1956년 150만 명, 1959년에는 210만 명, 1963년에는 325만 명으로 급팽창했다. 연 평균 인구증가율이 10%를 넘는다면, 누구를 시장에 앉혀도 이 인구증가를 수용할 수 있는 기반시설을 건설해낼 수 없었을 것이다. 당시의 서울에는 하수구가 제대로 없어서 비가 오지 않아도 진창이 되는 곳이 수두룩했다.

'불도저'와 '두더지'를 아십니까

이호철이나 김승옥 같은 작가들은, 이미 배태되었지만 앞으로 더욱 불거질 문제들을 내다보면서 작품을 썼을 것이다. 서울의 본격적인 변화는 실제로 이들의 작품이 나온 직후 시작되었다. 이제 막 늘어나기 시작한 자동차를 위해 전찻길은 뜯겨나갔고, 종삼은 철거돼 그때만 해도 변두리인 청량리나 미아리로 밀려났다. 청계천은 '말끔히' 포장되고 그 위에는 고가도로가 건설되어 '위용'을 뽐냈다. 아파트라는 새로운 방식의 주거공간이 태어났고, 서울의 산들에는 모두 뒤에 달동네라는 그럴듯한 이름을 붙인 판잣집이 들어섰다. 종삼이 헐려 나간 자리에는 청계천-을지로-퇴계로까지를 하나로 묶는 세운상가가

들어서 주상복합건물의 첫선을 보였다. 모든 변화는 불도저라 불리는 김현옥이 시장으로 있을 때 일어났다. 와우아파트가 우르르 무너지면서 김현옥은 물러났지만, 사정은 별로 달라지지 않았다. 땅 위를 평정한 불도저 김현옥의 뒤를 이은 양택식은 두더지 시장이라는 별명답게 지하철을 놓고 웬만한 네거리에는 지하도를 파서 보행자들을 땅 밑으로 밀어넣으며 서울의 모습을 바꿔 나갔다. 육영수 여사가 피격될 때 한 방송사 아나운서가 "슬로 모션으로 봐도 빠르군요"라는 표현으로, 재빠르게 몸을 숨긴 그를 비난해 스스로 물러날 때까지 양

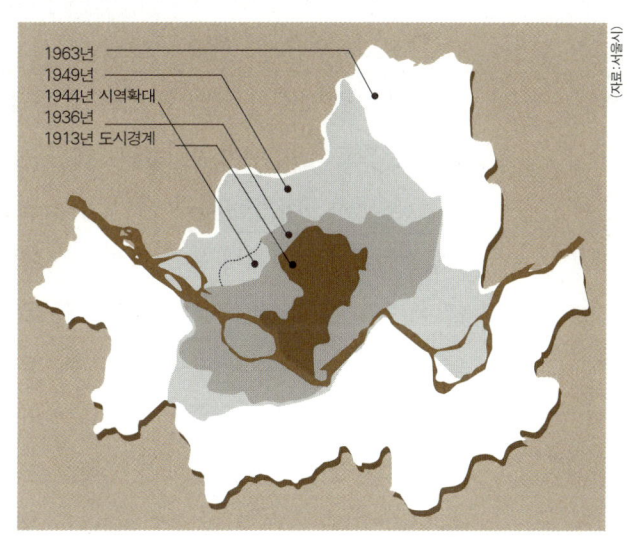

서울 행정구역의 변천사

택식은 재빠르게 서울의 모습을 바꿔나갔다. 불도저와 두더지, 두 시장을 거치면서 서울은 600년 고도라는 말이 무색하게 옛 모습을 잃어갔다.

　서울 인구는 1968년 433만 명, 1970년 543만 명, 1972년 607만 명으로 500만 명과 600만 명을 돌파하는 데 각각 2년밖에 걸리지 않았다. 인구가 2년 단위로 100만 명이 늘어나던 서울, 모든 사람이 서울로 서울로 몰려들 때 나온 노래가 패티 김의 〈서울의 찬가〉(1969)였다. 종이 울리고, 꽃이 피고, 새들이 노래하고, 웃는 얼굴이 가득한

곳, 처음 만나서 사랑을 맺은 정다운 거리, 아름다운 서울. 패티 김은 "서울에서 살렵니다"라는 맹세로 사람들을 빨아들였다. 환갑을 넘은 지금 보아도 무척 당당하고 아름다운 패티 김이 폭발적 젊음을 무기로 뿜어내는 서울 예찬은 '무작정 상경' 대열의 힘찬 행진곡이었다.

그러나 현실 속의 서울길이 노래말처럼 꿈에 부푼 것일 수는 없었다. "나 떠나면 누가 할까/ 늙으신 부모 모실까/ 서울로 가는 길이/ 왜 이리도 멀으냐"나 "팍팍한 서울길, 몸 팔러 간다"처럼 현실의 서울길은 슬프고도 머나먼 길이었다. 패티 김은 다시 1973년에 〈서울의 모정〉을 통해 "네온의 바다"에서 꿈을 꾸면서 "그리운 서울/ 불타는 가슴/ 언제 언제까지나"를 노래했다. 사람들은 여전히 "쨍 하고 해뜰 날"이 돌아오기를 바라면서 서울로 몰려들었지만, 현실은 만만치 않았다. "쨍 하고 해뜰 날"을 노래한 가수가 몇 년 뒤 "차표 한 장" 손에 쥐고 고향가는 길을 노래한 것은 서울에서의 꿈과 좌절을 극명하게 보여준다. 실제로 서울을 떠나 고향으로 돌아간 사람들은 많지 않았을 것이다. 더 많은 사람들은 거대한 서울의 고층빌딩 그늘에서 '난쟁이'가 되어 '낙원구 행복동'에 초라한 둥지를 틀고 "정이 들면 고향"이라고 마음을 달래며 자신을 위로했다.

새재부터 기어야 했던 곳

어디 서울을 노래한 가수가 패티 김뿐이었으랴. 1960년대 초반에도 서울은 맘 좋고 슬기롭고 예쁘고 상냥하고 멋쟁이인 아가씨로 가득한 곳(이씨스터즈, 〈서울의 아가씨〉, 1962)이며, 전쟁 직후 서울의 거리는 명동의 네온불이 반짝거리는 명랑한 거리(이경희, 〈서울의 거리〉, 1955)였다. 해방 직후 서울 거리는 웃음이 솟는 태양의 거리로 희망의 노래가 울려퍼지는 곳(현인, 〈럭키 서울〉, 1948)이었다. 이런 노래 때문에 사람들이 서울로 모이는 것은 물론 아니다. 다만 블랙홀처럼 모든 것을 빨아들이는 힘을 갖고 있는 서울에 이런 노래들이 더해졌을 뿐이다.

　서울의 힘은 해방 이후에 생긴 것이 아니다. 조선시대에도 서울은 저 백두산에 사는 사람들조차 '올라가야' 하는 곳이었다. 망아지는 태어나면 제주로 보내지만, 사람은 서울로 보내야 했다. 서울이 얼마나 높고 위세가 센 곳이었는가 하면 사람들은 과천에서부터 기다 못해 저 멀리 새재부터 기기 시작했다는 말이 나올 정도였다. 조선시대에도 이미 서울은 무서운 곳이었다. 물론 "눈 감으면 코 베어 간다"라는 말은 그 뒤에 "눈 뜨고도 코 베어 간다"로 더 험악하게 바뀌었지만. 서울은 이미 복잡한 곳이었다. 모래사장에서 바늘 찾는 것보다 서울에서 김 서방을 찾는 것은 더 힘든 일이 되었다. 그래도 사람들은 서울로 모여들었다. "모로 가도 서울만 가면 된다"는 말을 남기면서.

　인구만 늘어난 것이 아니라 서울은 공간적으로도 넓어졌다. 처음 조선왕조가 개창될 때 도읍 후보지로 거론된 곳은 한양, 무악(毋岳-오늘날의 신촌·연희동 일대), 왕십리, 노원 등이었는데, 한양과는 완전히 별개의 땅으로 거론된 이들 지역은 지금은 서울의 지하철 역이름이 된 지 오래다. "한양에서 뺨 맞고 한강에서 눈 흘긴다"는 말은 "종로에서 뺨 맞고 한강에서 눈 흘긴다"와 같이 쓰인 말인데, 서울의 영역이 한강을 넘어 넓어짐에 따라 말이 안 되게 돼 사라져버렸다. 지금 서울의 새로운 중심이 된 강남도 논리적으로는 도저히 한양에 포함될 수 없는 지역이다. 왜냐하면 한양에서 양(陽)이란 강의 북쪽을 가리키는 말로 한양은 한강 이북에 있을 수밖에 없기 때문이다.

폭발적 팽창이 가져다준 대가

1980년대 접어들면서 서울의 인구증가율은 여전히 전국평균보다는 크게 높지만 매우 낮아졌다. 이는 1970년부터 시작된 수도권 인구 집중대책이 일정한 효과를 보았기 때문이기도 하지만, 농촌의 과잉 인구가 이미 빠져나올 만큼 빠져나왔기 때문이라고 보는 것이 타당

1960년대 서울 홍제동 산비탈. 굴뚝 청소부가 걸어간다.

할 것이다. 서울의 인구폭발이 진정세로 돌아선 대신, 서울 주변이 수도권이라는 이름으로 폭발하기 시작했다. 1970년대부터 서울의 외곽도시가 발달하기 시작해 성남·안양·부천 등이 시로 승격했고, 1980년대에만 서울 주변의 13개 읍이 시가 되었다. 1990년대에도 일산·산본·평촌·분당·중동 등지의 새 도시 건설은 그치지 않는

다. 1980년대 초반에는 행정수도 건설 대신 과천에 정부 제2청사를 지었지만, 이는 세종로 정부청사의 사무실난 해결에는 일조를 했으나 인구나 행정기능 분산이 이뤄지지 못한 채 과천의 서울화를 가져왔다.

서울의 폭발적 팽창으로 우리는 너무나 많은 대가를 치러야 했다. 인구팽창을 감당할 만한 상·하수도 제대로 따라가지 못했는데, 사회복지망이야 어디 감히 꿈이나 꿀 수 있었겠는가. 그래도 먼저 서울에 올라온 사람들과 서로 의지하며 정보도 주고받고 살아가다 보니 자연히 학연과 지연을 따지는 연고주의가 발달할 수밖에 없었다. 군사독재 치하에서 오랜 기간 지방자치를 실시하지 않는 사이에 서울은 돌이킬 수 없을 정도로 커버렸고 모든 권력은 서울에 집중되었다. 옛날에도 시골 사람들은 "서울놈들은 비만 오면 풍년이란다"라며 서울 사람들이 세상 물정에 어두운 것을 탓했다. 그리고 "쌀나무도 알고 있는 슬기로운 머리"를 가진 서울 사람들, 아니 더 정확히 말해 서울에 사는 사람들이 모든 것을 결정했다.

서울은 만원이다. 이미 40여 년 전부터 서울은 공동묘지까지 만원이다. 서울은 우리가 걸어온 압축적 근대화가 가장 압축적으로 집약된 곳이다. 우리의 대중가요에서 고향은 사랑노래와 더불어 양대 축을 형성해왔다. 그런데 언제부턴지 "돌담길 돌아돌아" 고향을 그리는 노래는 흘러간 옛 노래가 돼버린 지 오래다. 복잡한 서울에서 고향도 잊은 채 다들 뿌리 뽑힌 삶을 살다가 일년에 두 번 설과 추석에 지명방어전 치르듯 고향을 찾는다. 서울에서 나서 자란 사람이야 원래 고향이 없다지만, 다 같이 고향을 잃어버린 걸 위안으로 삼아야 할까. 어쩌다 지방에 갔다가 서울에 돌아올 때면 톨게이트 너머로 뿌연 빛을 발하는 보랏빛 하늘을 보며 집에 다 왔다고 안도하는 서울 토박이의 넋두리다.